勵新
向上的力量

孔子的一生

范希春 著

山东城市出版传媒集团·济南出版社

图书在版编目（CIP）数据

孔子的一生 / 范希春著. -- 济南 : 济南出版社,
2023.7

ISBN 978-7-5488-5770-9

Ⅰ.①孔… Ⅱ.①范… Ⅲ.①孔丘（前551-前479）
—生平事迹 Ⅳ.①B222.2

中国国家版本馆CIP数据核字(2023)第130276号

孔子的一生 KONGZI DE YISHENG　范希春　著

出 版 人	田俊林
责任编辑	李　敏　孙梦岩　高邦哲
装帧设计	胡大伟
出版发行	济南出版社
地　　址	济南市市中区二环南路1号（250002）
编辑热线	（0531）82890802
发行热线	（0531）86922073　67817923
	86131701　86131704
印　　刷	山东新华印务有限公司
版　　次	2023年7月第1版
印　　次	2023年7月第1次印刷
成品尺寸	160 mm×230 mm　16开
印　　张	22.75
字　　数	263千字
定　　价	69.00元

（如有印装质量问题，请与出版社联系调换，联系电话：0531-86131736）

孔子行教像

前　言

孔子是中国的，也是世界的。

"天不生仲尼，万古长如夜。"

这是中国著名思想家、哲学家、教育家、儒家代表人物朱熹赞扬孔子的话，它形象地说明了孔子在中华文明史上的崇高地位。

正如现代新儒学的代表人物、著名学者钱穆先生在其《孔子传》"序言"中所言："在孔子以前，中国历史文化当已有两千五百年以上之积累，而孔子集其大成。在孔子以后，中国历史文化又复有两千五百年以上之演进，而孔子开其新统。在此五千多年，中国历史进程之指示，中国文化理想之建立，具有最深影响最大贡献者，殆无人堪与孔子相比伦。"

作为一位伟大的思想家、哲学家、教育家，孔子影响了一代又一代的中国人。自汉初始，孔子思想便成为中国人精神生活中占主导地位的思想，其流风遗韵，直至今天，仍绵延不绝。其哲学思想、人文精神、教化理念、道德标准，影响可谓致广大而尽深微，成为中华民族的集体精神记忆和中华文明的独特标识。

1949年，德国哲学家雅斯贝尔斯出版了他的《历史的起源与目标》一书，提出了人类文明的"轴心时代"说，认为公元前800至公元前 200 年之间，在中国、印度、中东、希腊，这一地理轴心上，同时出现了一批伟大的人类精神导师，是人类文明的"轴心时代"。他在书中写道："这个时代挤满了不寻常的事件。在中国生活着孔子和老子，产生了中国哲学的所有流派，包括墨子、庄子、列子和其他数不清的哲学家。在印度产生了《奥义书》，生活着释迦牟尼，就像在中国一样，哲学的所有可能性不断发展，形成了怀疑主义、唯物主义、诡辩派、虚无主义。在伊朗，琐罗亚斯德传播着一幅具有挑战性的世界图景，它描绘了善与恶的斗争。在巴勒斯坦，以利亚、以赛亚、耶利米、第二以赛亚等先知纷纷出现。在希腊，有荷马，有哲学家巴门尼德、赫拉克利特、柏拉图，许多悲剧作家以及修昔底德、阿基米德。"这一时期是人类文明精神的重大突破期，形成了不同的宗教伦理观和文化模式，开启了不同文明后来的发展方向。

从 17 世纪的莱布尼茨、伏尔泰到 20 世纪的雅斯贝尔斯，对中国古代哲学思想都予以认真的观照和揄扬，尤其是雅斯贝尔斯，重新发现了中国思想的价值，对孔子及其哲学思想予以高度肯定。在 1957 年出版的《大哲学家》一书中，雅斯贝尔斯将孔子列入"思想范式的创造者"之列，认为孔子与苏格拉底、佛陀、耶稣一起创造了对后世哲学具有尺度作用的规范，孔子思想所产生的影响，其深度与广度都是无与伦比的。

孔子等轴心时代的先贤们提出的思想原则、创立的文化精神，塑造了不同的文化传统，成就了不同的文明形态，成为此后人类文明发展的"原动力"。正如雅斯贝尔斯所说，至今人类依然靠着那时所产生、所创造以及所思考的东西生活。每值新的飞跃产生之时，人们都会带着记忆重新回归到那"轴心时代"，并被它重燃激情。这也正是孔子及其思想所具有的时代价值与世界意义。

在中国，因为孔子影响至巨，历代以来，研究阐释孔子思想的著作层出不穷。但涉及孔子生平的著作大致有三类：一类是从思想理论学术方面研究孔子思想学说的，其重点是对孔子思想学说作出诠释、阐发，而对孔子生平只作简单、粗略的介绍，且所言多囿于旧说；第二类是关于孔子生平的文艺作品，这一类作品缺乏科学的考证，更多地融入了作者的虚构和想象，演绎成分多，可信度不高；第三类是反映孔子生平思想的传记，由于年代的久远、史料的湮没，加之后世出于尊孔崇圣的目的，对孔子生平事迹妄加增衍、虚饰、神化，受其影响，或多或少带有主观臆测成分，历史的真实性有待提高。因此，读者了解到的孔子，更多的是后人"塑造"出来的孔子，而不是历史上的真实的孔子，人们对孔子的身世、生平难以得到全面、真切的了解。因而，撰写一部接近历史真实的孔子传记，是一件十分有必要的事情。

长久以来，我一直以为，要想真正了解孔子的思想学说，最直接、最准确的办法是阅读《论语》。当然，孔子的思想学说还残存于《春秋》《左传》《孟子》《荀子》《礼记》《仪礼》等著作中，其生平材料则散见于《春秋》、"春秋三传"及后来的"诸子著作"中。至于汉代及以后的著作，关于孔子生平事迹的描述，大多带有强烈的主观臆测性，史料价值弱，多不足资用。

因此，在撰写本书时，我力求真实、客观，力求符合历史实际和孔子生活的时代文化场景——当时的制度、礼仪、习俗等，所用资料基本上取自先秦以前的著作，最晚大抵止于汉代人的著作。而对这些资料的选取和运用，也有一定的原则：一是以《左传》《论语》等书为基本材料，对照历史年表，将孔子一生行状按其生平年代大体勾勒出来；二是对于"诸子著作"中关于孔子的资料取审慎态度，有选择地辨析运用；三是对于《礼记》《史记》虽有援引、使用，但取客观的、历史的态度，运用史实比对、文献互校等方法，对其中的舛误之处作了剔除。在此基础上，写成了这部书稿。

孔子是一个伟大的思想家、哲学家、教育家，但不是一个真正的政治家，或者从严格意义上说，只是一个充满了理想主义的政治思想家。孔子之所以为圣人，不在于后人杜撰出来的种种怪异之说和神话传说，而在于他伟大的人格、坚定的操守、崇高的理想信念和博大精深的思想。

本书是一部力图还原孔子真实一生的历史著作，读者可以通过阅读本书，了解孔子的生平和思想产生、发展的历史过程，与古代先贤展开一场跨越时空的精神对话，并从中有所收获。

文明因交流而多彩，因互鉴而丰富。在人类历史发展的长河中，中华文明从与世界其他文明的交流中获得了丰富营养，也为人类文明进步作出了重要贡献。了解孔子，是认识中国人的民族特性、文化特征和当今中国人精神世界历史来由的重要途径。希望本书的出版，能对当今时代的文化交流、文明互鉴有所助益。

范希春

2023 年 5 月于北京

目 录

第一章

世家
源渊

梦奠两楹 鲁哀公十六年（公元前479年），年迈的孔子梦见"坐奠两柱"之间，像殷（商）礼制，对弟子子贡说，"予始殷（商）人也"。

一

孔子不是"圣人"，但也绝不是一个平凡的人。无疑，孔子是伟大的、崇高的，这种伟大、崇高令后人难以望其项背，于是有了后来的溢美、神化……终于，孔子不再是孔子，而是一尊人们顶礼膜拜的神、一个高高在上的偶像。其实，孔子和常人一样，是一个有自己的喜怒哀乐、思想性格的人。要了解孔子，必须先知晓他的家世，因为这几乎影响了他的整整一生。且让我们溯时间的河流而上，揭开历史的重重帷幕，回到两千五百多年前的商朝末年，一窥上古时代孔氏先祖的风采。

在与孔氏家族有关的典籍中，其先祖世系最早的源头是微子启。微子启是商王帝乙的长子，也就是商朝末代君主商纣王的兄长。微子启虽为帝乙长子，但因其是在其母为妾时所生，所以与王位无缘，只是被封国于微地而已。关于此事，南朝宋裴骃在其《史记集解》中有一段解说，其中引孔安国的"传"曰："微，畿内国名，子爵也，为纣卿士。"由此看来，微子启，本名叫启；微，只是他在商代的封地名，而爵禄也只是享受子的等级。

关于微子启的一生行事，值得书之于竹帛的，并不太多。他对商朝和商纣王，基本上采取一种消极的、不合作的态度。但要具体说到微子启的品行，却也实在令人难以恭维。由于商纣王昏暴无德，许多大臣纷纷进谏。纣王对此十分恼怒，下令把大臣比干的心挖出来，把另一位大臣箕子贬为奴。看到这种情形，微子启作为商王朝家族的一员，却说了一段老于世故又不太义气的话："父子之间的关系是骨肉之亲，而臣子和君主之间的关系却是靠义理来联结的。

所以，父亲有过错时，做儿子的多次劝谏，做父亲的却不听从，那么，儿子仍应该跟从父亲号泣劝阻；而作为人臣，多次向君主进谏，君主却不听从，从义理上来说，为臣子的便可以离开了。"① 此话一出，太师、少师便劝微子启赶紧逃走。机巧的微子启便也真的"三十六计，走为上计"，对商纣王怕而远之了。

确实，微子启并不是一个凛凛有生气的人物。他一生的功业，就是用投降周朝换了一个诸侯国的国君职位。当商朝大势已去，周人的大兵压境时，微子启又充分发挥了自己的"聪明才智"，带着自己封国中祭祀神灵和祖先的祭器，以及封国内的物产，到周武王的军营去乞降。周武王接受了他的投诚，并让他继续为诸侯国君。微子启的乖巧，再次使自己转危为安。②

或许是由于微子启善于周旋，因此命运之神似乎对他特别垂青。本来，周灭商后，武王下令封赐商纣王之子武庚，让武庚来承继商人的宗祀，并让管叔、蔡叔二人引导、辅佐他。③ 但是，武王去世后，其子成王践位，成王年幼，成王的叔父周公代成王摄政。成王的两位叔父管叔和蔡叔，怀疑周公有篡位之心，于是便协助武庚发动了叛乱。周公率大军东征，平定了叛乱，并诛杀了武庚和管叔，流放了蔡叔。但是，依照春秋时的政治道德原则，应该"继绝世"，即不要使人家的宗祀断绝，要使之延续下去。因此，幸运之星再一次落到了微子启头上。在诛杀了武庚等人之后，周公便让微子启奉祭

---

① 《史记·宋微子世家》："父子有骨肉，而臣主以义属。故父有过，子三谏不听，则随而号之；人臣三谏不听，则其义可以去矣。"

② 《史记·宋微子世家》："周武王伐纣克殷，微子乃持其祭器造于军门，肉袒面缚，左牵羊，右把茅，膝行而前，以告。于是武王乃释微子，复其位如故。"

③ 《史记·宋微子世家》："武王封纣子武庚禄父以续殷祀，使管叔、蔡叔傅相之。"

商人的先祀，并封微子启为宋国国君，而且还特意作了篇《微子之命》，以成王的名义，对微子启进行了一番教诲和训导。[①] 这样一来，微子启终成"正果"，做了宋国的开国之君。其故城在今河南商丘。

孔子对微子启这位先祖是很推崇的，关于他对微子启的赞美，《论语》中有过记载：

> 微子去之（指商纣王——著者），箕子为之奴，比干谏而死。孔子曰："殷有三仁焉。"[②]

孔子认为，商代有三个仁人，微子启便是其中的一位。微子启确实做到了像孔子所推崇的那样："邦有道，不废；邦无道，免于刑戮。"[③] "天下有道则见，无道则隐。"[④] 在孔子看来，这正是有仁德者的正道。也因此，孔子曾宣称自己是商的后人。[⑤]

微子启死后，其弟微仲即宋国国君位。严格说来，微仲才是孔子的正宗始祖。因为自微仲始，至孔子之父叔梁纥，才是真正的父子相继，而微子启只是微仲的哥哥而已，但孔氏先祖自微子启始得立国安身，并代代相传，所以，没有微子启，则无微仲至孔子一脉。而且，无微子启，则孔氏一脉便不知其源，故微子启在孔氏先祖中的地位是十分重要的。

自微仲至孔子之父叔梁纥，事迹能够见于史书的，只有弗父何、

---

① 《史记·宋微子世家》："武王崩，成王少，周公旦代行政当国，管、蔡疑之，乃与武庚作乱……周公既承成王命，诛武庚、杀管叔、放蔡叔，乃命微子开（启）代殷后，奉其先祀，作《微子之命》以申之，国于宋。"又，现存《尚书》有《微子之命》篇。

② 《论语·微子》。

③ 《论语·公冶长》。

④ 《论语·泰伯》。

⑤ 《史记·孔子世家》："予始殷人也。"

正考父、孔父嘉。

宋国国君，自微子而微仲，其后依次是宋公稽、丁公申、湣公共。湣公死时，传国君位给其弟熙，即宋炀公。但湣公有两个儿子，长子弗父何，次子鲋祀（一名方祀）。由于其父没有传位给弗父何或自己，鲋祀十分不满，发动政变，杀死了宋炀公，拥戴其兄弗父何继承君位。但或许是慑于其弟鲋祀的威势，弗父何并未即国君位，而是提出把国君位让给鲋祀。于是，鲋祀便顺水推舟，做了宋国国君，是为宋厉公。[①] 弗父何因为让位有功，自弗父何始，其后人世代皆为宋国大夫。

弗父何为孔子的十世祖。弗父何生宋父周，宋父周生世子胜，世子胜生正考父，正考父为孔子的七世祖。

关于正考父，史籍记载较多。正考父是谦恭的，几乎到了谦卑的程度。正考父曾辅佐过宋戴公、宋武公、宋宣公，可谓"三朝元老"，位极人臣。然而，他却作了一篇鼎铭，让人铸于鼎上，以警诫自己："初次受命于国君，则低首；再次听命于国君，则曲背；第三次领命于国君，则弯腰俯身，沿着墙根行走；然而却没有人敢轻侮我。我用这只鼎做粥，来养活自己。"[②]

从这段文字可以看出，正考父的为人、处世、行政，是如何谨慎了。春秋时代，各诸侯国政治纷争剧烈，朝臣能辅佐一代国君而荣宠不衰者已不多见，而正考父却能独独辅佐三朝并得以善终，这大概得力于他这种恭而避侮的本领吧。

正考父除了有历佐三朝的政绩外，在文事上也颇有一番作为，其突出的贡献便是整理、修订了《商颂》十二篇。

---

① 《左传·昭公七年》："弗父何以有宋，而授厉公。"

② 《左传·昭公七年》："一命而偻，再命而伛，三命而俯，循墙而走；亦莫余敢侮。饘于是，鬻于是，以糊余口。"

关于正考父整理、修订《商颂》的事，各代史书所记有异。《国语》一书的记载是正考父"校"《商颂》，即校勘、整理过《商颂》。[①]《国语》一书，传为春秋时左丘明所撰，但不管是否系左丘明所撰，其记事可与《左传》相参证，内容还是相当可信的。但到司马迁作《史记》时，却言之凿凿地声称，正考父"作"《商颂》。[②]《后汉书》也承袭了这一说法，直言正考父"作"《商颂》。[③]当然，也不是此后所有记载皆言正考父"作"《商颂》。如汉人即有正考父只是从周太师那儿得传《商颂》的说法。[④]唐人司马贞《史记索隐》否定了正考父"作"《商颂》之说，关于此事，辨之甚详，在此不再赘言。但从有关记述看，正考父整理、修订、传播《商颂》十二篇[⑤]是极为可能的，或许只是汉代人讹"校"为"作"而已。不管怎样，正考父确实是一位很有文采的人物，单是他所作的鼎铭便很能说明这一点。

二

正考父之后，孔氏家族才真正有了自己的固定姓氏。这是因为正考父生了个儿子孔父嘉——宋国政坛上的一位风云人物。

孔父嘉许是袭其父荫，很快便进入了宋国政治的核心层。但孔

---

① 《国语·鲁语》："昔正考父校商之名颂十二篇于周大师，以《那》为首。"

② 《史记·宋微子世家》："襄公之时，修行仁义，欲为盟主，其大夫正考父美之，故追道契、汤、高宗，殷所以兴，作《商颂》。"

③ 《后汉书·曹褒传》注，引《韩诗·薛君章句》："正考父，孔子之先也，作《商颂》十二篇。"

④ 《毛诗序》："微子至于戴公，其间礼乐废坏，有正考甫者，得《商颂》十二篇于周之大师，以《那》为首。"

⑤ 《商颂》现存五篇，即《那》《列祖》《玄鸟》《长发》《殷武》。

父嘉完全不似其父那样谦恭，而是过于执直，最后为自己招来了杀身之祸。

孔父嘉最后的官职是大司马，似乎对国君也有拥立废夺之权。宋穆公临终时，把国君继任之事托付于孔父嘉，对此，《左传》《史记》等书都作了较为详细的记述。大致的情形是，宋穆公九年（公元前720年），宋穆公已病得不行了，便派人召来大司马孔父嘉，对他说道："前任国君宋宣公，本来可以立其子与夷为国君的，但他却没有这样做，而是让我当了宋国的国君。宣公的恩德，我不敢忘怀，我死之后，你一定要拥立与夷为宋国国君！"孔父嘉知此事事关重大，便不肯轻易答应，只是告诉宋穆公道："群臣都愿意立您的儿子冯为国君。"穆公却表示反对，嘱咐道："不要立我的儿子冯为国君，我不能有负于宣公，否则，等我死后到了地下，见到宣公，宣公问起与夷来，我怎么回答他呢？"为了使宣公之子与夷顺利地继承国君之位，宋穆公还下令让自己的儿子冯离开京都，到郑国去。这年八月，宋穆公卒，孔父嘉便拥立了与夷为宋国国君，这就是宋殇公。①

孔父嘉拥立殇公，本来便与群臣意见相左，殇公即位后，自然十分感谢孔父嘉的拥立之功。孔父嘉在朝中的地位可谓炙手可热、一言九鼎，因此也成为众臣嫉恨的对象。而孔父嘉本身也不是没有可供人攻讦之处。当时的太宰华父督便鼓动臣僚，发动政变，其理

---

① 《左传·隐公三年》记载："宋穆公疾，召大司马孔父而属殇公焉。曰：'先君舍与夷而立寡人，寡人弗敢忘。若以大夫之灵，得保首领以没。先君若问与夷，其将何辞以对？请子奉之以主社稷，寡人虽死，亦无悔焉。'对曰：'群臣愿奉冯也。'公曰：'不可。先君以寡人为贤。使主社稷，若弃德不让，是废先君之举也。'……使公子冯出居于郑，八月庚辰，宋穆公卒，殇公即位。"《史记·宋微子世家》曾有大致相同的记述："穆公九年，病，召大司马孔父谓曰：'先君宣公舍太子与夷而立我，我不敢忘，我死，必立与夷也。'孔父曰：'群臣皆愿立公子冯。'穆公曰：'毋立冯，吾不可以负宣公。'于是，穆公使冯出居于郑。八月庚辰，穆公卒，兄宣公子与夷立，是为殇公。"

由是孔父嘉屡次发动战争，使得民不聊生。华父督在对孔父嘉、殇公采取行动前，便到处散布谣言，制造舆论，说宋殇公践位才十年，却发动了十一场战争，致使兵卒死伤、疲惫，百姓深受其苦，这都是大司马孔父嘉造成的！太宰华父督在这场政变中，先杀死了孔父嘉，接着杀死了殇公，从郑国迎回了宋穆公的儿子冯来做宋国国君，即宋庄公，并借此机会，交好于郑国。①

这场政治斗争在当时是一个重大的政治事件。后来许多史家都给予了关注，并对其前因后果进行了分析。如《公羊传》便认为华父督杀孔父嘉，是为杀掉殇公清除障碍，而殇公听得孔父嘉被杀也赶忙去救，结果一同罹难。②

杀掉孔父嘉和殇公后，华父督在拥立宋庄公的同时，还对各国采取了一系列贿赂活动。③为了取得周围诸侯国的承认，避免因弑君而带来的邻国的声讨，华父督觍颜行贿于邻国，他本人也顺顺当当地做了宋国的相。由此可见，其纵横捭阖的手段，显然非以正色立于朝的孔父嘉所能及。

华父督和孔父嘉之间的这场政治斗争，其实是激烈而残酷的，其间充满了血雨腥风。但《左传》却给这场宫廷政变附会上了一个香艳的故事，说华父督在路上碰见了孔父嘉的妻子，被其美貌所吸引，追着看了老远，感叹道："漂亮呵，艳丽呵！"不久，华父督便杀死了孔父嘉，掠去了他的妻子。殇公为此大怒，华父督因惧怕受到殇公

---

① 《左传·桓公二年》记载："宋殇公立，十年十一战，民不堪命。孔父嘉为司马，督为大宰，故因民之不堪命，先宣言曰：'司马则然。'已杀孔父，而弑殇公，召庄公于郑而立之，以亲郑。"

② 《春秋公羊传·桓公二年》记载："督将弑殇公。孔父生而存，则殇公不可得而弑也。故于是先攻孔父之家。殇公知孔父死，己必死。趋而救亡，皆死焉。"

③ 《左传·桓公二年》记载："以郜大鼎赂公（鲁桓公——著者），齐、陈、郑皆有赂，故遂相宋公。"

的惩罚，便一不做，二不休，连殇公也杀掉了。^①对这一说法，前人已多有指摘，认为此说是不成立的。孔父嘉的被杀，最主要的因由应是他作为大司马，对殇公和朝政影响太大，加之与太宰华父督之间存在权势之争。

清代人崔述（崔东壁）认为，华父督根本没有见到孔父嘉之妻的可能。^②既然华父督不可能见到孔父嘉之妻，自然也就不会因其妻而杀其夫！依据当时的情形推测，可能是华父督在杀死孔父嘉和殇公后，在抄没孔父嘉之家时，见孔父嘉之妻美艳，才顺手牵羊，抢走了孔父嘉的妻子。

这场政变中，孔父嘉本人被杀，其家亦被抄没。似乎是有后代成为"漏网之鱼"，逃奔到了鲁国，才有了孔氏一脉。但是，古籍的记述又有所不同。一种观点是，孔氏一门，自孔父嘉之子木金父，因父被杀而逃奔鲁国；另一种观点是，孔父嘉被杀后，到其第三代防叔才避祸奔鲁。

第一种观点的代表人物是胡仔，他在其著作《孔子编年》中认为："孔父嘉为华父督所杀，其子奔鲁，始为陬人。"清代学者崔述，也是此说法的支持者。关于孔父嘉被杀，其子木金父逃亡到鲁国一说，《文庙祀典考》曾作了详细的考证和辨析，也认为这一说法是正确的。^③该书认为既然孔父嘉被杀，他的儿子自当避祸逃亡，

---

① 《左传》记载："宋华父督见孔父之妻于路，目逆而送之曰：'美而艳。'二年春，宋督攻孔父，杀孔父而娶其妻。公怒，督惧。遂弑殇公。"

② 崔述《洙泗考信录》："左氏'目逆'之说，二传无之。余按，古有妇人，车必有帷，士庶人之家出犹必拥蔽其面，况卿之内子乎？督安得见之而目逆之也哉！"

③ 文见刘振佳著《鲁国文化与孔子》一书所引："杜注谓：'孔父嘉为宋督所杀，其子奔鲁。'本服虔之说。苏氏《古史》、胡氏《编年》俱从之。盖以孔父既为督所杀，其子即当避祸，不得至防叔而后奔鲁。"

断不会到了其重孙防叔才逃到鲁国去。

粗看起来，孔父嘉之子在父亲被杀后逃奔鲁国之说，似乎是合乎情理的。但这一说法，本源是汉人服虔，且对木金父奔鲁之事语焉不详，奔鲁究竟至于何处，并无明确的记载，其猜度之意是较为明显的。而且，这种提法并不符合春秋时代的政治道德和世情。

第二种观点则见于《世本》《孔子家语》，认为孔父嘉的后人在孔父嘉被杀后，并没有立即逃亡国外，孔父嘉的儿子木金父仍居住于宋国，只是被降为士一级的贵族罢了。而且孔父嘉的后人自木金父始，又在宋国传了三代，直到孔父嘉的重孙防叔，才被华氏所逼，逃到了鲁国。[①]

《世本》一书所记，粗看起来似乎是矛盾的，即在同一段文字中，既提到华父督"绝其（指孔父嘉——著者）世（后嗣）"，又说"降其子木金父为士"，这自然是讲不通的。但是，"世"字不单是指"后嗣"，而且有"父子相继"之意。如果按"父子相继"来理解，《世本》所记自然是顺理成章的了。华父督杀了孔父嘉，不让其子继承父亲的爵禄，而是贬其子木金父为士。这一做法是比较合乎春秋时代的礼法、世情的，那就是"继绝世、举逸民"。如周朝灭商后，"封纣之子武庚于朝歌，使奉（商）汤祀"[②]。后武庚叛乱，被周公诛杀，周又封商纣王的庶兄微子启为宋国国君，代殷后奉其先祀，这是当时的政治风尚，即破人家国，诛戮其人，但不能断了人家的香火（宗祀）。从华父督贿赂其他诸侯国承认自己的废立行动来看，华父督这样做是可能的，也是合乎其性格的。孔父嘉已死，威胁已去，其子尽可被玩弄于股掌之上，又何必赶尽杀绝，徒招骂名，授反对者

---

① 《世本》："正考甫生孔父嘉为宋司马，华督杀之而绝其世，其子木金父降为士，木金父生祁父，祁父生防叔，为华氏所逼而奔鲁，为防大夫，故曰防叔。"

② 《孔子家语·本姓解》。

以柄呢？对于政治，较之孔父嘉，华父督更内行。因此，华父督杀孔父嘉后，孔父嘉的后人虽遭到贬谪，但仍居住于宋国。或许只是后来，华父督、孔氏二族的后人争斗不已，华父督的后人既已得势，孔父嘉的后人自然处于劣势，至孔父嘉的三传子孙防叔才不得不承认家族的失败而逃奔到鲁国另图发展。此外，《世本》明确提出了防叔奔鲁的地点是防地，官职是防大夫，所记较为明确。

《世本》一书，虽为清人陈嘉谟所辑补，但作为先秦史料丛编，记述氏族世系本源，较之上述各书所持之观点更为可信。因此，孔父后人自防叔而至鲁、而为陬人，更合乎当时的政治道德和世情，也更接近历史真实。

不管怎么说，孔父嘉在孔氏先祖中的地位是最重要的。一是自孔父嘉始，孔氏才自成一宗，即"五世亲尽，别为公族"[1]。所以，他的后人，才以他的字为姓，改姓孔氏。[2] 从此，才有孔氏一族。二是由于孔父嘉孔氏才亡命定居鲁国，成为鲁国人，后来鲁国这片古代文化的沃土上才诞生了孔子这位文化巨人。

三

孔父嘉之子木金父，木金父生睪夷，睪夷生防叔，至防叔才成为有定居点的鲁国人，即"防叔为华氏所逼而奔鲁，为防大夫，故曰防叔"[3]。防叔生伯夏，伯夏生叔梁纥（又叫陬叔纥），这位叔梁纥便是孔子的父亲。

---

[1]《孔子家语·本姓解》。
[2]《文庙祀典考》卷七："圣师之所以为孔氏，实由孔父嘉始。孔父，字；嘉，名也；后世以字为氏。"
[3] 事见《世本》。

从有关史料来看，叔梁纥只是一起赳武夫。他的祖辈防叔，曾为防大夫。但防叔的大夫职位，实则是宰，即管理防地的行政长官。而防地是鲁国贵族臧孙氏的采邑，即防地的主人是臧孙氏。防叔只是代人管理防地，即"仅食其田之租税而不得主其邑"[①]。这类大夫的职位及爵禄是不能传之于子孙的。因此，叔梁纥并未从祖上那儿继承些什么，要想过上富足的生活，出人头地，只有靠自己了。所以，叔梁纥在成年后，便投奔到鲁国贵族孟献子的门下，成为孟献子的家臣武士。

叔梁纥之所以能闻名于当时诸侯，是因为他在两次战斗中的突出表现。

鲁襄公十年（公元前563年）夏，以晋国为首，几个诸侯国联合攻打一个弱小的偪阳国（在今山东省枣庄市南），鲁国也是参战的几个诸侯国之一，叔梁纥随鲁国军队前往作战。诸侯国联军很快打到了偪阳国都城偪阳，当诸侯国联军开始攻城不久，偪阳守军突然大开城门，于是，诸侯国联军一拥而入，偪阳守军趁机放下了悬吊起的城门，试图把攻城部队拦腰截断，使他们首尾难顾，然后各个击破。就在城门将要落下时，叔梁纥奋力冲上前去，用双手托住了下落的悬门，使城里的诸侯联军得以安全撤出。这次战争，最后偪阳国被灭，叔梁纥因在战争中的特殊表现而被孟献子赞为"有力如虎者"[②]，"以勇力闻于诸侯"[③]。

第二次是在鲁襄公十七年（公元前556年）秋天，齐国出兵侵犯鲁国北部地区。其中，一路人马由高厚率领，包围了防。其时，鲁国大夫臧纥、其弟臧畴等人以及叔梁纥都被困在了里面。鲁国派

---

① ［清］孙诒让：《周礼正义》。
② 《左传·襄公十年》。
③ ［宋］胡仔：《孔子编年》。

出军队前往解围，但是，援军慑于齐军的威力，行进到防地附近的旅松时，便不敢再向前进了。在这种情况下，叔梁纥和臧畴等，率领三百甲士，乘着夜色突围，保护着大夫臧纥到了鲁国援军的驻地旅松；然后，重新杀回防邑，与援军一起内外夹击，终于打败了齐国军队。这一年，叔梁纥已经是六十三四岁的老人了。

虽然叔梁纥一生为鲁国南征北战，但并没有得到重用，他的官职只是一个低级的陬邑大夫即陬邑宰而已。管辖的范围，也只相当于乡镇区域。但是，作为陬邑大夫和贵族家中的武士，他会有自己的禄田，虽然不能传之于子孙，但生活已是相当富足和安乐了。

防邑突围战后，叔梁纥才娶了孔子之母颜徵在，这才有了孔子的降生。

关于叔梁纥的婚姻和家庭，历来已有定说，即叔梁纥"虽有九女，是无子。其妾生孟皮，孟皮，一字伯尼，有足病，于是乃求婚于颜氏"①。这一说法，源于晋人王肃。此后，便演化成先娶施氏，生九女，又娶妾，生子孟皮，因孟皮有足疾，不能继嗣，便又娶颜徵在，乃生孔子。

这一说法认为，叔梁纥娶颜徵在，只是为了生子，延续香火。但是，此说法的源起令人怀疑。《论语》只提到孔子匹配其侄女给弟子南容的事，但关于其兄长却未曾提及。到了三国时代，魏国王肃才使孔子之兄有了姓名，即孟皮，并且使孟皮有了儿子孔蔑。这均见于《孔子家语》，而王肃的《孔子家语》虽多为孔子研究者所参用，但其可信度却大成问题。《孔子家语》主要搜集了《论语》《左传》《国语》《荀子》，甚至《礼记》《说苑》等书中关于孔子的逸闻轶事，加上自己的妄撰而成书，目的是为攻击"郑学"提供依据。

---

① 《孔子家语·本姓解》。

关于孔子兄为孟皮、孟皮跛足的说法，并不是出自上述古籍，而是王肃自己杜撰的！[1]

此说原本已大有可疑，而此后许多"卫孔"的腐儒又以此为基础，妄加断议，异口同声地咬定孔子的兄长孟皮因足疾难以继嗣，所以，孔子的父亲叔梁纥才娶了颜氏，并生下了孔子。[2]

古人为子女取名，有许多的规则和忌讳，其中很重要的一条便是，不以孩子的隐疾为其命名。[3]叔梁纥即便是一赳赳武夫，也不会无知到以自己儿子的残疾之处为其取名的。因此，孟皮之"皮"字自然不是指其病足。其实，春秋时代有许多人以"皮"字命名，有的还位居大夫，甚至是从事外交的大臣，因此"皮"大概是皮帛之意，在古代是贵重之义，系一吉字。训"皮"为"跛"，在人名方面是讲不通的。孟皮不是跛子的问题，刘振佳在其《鲁国文化与孔子》中《孟皮考辨》一节，论之甚详，可参阅。

既然孟皮不是跛足，自可继嗣，那么，叔梁纥娶颜徵在的"正当"理由便没有了，而孔子做孔氏正统继承人也不是天经地义的了。这就是历代儒者指孟皮为跛子，不堪继嗣的深层原因。

其实，叔梁纥娶颜徵在，并不需要多么充分的理由。作为一个贵族，即便其妻妾还在堂，娶一位贫寒人家的少女作妾或因妻子去世而娶一位继妻，本来便是极平常的事情。所以，叔梁纥便选定了尼山脚下一个小村（现被称为"颜母庄村"，在尼山东侧）里一颜姓人家的女儿，名叫颜徵在的，聘之为妻。

---

[1] 王肃的《孔子家语》所列文字，多有出处，而此段文字却无出处，可见系王肃作伪无疑，详见《孔子家语·本姓解》。

[2] 《阙里述闻》："（叔梁纥）与妾生男子，病跛，即以名之，字孟，世所谓孟皮是也，故跛作皮，以为伯皮，伯尼者。"《孔氏祖庭广记·先圣记》："伯夏生叔梁纥，叔梁纥长子曰伯皮，有疾，不任继嗣，遂娶颜氏。"

[3] 《礼记·曲礼》第一："名子者，不以国，不以日月，不以隐疾，不以山川。"

关于叔梁纥求婚于颜家的事,《孔子家语》对整个过程作了描述,说颜家有三个女儿,最小的一个叫徵在。当叔梁纥向颜家求婚时,颜父便向三个女儿介绍了叔梁纥的情况,说虽然叔梁纥只是士一级的贵族,但他的先祖是圣王的后裔,而叔梁纥本人身高体壮,虽然年龄大了些,为人也有点严厉,但是一个值得托付终身的人。介绍完情况之后,颜父便问三个女儿谁愿做叔梁纥的妻子。两个姐姐都没有吭声,小女颜徵在却上前答道:"父亲又何必多问呢,女儿听从父亲的安排就是了。"这样,颜父便决定将三女儿颜徵在嫁给叔梁纥。大概颜徵在在同意这门婚事时,并未见到叔梁纥,想象不出叔梁纥有多老。等到举行婚礼拜庙时,她才发现自己嫁的竟是一个老头,十分惧怕。①

当时的真实情形,今天我们已无从知晓了。或许是迫于生计,还是妙龄少女的颜徵在,嫁给了已是老年人的叔梁纥。这对老夫少妻的结合并不完美,对于少女颜徵在来说,甚至是一种屈辱和不幸。但是,这不幸的婚姻,却有了一个伟大的结果,那就是诞生了一位影响了中国乃至世界的伟大的思想家、哲学家、教育家——孔子。

---

① 《孔子家语·本姓解》:"徵在既往,庙见,以夫之年大,惧。"

第 二 章

逢 生
其 时

尼山致祷 孔子的父亲叔梁纥与母亲颜徵在在尼丘山上祈祷后，第二年（公元前 551 年）生孔子。

一

司马迁在《史记》中写道："(叔梁)纥与颜氏女野合而生孔子。"①此说一出，为后人留下了一个争议不休的话题。

关于叔梁纥与颜徵在野合而生孔子一事，对于"野合"的解释，历来诸家各有成说。

一种说法是指男女在野外交配或男女苟合，如《辞海》对"野合"一词的解释是："旧指男女苟合。《史记·孔子世家》：'叔梁纥与颜氏女野合而生孔子。'"②更有甚者，将"野合"演绎为奴隶少女在野外劳作，被奴隶主贵族强奸了之说。这一类说法，共同点有一个，即孔子是私生子。

另一种说法，"野合"是指不合礼仪的婚配。此种说法以唐代人司马贞为代表，司马贞的说法也颇有道理。他认为，司马迁在《史记》中所说的"野合"，是指叔梁纥与颜徵在的结合是：一个太老，一个太少，不合于礼。司马贞还举了《论语》一书中关于"野"字的许多用法来佐证，说明自己的观点。③

而唐代的另一位学者张守节，则从生理的角度分析，认为从年龄上讲，男人过了六十四岁，女子过了四十九岁，再结婚，便是野合。④这种说法，便有些牵强了。

① 《史记·孔子世家》。
② 《辞海·语词分册》，上海：上海辞书出版社，1998年。
③ [唐]司马贞《史记索隐》："此云野合者，盖谓梁纥老而徵在少，非当壮室初笄之礼，故云野合，谓不合礼仪。故《论语》云：'野哉，由也。'又：'先进于礼乐，野人也。'皆言野者，是不合礼耳。"
④ [唐]张守节《史记正义》："男，八月生齿，八岁毁齿，二八十六阳道通，八八六十四阳道绝；女，七月生齿，七岁毁齿，二七十四阴道通，七七四十九阴道绝。婚姻过此者，皆为野合。"

到了清代，著名学者桂馥则作了更为大胆的猜测。他认为，叔梁纥与颜徵在的婚姻之所以被称为"野合"，是因为他们没有在女方的家庙中完成女子出嫁应有的礼仪。①

由此，历来论孔子者，都倾向于"野合"是不合礼仪的婚配一说。但其不合于礼仪的详细情形，却又各执一词。

当代人刘振佳在其《鲁国文化与孔子》一书中，另出机杼，认为：

> 司马迁《史记·孔子世家》所记"野合"，似原没有什么贬义，而是说孔子作为圣人的出生，就像商代始祖契、周代始祖后稷一样，都是"感天而生"，伟大的人物无论在长相还是在生活经历方面，都必定怪异而神秘，孔子是"野合"，圣母与大自然相感悟而生孔子。

这一说法，初看起来，似有一定的合理因素，但细审司马迁《史记》原文，便立见其误。《史记·孔子世家》的原文是"叔梁纥与颜氏女野合而生孔子"，也就是说，与颜徵在"野合"的是叔梁纥，而不是什么怪异、神秘的某种不可窥知的神或其他灵异之物。因此，刘振佳的"感天而生"说是没有什么确切依据的。

依据当时实际的情形推测，叔梁纥为贵族，颜徵在为贫寒人家的少女，两者社会地位悬殊，大概叔梁纥并没有把娶颜徵在看作十分重要的事情来操办，大抵似后世的官宦人家将丫头收房或纳妾一般，所以也就没有什么礼仪形式好讲，草草地把颜徵在娶了过来。因叔梁纥与颜徵在的婚姻没有什么仪式礼节，所以，司马迁才称他们是"野合"的吧。

叔梁纥和颜徵在婚后，自然很希望能生一个孩子。令他们非常欣慰的是，颜徵在很快就有了身孕。这对夫妇在惊喜之余，又进

---

① ［清］桂馥《札朴》卷二："《史记》梁公野合而生孔子，案野合，言未得成礼于女氏之庙也。"

一步希望能是个儿子。于是，夫妇二人便依照当时的习俗，到家乡附近的尼山祈祷，希望尼山之神赐给他们一个儿子。大概是鲁襄公二十二年（公元前551年）夏历八月二十七日，叔梁纥、颜徵在夫妇再次双双上尼山祈祷求子。不料，在山上，颜徵在突然临盆，夫妇俩便赶忙找到一个山洞，作为临时的产房，这个生下的孩子便是孔子。后人推崇孔子，便把孔子出生的山洞命名为"坤灵洞"（坤，是雌性之义；灵，即精灵）。坤灵洞内原有孔子雕像，并修有石凳，供人瞻仰；后来，由于年久失修，洞口为流沙所掩没。1979年，当地百姓扒去流沙，山洞才复旧观。

孔子出生后，被父母抱回了家中，即陬里，也就是后儒所说的昌平乡。据《阙里志·尼山》记载，孔子所居村庄，"在尼山之西五里，史载孔子生鲁昌平乡，即此，今名鲁源村"。直到今天，这个小村子还存在着。它背依尼山，毗邻尼山水库，是一个掩映在绿树丛中的美丽的小村庄。

二

孔子的出生，虽然多少有点与众不同（生在山洞中），但实际上也没有什么不寻常的地方。只是，后人为尊崇、抬高孔子，便杜撰出了许许多多故事、传说来神化孔子。

据传说，孔子还未出生时，孔母颜徵在梦见北方黑帝召见她，并告知她，不久的将来，会生圣子，应选择一个叫空桑的地方作为生圣子的地方。那黑帝还赐给颜徵在一柄玉尺，上面刻着一行字，就是"水精之子，继衰周而素王"。十个月后，便真的有麒麟来送子。

据说空桑之地，即是尼山的坤灵洞。①

还有一种流传更广泛的传说是，在孔母颜徵在未怀孔子之前，有一只麒麟来到了孔家，口中吐出玉书，上面的文字也是"水精之子，继衰周而素王"。颜徵在感到很怪异，便将绣绂系在麒麟的角上。结果，麒麟在孔家流连了两天两夜才离去。孔母颜徵在怀孕十一个月后，便生下了孔子。②

由于孔子被誉为没有王者之位而有王者之德的"素王"，所以，人们又演绎出了孔子出生时的另一段传奇：孔子出生前，有两条苍龙从天而降，在孔家盘旋绕护；又有五位神仙，也来到孔家，护翼即将降生的孔子。③为了迎接孔子的降生，动用了这么多神灵，因此，孔子便也俨然是个王者了。

另外还有一种说法，孔子是八月二十七日晚在家中降生的。当时天上飘来了仙乐，孔母听到空中有声音传来，说的是："天感生圣子，故降以和乐之音。"因此，孔子生来便与众不同，有四十九种特殊的标记，是日角月准，河口海目，胸间还有"制作定世符"的文字。④

而在曲阜当地，关于孔子，还流传着一个"凤生、虎养、鹰打扇"的传说。传说孔母颜徵在与夫君叔梁纥去尼山祷子，结果在山上的坤灵洞生下了孔子。孔子出生后，相貌极其丑陋，头顶如反扣着的盂，中间低而四边高，面有七露，即眼露筋、鼻露孔、耳露轮、嘴露齿（眼、耳、鼻均为双露，故曰七露）。叔梁纥夫妇以为是个怪物，便将他丢弃在山洞中离开了。结果，却有老虎跑来哺乳他。老鹰飞来用翅

---

① 事见丁寅生：《孔子演义》，济南：山东人民出版社，1985 年。
② 事见《孔子集语·曾子》引《伏侯古今注》《拾疑记》。
③ 事见《孔子集语·曾子》引《伏侯古今注》《拾疑记》。
④ 事见《东家杂记》《祖庭广记》。

膀为他扇扇，远近的人们见有老鹰来呵护这个孩子，便以为是凤凰之子。直到后来，孔子被母亲抱回家中，人们才知孔子是叔梁纥的儿子。

此外，还出现了"圣人出而黄河清"的传说，即孔子出生时，浑浊的黄河也为之变得清澈见底，一度清明。后世的腐儒更是推波助澜，于是连孔子出生时的山洞也沾了光，变得神乎其神。据说，那山洞平日无水，每当祭祀洒扫之时，便有清泉从石中流出来，正好够祭祀洒扫之用，等祭扫完毕，泉水也干涸了，极其神奇。①

这些传说，无一不在力图说明孔子的"不同凡响"，为此，甚至不惜把孔子说成是一个长相怪异的"怪物"。其实，孔子出生前后并没有什么异兆，出生后和其他婴儿也没有什么两样，即便是孔子的后人，也认为这些传说多为无稽之谈。如孔子的六十九代孙孔继汾，便曾否定这些怪异之说，认为这都是后人附会无疑。②

大概因为叔梁纥和颜徵在在尼（丘）山祷子灵验，孔子又出生在尼（丘）山上，为了纪念，叔梁纥夫妇便给孔子取名为孔丘，字仲尼。但是，过去习惯的说法是，因为孔子生下来以后，是个"圩顶"，所以才给孔子取了这个名字。③其实，正如第一章所提到的，《礼记》中有一条便是：给孩子取名，不能以其隐疾命名。④叔梁纥断不会

---

① 《括地志》云："女陵山在曲阜县南二十八里。干宝《三日纪》云：'徵在生孔子空桑之地，今名空窦，在鲁南山之空窦中。无水，当祭时洒扫以告，辄有清泉自石门出，足以周用，祭讫泉枯。'今俗名女陵山。"转引自《史记正义》。

② 《阙里文献考》云："夫怪异之说，言不雅驯，儒者所弗道，然先圣，殷人也。殷之先，元鸟降祥，列在歌颂，麟游草附之事，理或有之。夫吐玉书，降五老，奏天乐，又感生圣子，言出神人，则愈出愈怪，荒诞不经，其为后人附会无疑矣。"

③ 《史记·孔子世家》："祷于尼丘，得孔子。……生而首上圩顶，故因名曰丘云，字仲尼，姓孔氏。"

④ 《礼记·曲礼》第一："名子者，不以国，不以日月，不以隐疾，不以山川。"

以儿子的生理缺陷为孔子取名的。

三

孔子的诞生，在当时实际上并不会引起人们太多的注意，人们只知道邑大夫叔梁纥家又生了个儿子，以至于后来关于孔子的生年也有了不同的说法。毕竟当时的叔梁纥和孔子都不是什么重要人物，当时的典籍自然不会记下叔梁纥生子的事。

关于孔子的生年，后世有多种说法。

一种说法是孔子生于鲁襄公二十一年（公元前552年）。持此说法的是《春秋公羊传》和《春秋穀梁传》。据《春秋公羊传》载："襄公二十一年，十一月庚子，孔子生。"而《春秋穀梁传》则记："襄公二十一年冬十月庚子，孔子生。"两书所记，虽然生年相同，但月份却不一致。因此，后世支持此说的不多。宋濂曾对孔子生卒年月作过专门探讨，认为《春秋公羊传》和《春秋穀梁传》所说必定有所依据，但宋濂本人并未能拿出可令人信服的证据。

另一种说法是孔子生于鲁襄公二十二年（公元前551年）。持此说的是《史记》。司马迁在《史记》中记道："鲁襄公二十二年而孔子生。"支持这一说法的有朱熹等人。这一说法，也被较为普遍地接受。

匡亚明先生曾参考以上两种说法，对孔子出生年月作了详细推算：

（今）孔子生年，从《史记·孔子世家》："鲁襄公二十二年而孔子生。"月日从《穀梁传》："冬十月庚子，孔子生。"周时历法比夏历早两个月，故十月庚子后世推算为鲁襄公二十二年八月二十七日（即公元前 551 年 9 月 22 日）。[①]

其实，关于孔子的出生年月，早一年或晚一年，对孔子一生的影响、孔子思想的形成，对社会历史的发展，以及后世对儒家学说的研究并没有什么重大意义。因此，没有必要作过多的辨析。正如钱穆所批评的，"今谓孔子生前一年或后一年，此仅属孔子私人之寿，与世运之升降，史迹之转换，人物之进退，学术之流变，无足轻重如毫发。而后人于此，月之、日之，考证不厌其详"，是"劳而且拙"。[②]

孔子生活的时代，正是一个大国争雄，都想称霸于诸侯，小国则朝不保夕，纷纷寻求宗主国以求得庇护的时代。当时国家之间，密谋迭出，杀伐不断。从《春秋左氏传》的记载来看，在孔子出生前的十年间，各国间的战争即有三十余次，也就是说，平均每年即有三次战争爆发。各诸侯国视周朝天子如无物，世间根本无王道可言，有的只是利益驱动下的暂时联合或敌对，有的只是弱肉强食和霸道。武力，成为最有发言权的代名词。整个"国际"社会是王道衰微，霸道盛行。

而在鲁国内部，国政此时已落入"三桓"之手，所谓鲁国国君，不过是国家的一种象征而已。

"三桓"，即鲁国的三个大家族，因他们的先人是鲁桓公的三个儿子庆父、叔牙、季友，所以被称为"三桓"。"三桓"之家，一开始是作为小宗被分封的；但经过半个世纪苦心孤诣的经营，到鲁文公时，已成了鲁国政治中最重要的力量，有着大量的土地和人口，并建立了自己的武装。"三桓"的崛起，主要还是归因于鲁文公的怠懦。鲁文公即国君位后，基本上深居宫室，对国家大事一概

---

① 匡亚明：《孔子评传·生平概略》，南京：南京大学出版社，1990 年。
② 钱穆：《先秦诸子系年考辨·孔子生年考》，上海：上海书店，1992 年。

不闻不问；"国际"间的诸侯会盟，甚至国内日常的祭告活动，都不参加，而是派大夫代理。[①]文公这样懒怠、懦弱的结果就是，君权旁落，贵族大夫脱离国君，直接进行盟会、征伐，结党营私，收买民心，同时腆然事奉大国，求得外援。贵族大夫基本上各行其是，逐渐掌握了国家政权。[②]更有甚者，贵族东门氏襄仲，连文公最宠爱的妃子敬嬴也敢私通，作为国君，鲁文公心知肚明却不作声，也算是够前无古人、后无来者的了。

　　鲁文公死后，东门氏、叔孙氏、季孙氏争相讨好齐国。最后，东门氏襄仲依靠齐国的支持，帮助鲁文公的次妃敬嬴生的儿子仲，杀死了鲁文公的另外两个儿子视和恶，让仲当上了鲁国国君，是为鲁宣公。因此，鲁宣公之即位是极不得人心的。一是杀嫡立庶，这在当时是难以为人们的道德观念所接受的。视和恶是文公夫人所生，系正出，被杀；而仲是文公次妃所生，系庶出，却靠屠杀践国君之位。二是逼走了文公的夫人齐姜。齐姜本为鲁文公夫人，鲁宣公继承国君位后，便驱逐齐姜回娘家——齐国。齐姜归齐，沿途大哭，国人见状，也哀怜齐姜的处境，纷纷为之哭泣，人们便把齐姜称为哀姜，由此看出鲁宣公的这一举措是很不得人心的。[③]

　　正因为鲁宣公的上台有不得人心的一面，"三桓"才有了充足的"理由"，不把国君放在眼里，甚至忤逆国君。自鲁宣公始，"三桓"

---

① 陈书仪《齐国史料编年考辨》引北宋赵鹏飞语："（文公）即位之初，霸主之会，邻国之好，未尝亲之，率（大多）以大夫往；闰月不告，常月不视朔，怠情昏庸，不出寝门，何以为国！"

② 陈书仪《齐国史料编年考辨》引北宋赵鹏飞语："诸大夫互结私援，外事大国，内怀国人，而自封植。公室寝弱，而权移于人。"

③ 《左传·文公十八年》："夫人姜氏归于齐，大归也。将行，哭而过市，曰：'天乎，仲为不道，杀适（嫡）立庶。'市人皆哭，鲁人谓之哀姜。"

的势力日渐强大，而鲁君的权势日渐衰微。[①]到了鲁襄公二十一年（公元前552年），由当时的执政季武子提议，叔孙氏、孟孙氏襄赞，采取威胁、利诱的办法，将鲁国公室掌握的土地、人民分作三军，三家各取其一，这样，"三桓"便垄断了鲁国整个国家主要的贡赋收入和人口，史称"三分公室"。[②]至此，国君之权彻底旁落，鲁国国势日渐分散、衰微了。而在民间，人们无计生存，怨气冲天，以致盗贼蜂起，[③]下层百姓与统治者的矛盾日趋激烈，鲁国呈现出了一种君不君、臣不臣的社会局面。

　　世界杀伐不断，礼崩乐坏，纲常殆废，百姓流离，人们便需要一种道德政治。但是，谁能够为这种道德政治提供一种理论乃至实践的规范呢？孔子，只有孔子！一位悲天悯人、坚持理想、百折不挠、积极用世、空前绝后的杰出人物。从这个意义上来说，孔子的出生，真可谓正逢其时。

---

① 《史记·周鲁公世家》："鲁由此卑，三桓强。"

② 《左传·襄公十一年》："……正月，作三军，三分公室，而各有其一。三子各毁其乘，季氏使其乘之人，以其役邑入者，无征。不入者，倍征。孟氏使半为臣，若子若弟。叔孙氏使尽为臣，不然不舍。"

③ 古鲁国多盗，许多典籍有记述，最有影响者如盗跖；孔子时代，鲁盗更多，《论语》中曾多处有记载。

第三章

习 礼
求 知

俎豆礼容 孔子五六岁时，就喜欢摆上俎、豆等礼器，模仿祭祀礼仪，儿童们都跟着他学习。

似乎是命运有意磨炼，孔子三岁时，其父叔梁纥去世了。从此，孔子失去了最安全、最温暖的家庭庇护。

叔梁纥在世时，自会替颜徵在母子做主，使他们衣食无忧，不必仰他人鼻息。但叔梁纥去世后，境况就不同了。叔梁纥是一个贵族，他死后家中妻、妾、儿女在正庶嫡长、财产继承等问题上产生矛盾。在这种斗争中，颜徵在只是一位家族贫寒的年轻女性，又是后妻或妾的身份，而孔子只是一个不知世事的三岁幼童，因此必定处于劣势。叔梁纥既死，颜徵在母子在叔梁家便无所依恃，为了躲开这种家庭纷争，也为了谋生和教育、培养儿子，颜徵在决定带着三岁的孔子离开叔梁家，到鲁国当时的国都曲阜定居。

颜徵在携孔子定居曲阜，最主要的原因是其娘家一族在曲阜，对此，匡亚明先生曾有过论断：

> 据传，颜姓是曲阜大族，孔子弟子中有不少是颜姓的曲阜人。林春溥《开卷偶得》（卷六）说："《仲尼弟子传》颜氏居其八：颜路、颜由、颜幸、颜高、颜祖、颜之仆、颜哙、颜何，皆鲁人。颜之推曰：'仲尼母族。'"颜之推认为，以上八人，都是颜徵在本家（"仲尼母族"），可见颜氏娘家确是曲阜大族。若果如此，颜徵在带着三岁孤儿（孔丘）回到曲阜，找个存身之处，也就不很困难了。[1]

匡亚明先生的这段文字，提到了两点，一是鲁都颜姓是孔子母族，二是孔母携孔丘是"回到曲阜"。

其实，颜徵在的娘家并不在曲阜，而是在曲阜东南的尼山东侧，现在仍存，当地人称为"颜母庄"的便是。因此，颜徵在携孔子到

---

[1] 匡亚明：《孔子评传·生平概略》，南京：南京大学出版社，1990年。

曲阜，不是"回"归故里，而是前往谋生。颜徵在与鲁都曲阜颜氏一族的关系又是怎样的呢？或许颜徵在与曲阜颜氏为一族，大概的情形可能是，作为颜姓大族，世居曲阜，随着家族人口的繁衍，自然会有很多的分支，为了生计，许多家庭离开本族世代居住之地，到外地谋生。因此，孔母颜徵在故里在颜母庄也就不难理解了。或者在其父辈，甚至更早的时候，颜徵在的先人便为了谋生，离开曲阜，来到尼山东侧定居。因为娘家本已十分贫穷（若稍微过得去的话，自然不会把十几岁的妙龄少女嫁给一个六十多岁的老头子了），又处僻壤，既无可依恃，又难以谋生，所以，颜徵在才决定，不是回娘家依靠亲人，而是前往曲阜，托庇于族人谋生。

颜徵在携孔子至曲阜后，究竟投奔何人，限于资料的匮乏，已难以考证。颜徵在母子以何种手段谋生，也难以测知。但他们在曲阜的定居之地却是清楚的。

颜徵在带着孔子到曲阜后，定居在曲阜城外的一条小胡同里。这条小胡同有两个石阙，春秋时代，街道通称"里"，所以，孔氏母子所居住的街巷便叫作阙里。阙里究竟在何处，济宁人曲春礼先生曾有过详细考辨：

> 具体地址就是孔庙东路内，崇圣祠前、诗礼堂后的孔宅故井旁。当时只有房舍三间。孔子于公元前 479 年去世后，鲁哀公于公元前 478 年把孔子故宅改造成庙宇，将孔子读过的部分竹帛、用过的弓箭、乘坐过的车辆等置于其中，"岁时奉祀"，这便是最初的孔庙。①

可见，孔庙才是孔氏母子居住过的地方，而孔府，那是孔子后

---

① 曲春礼：《孔府对联匾额故事》，济南：山东友谊出版社，1988 年。

人居住之地。

　　孔氏母子在阙里住下来以后，生活当是十分艰难的。但是，这时的孔子，虽然物质生活十分贫困，但其精神生活方面却很充实，因为有许多新奇的东西令他目不暇接。

　　曲阜是鲁国都城，常常会举行一系列的政治、祭祀和外事活动。作为孩童的孔子，自然有机会目睹这些规模浩大、礼仪规范的活动。鲁国是周王朝在东方的政治、文化中心，在开国之初就享受了用周天子礼乐的特权。鲁国是周公旦的封地，因周公在朝辅佐年幼的周成王，无法就封，周成王便令周公的长子伯禽代父就封，伯禽成为鲁国的第一代国君。伯禽来鲁国时，周成王因周公辅佐有功，特准许鲁国可以用天子的礼乐来郊祭周文王。[①]后来，周公去世，周成王念及周公的功勋劳苦，便命鲁国世世代代用周天子的礼乐来祭奠周公[②]，并赐给鲁国礼器仪仗、巫祝卜史等用于祭祀活动的物品，以便鲁国按照严格的祭祀之礼进行祭祀活动。

　　由于鲁国在礼乐方面享有这种特权，这就使得鲁国礼乐的保存和发展有了他国无法比拟的基础。此后，随着社会的发展，各诸侯国均出现了礼崩乐坏的局面，唯独鲁国仍然保存了比较完整的礼乐形态。到孔子时代，这种礼乐仍可以由鲁国宫廷乐舞人员完整地演奏出来。最能说明问题的是，鲁襄公二十九年（公元前544年），吴国遣使者公子季札来鲁国访问。应季札的要求，鲁国为其举行了一场规模宏大、水平很高的歌舞盛会。鲁国乐舞者为季札依次演奏了《周南》《召南》《邶》《鄘》《卫》《王》《郑》《齐》《豳》《秦》

[①]　《史记·鲁周公世家》："成王乃命鲁得郊祭文王。鲁有天子礼乐者，以褒周公之德也。"

[②]　《礼记·明堂位》："成王以周公为有勋劳于天下……命鲁公世世祀周公以天子之礼乐……以禘礼祀周公于大庙。"

《魏》《唐》《陈》《小雅》《大雅》《颂》等乐歌；演出了《象箾》《韶濩》《大武》《南箾》《大夏》《韶箾》等乐舞。这令驰名于当时"国际"间的外交家季札眼界大开、赞叹不已，认为周代的礼乐全保存在鲁国了。[①]

用这样长的篇幅详细地记叙一次歌舞乐会，在《左传》一书中是绝无仅有的，可以说明，这次歌舞盛会，在鲁国政治文化生活中的意义是十分重大的。这样的歌舞盛会孔子必定是亲眼观赏过的，因为这一年孔子已八周岁，远观是不成问题的。

由于多方面的耳濡目染，孔子从小便模仿大人祭祀庆典的程序，演习礼仪。据司马迁《史记》记述，孔子幼年时最常做的游戏就是

[①]《左传·襄公二十九年》："（季札）请观于周乐，使工为之歌《周南》《召南》，曰：'美哉，始基之矣，犹未也。然勤而不怨矣。'为之歌《邶》《鄘》《卫》，曰：'美哉，渊乎！忧而不困者也。吾闻卫康叔武公之德如是，是其《卫风》乎？'为之歌《王》，曰：'美哉，思而不惧，其周之东乎？'为之歌《郑》，曰：'美哉，其细已甚，民弗堪也。是其先亡乎？'为之歌《齐》，曰：'美哉，泱泱乎大风也哉。表东海者，其大公乎？国未可，量也。'为之歌《豳》，曰：'美哉，荡乎，乐而不淫。其周公之东乎？'为之歌《秦》，曰：'此之谓夏声，夫能夏则大，大之至也。其周之旧乎？'为之歌《魏》，曰：'美哉，沨沨乎，大而婉，险而易行，以德辅此，则明主也。'为之歌《唐》，曰：'思深哉，其有陶唐氏之遗民乎？不然，何其忧之远也。非令德之后，谁能若是？'为之歌《陈》，曰：'国无主，其能久乎？'自《郐》以下无讥焉。为之歌《小雅》，曰：'美哉，思而不贰，怨而不言，其周德之衰乎。犹有先王之遗民焉。'为之歌《大雅》，曰：'广哉，熙熙乎，曲而有直体。其文王之德乎？'为之歌《颂》，曰：'至矣哉，直而不倨，曲而不屈，迩而不逼，远而不携，迁而不淫，复而不厌，哀而不愁，乐而不荒，用而不匮，广而不宣，施而不费，取而不贪，处而不底，行而不流。五声和，八风平，节有度，守有序，盛德之所同也。'见舞《象箾》《南箾》者，曰：'美哉，犹有憾。'见舞《大武》者，曰：'美哉，周之盛也，其若此乎？'见舞《韶濩》者，曰：'圣人之宏也，而犹有惭德，圣人之难也。'见舞《大夏》者，曰：'美哉，勤而不德，非禹其谁能修之？'见舞《韶箾》者，曰：'德至矣哉，大矣。如天之无不帱也，如地之无不载也，虽甚盛德。其蔑以加于此矣。观止矣。若有他乐，吾不敢请已。'"

把祭祀时用的礼器俎和豆摆出来，学着大人的样子，练习进退行止的礼仪。① 在当时，孔子的这类行为与其他小孩或许并没有什么不同。因为在当时的社会，贵族们十分重视祭祀庆典等活动，讲求礼仪的风气很普遍，上行下效，民间孩子们对祭祀庆典方面的礼仪进行模仿。在这方面，孔母应该有过着意的引导和鼓励。据说，孔母颜徵在为了让孔子演习礼仪，还专门买来了礼器供孔子做游戏时用。② 这种推测是相当有道理的，因为出身贫寒的颜徵在嫁给了贵族叔梁纥，虽然叔梁纥的大夫俸禄和名号均系不能传世的等级，但在颜徵在的心内深处，却很希望儿子孔丘能够学好礼仪，继承些贵族的遗韵，甚至想望有朝一日，儿子能重新进入贵族阶层。而熟悉礼仪，恰恰是进入贵族社会最初的通行证，因此，颜徵在鼓励孔子演习礼仪是可能的。

孔子除了学习礼仪外，稍微年长些，便通过一定的途径，学会了识字，并读到了当时的一些典籍。

鲁国在建国之初，即有周王朝特别赐予的许多典策；到了春秋末期，鲁国仍保存着《誓命》《象》《白禽》《周礼》《鲁春秋》《诗》《周易》等文诰和书籍。如鲁昭公二年（公元前 540 年）春天，晋侯派韩宣子来鲁国访问，韩宣子便在鲁国史官处观看了鲁国所藏典籍，并发出了"周礼尽在鲁矣"的慨叹。③ 国家的藏书如此，私家自然也会有一定数量的藏书，尤其是像季孙氏、叔孙氏、孟孙氏等贵族之家，更可能有数量相当可观的书籍。而韩宣子使鲁这一年，孔子已经十二岁了，在不久的将来，他便会读到这些书。

---

① 《史记·孔子世家》："孔子为儿嬉戏，常陈俎豆，设礼容。"

② ［清］郑环《孔子世家考》："圣母（指颜徵在）豫市礼器，以供嬉戏。"

③ 《左传·鲁昭公二年》："（韩宣子）观书于太史氏，见《易》《象》与《鲁春秋》，曰：'周礼尽在鲁矣。吾乃今知周公之德，与周之所以王也。'"

至于孔子通过什么样的途径、何种方式阅读到这些文化典籍，史书上没有留下详细记载。但据现有的材料和当时的世情来看，孔子是通过进入贵族子弟学校学习得以阅读这些书籍的；再一个途径是他后来做"乘田""委吏"后，靠借阅来进一步学习这些典籍。

春秋时代，一个人想取得一定的社会地位，参与政治，必须学习掌握礼、乐、射、御、书、数这六项基本技能。这六种技能，具体说来就是要熟知当时的礼仪、诸侯间的问答应对和诸侯国中的各种庆典祭祀活动程序，并能明了上述场合该用什么样的乐舞；同时，还要学会射箭、驾驭马车，学会书写文书，具备计算方面的本领。由此可以看出，当时文武是不分的。作为士人，和平时期，以礼、乐、书、数为国君或贵族服务；战时，则用射、御（当时最为重要的武备便是战车，甚至国家的实力用有多少辆战车来衡量），持干戈以卫社稷。因此，凡是贵族子弟，均需入学学习这六种技能。

当时的孔子也学习了这六项技能，只是通过什么样的途径、向何人学来的，没有现成的、直接的资料来证明。因此，匡亚明先生便认为："孔子大概是通过自学和向人请教的方式，终于完满而全面地学习和掌握了这六门基本功。"[①]

但是，就现有的旁证资料来推断，孔子最大的可能是曾经进入贵族子弟学校受过系统的教育。因为在当时没有任何简牍的情况下，仅仅靠自学和请教别人的学习是无法进行的，毕竟典籍在民间是很少见到的。从孔子的学识情况来看，少年时代的孔子应该是经过系统的学习训练的。

首先，孔子贵族子弟的身份是明确的。虽然叔梁纥的大夫职位和爵禄不能传给后人，但他贵族的身份是不可否认的。就现有的资

---

① 匡亚明：《孔子评传·生平概略》，南京：南京大学出版社，1990 年。

料来看，虽然孔氏母子生活极为贫困，但当时的鲁国人和孔子自己都认为孔子是贵族子弟。这可以从以下几件事中得到证明。

一是孔子有权利进入鲁国的太庙。太庙是建于鲁都曲阜城内祭祀鲁国君主的始祖周公的大庙，其制与周天子的明堂相似。[①] 而周天子的明堂则是天子教化诸侯的重要场所。当时，鲁国的许多重大典礼都在太庙举行，而且庙内存有大量的历史文物，因此，太庙是贵族子弟学习礼仪和文化的重要场所。《论语》记载了孔子入太庙的情形：孔子进入太庙后，对每一件不明白的事，都要请教个明白。于是，便有人笑话孔子说："谁说陬大夫叔梁纥的儿子知道礼仪呢？你看他，到了太庙里，每件事都要问个明白。"孔子听到这话，便回答说："我这样做，才是真正知道礼仪呵！"[②]

这件事，一方面说明孔子不放过任何的学习机会；更重要的是，它从侧面说明孔子并不是一般的平民子弟，因为在春秋末年那个等级仍十分森严的时代，一般的平民子弟大概是不得出入太庙的。

二是鲁昭公七年（公元前535年），季氏宴请士一级的贵族，孔子因丧母而戴孝前往赴宴，虽然被季氏的管家阳虎（又名阳货）斥退，但有一点是肯定的，在孔子内心，他自认为是士一级的贵族。而孔子的这种想法，必定是以周围社会环境即众人的认可为基础的，假如人们都不承认孔子是贵族子弟，只有孔子自己承认自己，且以此身份出入公共场合，是不可理解的。

既然孔子是贵族子弟，那么他进入贵族子弟学校学习也不是不可能的。

---

① 《礼记·明堂位》："大庙，天子明堂。"孔颖达疏："言鲁周公大庙，制似天子明堂。"（见《十三经注疏》）

② 《论语·八佾》："子入太庙，每事问。或曰：'孰谓陬人之子知礼乎？入太庙，每事问。'子闻之，曰：'是礼也。'"

其次，孔子曾说过"吾十有五而志于学"①的话。在古代，男子十五岁即入学，入学必用束脩，《论语》中也提到"自行束脩以上，吾未尝无诲焉"②。而从一般意义来讲，束脩是指一个人束发就学，从年龄概念上来讲是十五岁，对此，汉代郑玄等人有过解释。孔子自十五岁始立志向学，这种立志向学必有一定的条件、环境，否则也不会有这么明确的年龄界定了。而孔子的这一年龄界定（十五岁）又恰恰与古人束脩入学的年龄完全一致（也是十五岁），这就说明孔子的立志向学与束脩入学有某种无法割断的联系。更大的可能是，孔子在十五岁时可能入过学，即上了当时的贵族子弟学校。因为在当时，平民办学还没有兴起，虽然有些没落贵族利用自己所掌握的学识聚徒讲学，但基本上是家塾性质③，即教育对象基本上局限于家族子弟。所以，当时并没有专门的平民子弟学校。而贵族子弟学校是常设的，周代的贵族学校主要是"国学"和"乡学"两种。设立于周王朝都城和各诸侯国都城的学校，是高等贵族子弟学习的场所，系国学；而设在各地的学校，供一般的贵族子弟入学，系乡学。孔子所进的学校，可能是属于"乡学"那一类。

从以上所述来看，孔子的贵族子弟地位是比较明显的。既然是贵族子弟，那么，孔子便有进入贵族子弟学校的权利。再结合孔子有关的言行来看，孔子进入贵族子弟学校学习是可能的。或许，孔子在经过最基本的贵族学校的学习，掌握了比较全面的礼、乐、射、御、书、数的基本本领后，才开始走向社会。而在这期间，孔子已学习了最基础的古代文化、礼乐知识，至于全面学习古代典籍，则可能是在他供职于贵族之家以后，乃至有了较高知名度以后的事了。

---

① 《论语·为政》。
② 《论语·述而》。
③ 《礼记·学记》："古之教者家有塾。"

　　孔子十五岁这一年，即鲁昭公五年（公元前537年），鲁国历史上又一件大事发生了。鲁国执政季武子在原来三分公室的基础上，又四分公室，把鲁国的三军改分为四军，季孙氏自领二军，叔孙氏、孟孙氏各领一军。当时的军、赋是统一的，因此，季孙氏掌握了鲁国更多的百姓、土地和赋税。只是孔子年纪太轻，未形成自己的是非观念，因而对这件事的认识不会太深切。但对于初步掌握了一定的礼乐制度知识的孔子来说，他至少朦朦胧胧地意识到，这是不合于礼的。这对于其将来强公室、抑私家的思想、行为或多或少地产生了某些影响。

第四章

赴　会
见　拒

职司委吏　孔子年轻时，曾做过季孙大夫家的委吏（管理仓库的小官）。

一

鲁昭公七年（公元前 535 年），十七岁的孔子经受了他一生中最为沉重的打击。这一年，他的母亲颜徵在溘然去世。孔子失去了唯一的相依为命的亲人。

颜徵在，作为一个贫寒人家的女子，以妙龄之身，嫁给一位年已六十余岁的贵族武士，本来就有一些屈辱、自卑的成分，其心境自然是十分苦恼、郁闷的，这从颜徵在与叔梁纥的结褵之初便能看出端倪。据说，颜徵在与叔梁纥举行婚礼时，在告祭家庙的仪式上，她看到丈夫太过年老，便十分恐惧。①加之这桩婚姻十分不合礼仪，难免为时人所讥。颜徵在内心的痛苦是可想而知的。可是，即便是这样的婚姻也并没有长久，不到几年，她视之为依恃的丈夫又去世了。颜徵在以年轻寡妇的身份，独自携子到鲁都谋生，长期的精神压抑、没日没夜的操劳，使她的身体很快便垮了下来，在三十四岁的壮龄之年，便凄凉地去世了，结束了她悲剧性的一生。

关于孔母的卒年，古人说法不一。胡仔的《孔子编年》《阙里志·年谱》等认为颜徵在死于鲁昭公十四年（公元前 528 年），即孔子二十四岁那一年。是年，颜徵在四十一岁。但清代学者崔述在其《洙泗考信录》中否定了此说。他认为年谱将颜徵在卒年定在孔子二十四岁，是一种"臆断"。崔述的《洙泗考信录》，考稽多中肯綮，想来较为可信。目前，大家普遍宗承司马迁《史记·孔子世家》说，将颜徵在卒年定在孔子十七岁这一年。

孔母颜徵在的一生是悲剧性的，即使在她死后，悲剧也未结束。

---

① 《孔子家语·本姓解》："徵在既往，庙见，以夫之年大，惧。"《阙里述闻》："颜氏于归，既庙，见，以叔梁纥之年已衰，大惧。"

虽然她嫁给邑大夫叔梁纥，但无法与自己的丈夫合葬。按照当时的礼俗，夫妇是可以不合葬的，但孔子"寻根"心切，更大程度上可能也是为了给母亲争口气，为母亲争一个合乎礼法的地位，以便四时祭祀父母，便力主让父母合葬。

叔梁纥去世时，孔子只有三岁，根本不记得父亲叔梁纥葬在何处，而其母生前又未告知他父墓所在。怎么办呢，这大概是孔子一生中碰到的第一个难题。但是，一生维护、恪守礼仪的孔子，此时大概自认为对礼仪有了比较坚定、正确的认识，因此，便坚持按自己理解的礼仪来葬母。于是，为了打听到父亲的墓地在什么地方，孔子便把母亲的棺柩停放在"五父之衢"①，即叫作五父的四通八达的大路口。幸好陬地的一位輓夫（车夫）的母亲知道叔梁纥葬在了防地②，于是在这位輓夫之母的指点下，孔子将自己的母亲和父亲合葬于防地，也就是现在人们称为"梁公林"的地方。具体位置在曲阜城东十三公里、兖岚公路以南、防山北麓。现在，这里已成为一处古柏参天、桧楷成荫的著名园林了。元至顺二年（公元1331年），孔子之父叔梁纥被加封为"启圣王"，因此梁公林又被称为"启圣王林"或"启圣林"。

孔子既将父母合葬，便又在父母之墓的地面上堆起一个坟头，高四尺，以便记住父母埋葬之所。③本来，按照古代礼节，人死后是只墓不坟的，即只埋葬，并不筑起坟头，但或许是孔子鉴于寻找父墓

---

① 《史记·孔子世家》："孔子母死，乃殡五父之衢。"
② 《史记·孔子世家》："陬人輓父之母诲孔子父墓，然后往合葬于防焉。"《礼记·檀弓上》孔颖达注疏："于是，陬曼父之母，素与孔子母相善。见孔子殡母于外，怪问孔子；孔子因其所怪，遂问陬曼父之母，始知父墓所在，然后得以父母尸柩合葬于防。"
③ 《礼记·檀弓上》："孔子既得合葬于防，曰：'吾闻之，古也，墓而不坟，今丘也，东西南北之人也，不可以弗识也。'于是封之，崇四尺。"

的艰难，也为了记住父母的墓地，便对殡葬习俗进行了一个小小的改革，即在墓处堆起坟头，以便记忆、祭拜。据说，墓而坟、夫妇合葬，皆自孔子始。①

孔子的父母是得以合葬了，但是，关于孔子不知父墓所在，却是一个至今也无法断定的无头公案。

关于此事，司马迁在《史记·孔子世家》中只提到孔母不告诉孔子父墓所在，并未作更深入的记述。关于这点，较普遍的说法是，孔母颜徵在之所以不告诉孔子父墓所在，是因为颜徵在以及笄之年嫁给年老的叔梁纥，不几年叔梁纥便去世了，颜徵在年少而守寡，为避嫌，不能去墓地送葬，所以她也不知叔梁纥墓的具体位置，因此无法告知孔子。实际上，颜徵在是只知叔梁纥所葬的地方（防），但并不知墓的确切位置。②

另一种说法是，孔母颜徵在与丈夫的婚姻不合于礼，见孔子知悉礼仪，所以不告诉孔子墓地所在。所说不知墓地，是指不知叔梁纥的灵柩所埋的具体位置，不是其坟地。③

这两种说法，虽然有些"卫道士"的口吻，但都是有一定道理的。颜徵在并没有到叔梁纥的墓地去送葬，所以她只知孔父墓地而不知其具体位置（墓处），因之，也就无法告知孔子。至于孔母未去墓地送葬的原因，则不是后人所能猜度的了。

---

① 曲阜市文物管理委员会编：《曲阜观览·梁公林》，济南：山东友谊书社，1988年。

② ［唐］司马贞《史记索隐》："谓孔子少孤，不的知父坟处，非谓不知其茔地。徵在笄年适于叔梁，无几而（叔梁纥）老死，是少寡，盖以为嫌，不从送葬，故不知坟处，遂不告耳，非讳之也。"

③ 《礼记·檀弓上》之"孔子少孤，不知其墓"一句下的注："徵在耻其与夫不备礼为妻，见孔子知礼，故不告。言不知其墓者。谓不委曲适知柩之所在，不是全不知墓之去处。其或出辞入告，总望本处而拜。今将欲合葬，须正知处所，故云不知其墓。"（转引自匡亚明的《孔子评传·生平概略》）

其实，孔子要知道父墓所在，最直接、最简便的方法是去问自己的兄长孟皮，可孔子并没有这样做，那么，只有两种可能：一是颜徵在母子离开叔梁纥家后，一直对叔梁纥家的嫡长子女怀有某种怨怼之情，不曾释怀，所以没有什么来往；二是此时孔子长兄孟皮已死，已无人知晓孔父墓之所在了（因为当时的墓是不树不封的）。从孔子对礼所持的态度如主张孝悌来看，联系孔子为其侄女（孟皮之女）主持婚事等史实，孔子不会因为自己与母亲离开叔梁家而积怨于长兄，因此，第一种可能基本上是可以排除的。最大的可能是长兄孟皮已死，孔子无法得知父墓的具体位置，所以孔子才采取了将母亲灵柩置于大路口的办法来打听父墓所在。

二

丧母不久，孔子又经受了一次精神上的沉重打击。当时，鲁国的执政季武子，为了拉拢鲁国众多贵族的支持，大张宴席，请士一级的贵族到季氏家赴会。这一年，孔子只有十七岁，大概他认为自己是贵族身份，所以也前往赴会，但是，却遭到了季氏家臣阳虎的拒绝。具体的情形，古籍的记叙也十分简略，只是说季氏宴请士，"孔子要（腰）绖"①而往，结果，阳虎见孔子也来与会，便直斥孔子道："季氏宴请的是士一级的贵族，并不是宴请您！"孔子听到此话，便无言而退。②

从《史记·孔子世家》的记载看，当时，孔子是戴孝前往季氏

---

① 《史记·孔子世家》："孔子要绖，季氏飨士，孔子与往，阳虎绌曰：'季氏飨士，非敢飨子也。'孔子由是退。"

② 《史记·孔子世家》："孔子要绖，季氏飨士，孔子与往，阳虎绌曰：'季氏飨士，非敢飨子也。'孔子由是退。"

家赴宴的，因为"绖"是指古代居丧期间结在头上或腰间的麻带，对此，古代典籍有十分权威的解释。[①]这种风俗，直到今天仍被保留了下来。在山东农村，丧父母者，出殡时仍穿孝服，并将麻匹或麻绳束在腰间。孔子腰间束着麻带前往，可见他正在服丧，因此，这件事应发生在孔子丧母不久。

关于孔子"要（腰）绖"前往季氏家赴宴而被阳虎斥退一事，唐代人司马贞却持否定态度，认为此事近于虚诞。[②]司马贞作了进一步的解释，认为孔子"要经"，也作"要経"，可以解释为"带经"，是一种爱学习、有学识的表现。[③]

司马贞的这种解释是错误的。"经"的本意是织物的经线，在古汉语中，"绖"与"经"从字形上来说也是根本不可能混淆的。查"经"字之义，与学问有关的、符合司马贞之意的只能是"典籍"之意。虽然《荀子·劝学》中有"其数则始乎诵经，终乎读礼"之句（此句中的"经"系指《诗》《书》——著者），但其时已是战国时代，且真正将典籍、实则是某些固定典籍普遍地称为"经"的，是在汉代。可见司马贞犯了一个十分想当然的错误。即便是孔子时代称某些典籍为"经"，司马贞的说法没有概念上的错误，但也与孔子时代的世情无法吻合。因为孔子时代，书籍的形式主要是竹简木牍，孔子晚年喜欢研究《易》，以至于"韦编三绝"，即因翻检次数太多而把串联竹简的牛皮绳磨断了多次。试想，那个时代，一部经书要由多少竹简组成，孔子又怎么能带在腰上？

---

① 《仪礼·丧服》："斩衰裳，苴绖杖绞带。"注："麻在首在要皆曰绖。"《礼记·檀弓上》："孔子之丧，二三子皆绖以出。"

② ［唐］司马贞《史记索隐》："要経与飨，为阳虎所绌，亦近诬矣。"

③ ［唐］司马贞《史记索隐》："（要経）一作要経，要経，犹带经也，故刘氏云嗜学之意是也。"

司马贞"要经"之说是不成立的。而司马迁的《史记》虽不乏文学色彩，但其所列史实是基本可信的。何况其他古籍中也有孔子腰经赴宴、阳虎绌之的记载。由此看来，季氏宴饮，孔子前往，阳虎斥退孔子，是实有其事的。

关于阳虎，虽然史籍记载简括，但其生平却很清楚。他是鲁国贵族"孟孙氏庶孽"，以下层贵族和士的身份充当季氏家臣，后来成为鲁国政坛上的活跃人物。由于当时鲁国的政治局势是"季氏专鲁国"，即季氏掌握鲁国国政，而阳虎呢，又专季氏，即掌握季氏的家政，因此，鲁国政治在很大程度上掌握在阳虎之手，甚至后来，阳虎竟成为主盟鲁君、"三桓"于周社的主盟人。不过，此时的阳虎似乎还未如此得势，只是季氏的家臣而已，但已表现出趺扈之气。因此，当孔子前来参加宴会时，他便以轻蔑的口吻予以斥退。

至于阳虎斥退孔子的原因，《史记》已说得较为明确：在阳虎看来，孔子虽为贵族武士叔梁纥之子，但却未继承爵位和俸禄，因此，没有资格参加贵族的宴会。而在孔子看来，自己是贵族子弟，自然是顺理成章的贵族，有权参加这样的聚会。

唐代人张守节则认为，季氏宴请的是文人学子，并不是宴请的士一级贵族，至于阳虎斥退孔子，则是孔子太过年轻的缘故。[①] 这也是一种说法。

至于孔子当时被斥退的心态如何，我们已无从得知。或许是慑于阳虎的威势，知难而退，因为当时孔子只有十七岁，从历练上来说，毕竟太浅了点，所以一旦遇挫，便即退却。或许还有另一个深层的

---

① ［唐］张守节《史记正义》："季氏为馔，饮鲁文学之士，孔子与迎而往，阳虎以孔子少，故折之也。"

原因，孔子以重孝之身去赴贵族的宴会，这本身便是一件失礼的事，所以一遇阳虎的斥拒，孔子这样的知礼、守礼之人，自然会反省自己，既知自己失礼，便悄然退回了。①

不管怎么说，孔子赴季氏宴、阳虎斥退之这件事，给孔子所带来的屈辱和挫折感是十分强烈的，甚至是终生难忘的。但这件事也使年轻的孔子体味到了世态的炎凉，认识到了自己所处的社会地位，使他明白了，要想进入贵族社会，参与鲁国的贵族政治，还有很长的路要走，还需付出很大的努力。

三

自母亲去世后，孔子面临一个十分严峻的问题，那就是，从此以后，他需要独自谋生了。这对于一个十七岁的年轻人来说，并不是一件容易的事。不过，孔子还是凭借着父亲贵族武士的声望和自己所学到的一些知识，或许还有母族的帮忙，谋到了糊口的职事。

一开始，孔子主要是靠做一些粗活来维持生计，连孔子自己也承认，"吾少也贱，故多能鄙事"②。不久，孔子的境遇便有所改变，即做了管理仓库、计量物事的委吏，后又改做管理牲畜饲养和牧放的乘田。③ 这些职事，已不是需要出苦力的粗活了，需要有一些计

---

① 清代学者崔述亦认为孔子戴孝而往是失礼，其《洙泗考信录》有这样的话："衰经而往，失礼大矣……"

② 《论语·子罕》。

③ 《孟子·万章下》："孔子尝为委吏矣，曰：'会计当而已矣。'尝为乘田矣，曰：'牛羊茁壮长而已矣。'"焦循《孟子正义·万章下》赵岐注云："孔子尝以贫而禄仕，委吏，主委积仓廪之吏也。不失会计当直其多少而已。乘田，苑圃之吏也，主六畜之刍牧者也。牛羊茁壮肥好长大而已。"

算知识和管理能力。孔子对这些事，干得都十分认真。

关于孔子做乘田、委吏等职事，也有一些存在争议的问题：一是孔子是为公室还是私家（季氏）干这些职事；二是孔子从事这些工作的时间具体是在什么时候。

关于孔子做乘田、委吏是公室之吏还是私人家臣，司马迁认为，孔子是为季孙氏家服务的家臣，所管理的是季氏私家的事务。[①] 而匡亚明先生的《孔子评传》、金景芳先生的《孔子新传》等则未作明确陈述。

丁寅生的《孔子演义》则认为，孔子做委吏，系南宫敬叔所荐，做了孟懿子成邑地方的委吏，而后调任专管户口的职司史。丁氏所据，不见于正史，且在时间上也有错误。其时，南宫敬叔尚未出生，怎会引荐孔子于孟孙氏？此说不值一辩。

今人刘振佳在其《鲁国文化与孔子》一书中，对孔子仕官作了较大篇幅的考证，认为委吏是"春秋时鲁国负责仓库保管、会计事物的小吏"；而乘田吏则是"春秋时鲁国管理牧场、饲养六畜的小吏"。依刘氏之说，孔子所任两职，均是公室之吏，不是某一贵族的家臣。

由于《孟子·万章下》没有说明孔子为谁做乘田、委吏，所以后人才有了许多的猜度。依据司马迁的记叙，孔子为季氏史（吏）。从据孔子时代的距离远近和司马迁《史记》的可信程度来看，在以上诸说中，司马迁之说较为可信。

至于孔子所担任的乘田、委吏属于什么样的职级，后人多认为是小官。其实，依据这两个职务所管理的事务来看，孔子所担任的职务，

[①] 《史记·孔子世家》："孔子贫且贱，及长，尝为季氏史（吏），料量平；尝为司职吏而畜蕃息。"

并不是什么小官。所谓委吏之吏，并非后来所指的官吏，实则是吏役之义。联系司马迁所记叙的孔子为季氏史（吏）一事，孔子所承担的乘田、委吏，只不过是季氏家臣手下的管理人员而已。不过，虽然这两个职务很低微，但孔子却作出了很大的成绩，这在当时以农业为立国之本的鲁国，就产生了非同小可的影响。孔子通过这两个职事，不仅挣得了养家糊口的资财，而且大大地提高了自己的知名度和威信，为他以后的发展打下了最初的基础。

关于孔子做乘田、委吏的时间，一般的说法是孔子二十岁和二十一岁。《阙里志·年谱》认为，孔子二十岁时为委吏，二十一岁时为乘田。今人匡亚明等认为孔子做委吏、乘田是在二十岁以后的事，但并没有什么依据，只是沿袭成说而已。[1]

从孔子具体的生活环境来看，孔子十七岁丧母，十九岁娶亓官氏为妻。作为一个孤儿，没有一定的经济基础，娶妻且一年后又生子，似乎有点不太可能。更何况，孔子二十岁得子，鲁昭公派人送来鲤鱼表示庆贺。假如孔子在此之前没有担任过任何社会职务并且得到社会普遍赞誉的话，作为一国之君的鲁昭公，大概不会知道孔子其人，更不用说赐鱼以示恩宠了。因此，更大的可能是，孔子在结婚之前，已从事过某种收入较为丰厚的社会工作，积累了一定的资财，并有颇高的知名度，所以，他担任委吏、乘田，当在其结婚生子前。

这一时期，孔子凭自己的学识和从事的职事，在鲁都曲阜已有了一席之地，而且在学识才干增长的同时，人也长得魁梧异常。

---

[1] 匡亚明《孔子评传·生平概略》："据说在他二十岁以后的一段期间里，曾有两次充当掌管具体职司的小差使（小吏）：一次叫乘田，一次叫委吏。"

　　关于孔子的相貌情况，古人为我们留下了较多的记述。[①] 通过这些记述，我们今天可以想见孔子的相貌特征：扁头高个（据匡亚明、金景芳等人推算为 1.91 米）、胳膊长腿短，相貌丑陋，没有胡子。但孔子的弟子们又补充了最为重要的一点，即孔子的精神风貌，那就是温和中透着严肃，有威仪但无刚戾之气，端凝持重却安详从容。[②]

[①] 《荀子·非相》："仲尼之状，面如蒙供。"《荀子·非相》："仲尼长……"《庄子·外物》："（孔子）修上而趋下。"《史记·孔子世家》："（孔子）生而首上圩顶。"《史记索隐》："圩顶，言顶上窳也。故孔子顶如反宇。反宇者，若屋宇之反，中间低而四傍高也。"《史记·孔子世家》："孔子长九尺有六寸，人皆谓之'长人'而异之。"《孔丛子·嘉言》："（孔子）修肱而龟背。"《孔丛子·居卫》："且吾先君（指孔子——著者）生无须眉，而天下王侯不以此损其敬。"（此为孔子之孙子思语——著者）

[②] 《论语·述而》："子温而厉，威而不猛，恭而安。"

第五章

命 名
荣 贶

命名荣贶　孔子婚后一年生子，鲁昭公赐给他一条鲤鱼，为铭记国君恩德，孔子给儿子取名孔鲤，字伯鱼。

一

公元前 534 年，即鲁昭公八年，孔子已经十九岁了，靠着自己做委吏和乘田时的所得，开始安排自己的婚事。关于孔子的婚事，古代典籍并未给我们留下多少可供参阅的材料。《孔子家语》曾提到孔子"至十九，娶于宋之上官氏"[①]。至于其他的，均未提及。

关于亓官氏，习惯的说法是，她是宋人。她之所以被称为宋人，实则是因其先祖为宋国人，曾居于宋。而亓官氏本人，却是地地道道的鲁国人。此事从东汉桓帝时代的《鲁相韩敕复颜氏亓官氏繇发及修器碑》的碑文中可以找到佐证。此碑为东汉桓帝永寿二年（公元 156 年）鲁相韩敕所立。[②]碑文中提到，为了表示尊孔念圣之心，特别豁免孔子母舅颜氏一族、妻亓官氏一族的徭役。碑文中还提到了颜氏、亓官氏聚居的详细地点。[③]这说明，亓官氏与颜氏一样，都是鲁国人。

孔子与亓官氏结婚一年后，即鲁昭公十年（公元前 532 年），生下了一个男孩。鲁昭公闻讯，派人送来了一条鲤鱼，以示庆贺。对于孔子来说，这是一份意想不到的殊荣。为了纪念国君的恩赐，孔子便给儿子取名为鲤，字伯鱼。[④]

这件事说明，此时的孔子，虽然年龄不大，但在社会上已经有了相当的影响和比较高的身份和地位。另外，孔子贵族子弟的身份可能也起了一定的作用。毕竟，孔子是"以勇力闻于诸侯"的叔梁

---

① 《孔子家语·本姓解》。
② 此碑又名《汉鲁相韩敕造孔庙礼器碑》，现存于曲阜孔庙。
③ 碑文中有"颜氏圣舅，家居鲁亲里；亓官圣妃在安乐里"等句子。
④ 《孔子家语·本姓解》："鱼之生也，鲁昭公以鲤鱼赐孔子，荣君之贶，故因以名曰鲤，而字伯鱼。"

纥的儿子。否则，在那个等级森严的贵族政治社会中，孔子既无法获得较为完备的知识，更不可能得到一国之君的青睐。

对于鲁昭公来说，赐孔子以鲤的举动，或许是一时的心血来潮，但却对孔子的一生产生了重大的影响。鲁昭公的这一举动，在客观上提高了孔子在朝野上下的知名度和社会地位，同时，也使孔子初步萌生了强公室、抑私家、参与贵族政治的决心和信心。但是，鲁昭公赐鲤一事，并没有给孔子带来多少实际的利益，更何况，鲁昭公虽名为国君，但实际上是"三桓"手中的傀儡，他的这种昭示恩宠的行动，也只限于这个行动本身罢了。

或许，孔子也明白鲁国当时的政治形势：私家势盛，君权式微，国柄执于"三桓"。因此，他把希望更多地寄托于提高自身修养上，以期靠自身的才德见用于当世。

二

这一时期，孔子的主要精力当是用于维持一家人的生活，此外，便是在原来的基础上更加广泛地学习。

首先，孔子在这一段时间里，很可能比较广泛地阅读了鲁国所藏的大量典籍。刘振佳在其《鲁国文化与孔子》一书中认为，孔子曾做过史官，即"掌管起草文书、策命、记录史事、编著史册，兼管图书、天文、历法、祭祀等事项的官职"[①]。其依据是司马迁《史记·孔子世家》中的一段话："孔子贫且贱，及长，尝为季氏史。"他认为："孔子时，'三桓'专政于鲁，故季氏私家设史，以处理国事。从孔子与季氏的关系，特别是后来孔子竟有如此渊博的书本

---

① 刘振佳：《鲁国文化与孔子》，济南：山东友谊书社，1993 年。

知识看，若无接触国家典籍的可能，断不能至此，故司马氏所记当为史实。"[1]

假如孔子真的做过季氏的私家之史，自然会尽读季氏所藏之书。但是，不管春秋末年私家设史的具体情形如何，从司马迁的《史记》所记述的情况来看，孔子并未做过季氏之史，至少不是那种掌记事、管典籍、主祭司的"史"。司马迁的记述是这样的：

及长，尝为季氏史，料量平；尝为司职吏而畜蕃息。[2]

而司马贞的《史记索隐》则释为："（季氏史）有本作'委吏'。"[3]赵岐的注释则是："委吏，主委积仓库之吏。"[4]

从司马迁《史记》的上下文来看，孔子为"季氏史，料量平"，干的还是"委吏"即管理仓库的职事。司马贞等人也从其他版本中得到了佐证，即"季氏史"，有些版本也刻作"委吏"。因此，"史"字当为"吏"字之误，孔子并未做过季氏史。

尽管孔子未做过季氏史，但他仍可以通过其他途径阅读到鲁国所藏的大量典籍。以孔子能够出入鲁国太庙的身份，昭公赐鲤的荣宠和他本人在社会上的口碑、声望，孔子有资格也有条件阅读到鲁国国家和私人所藏的典籍。

除学习书本知识外，孔子还注意从其他途径学习古代礼仪、典章等文史知识。鲁昭公十七年（公元前 525 年）秋天，郯国（少昊氏后裔，处鲁国东南方，系当时鲁国的附庸国，在今山东省郯城县一带）的国君郯子来拜会鲁国君臣，鲁昭公设宴款待郯子。席间，鲁国大夫叔孙昭子便向郯子询问少昊氏以鸟名命名官职的情形。对

---

① 刘振佳：《鲁国文化与孔子》，济南：山东友谊书社，1993 年。
② 此碑又名《汉鲁相韩敕造孔庙礼器碑》，现存于曲阜孔庙。
③ ［唐］司马贞：《史记索隐》。
④ ［唐］司马贞：《史记索隐》。

此，郯子作了详细的回答，并对黄帝、炎帝、共工氏、太昊氏的命官情况先作了说明，然后详尽地讲明了少昊氏为什么以鸟名命名官职和各官职的分工情况。① 郯子是一位熟悉古代典章制度的人物，他所谈的黄帝、炎帝、共工氏、太昊氏、少昊氏各有所记，及少昊氏以鸟名命名官职的情况，反映了古代氏族社会图腾崇拜的情形，以及图腾崇拜与政治的关系。这一切，对于春秋时期的人们来说，已经是"天方夜谭"了，而郯子却如数家珍。孔子听说了以后，便去拜见郯子，并向他请教。这次请益，孔子所获甚多，对学问、典章、制度散失于边鄙之地发出了一番慨叹。②

不只如此，孔子在学习古代典章文物制度时，还十分注意进行实地考察。这一时期，孔子的足迹遍及鲁、卫、杞、宋等国。

为了研求夏、商两个朝代的礼仪典章制度，孔子到了杞国和宋国。据传，周武王曾封禹的后人东楼公居杞（地在今河南省杞县），为杞国国君。孔子认为，夏代的礼仪典章制度应该在夏代后人的封国那里有所保存。而商代王子微子启的封国便是宋国（地在河南商丘一带），孔子认为，宋国一定保存了商代的礼仪制度。当然，孔子去宋国，可能还怀有一种"寻根"的心态，因为他不止一次地说"我

---

① 《左传·昭公十七年》："秋，郯子来朝。公与之宴，昭子问焉。曰：'少皞氏鸟名官，何故也？'郯子曰：'吾祖也，我知之，昔者，黄帝氏以云纪……我高祖少皞挚之立也，凤鸟适至，故纪于鸟。为鸟师而鸟名。凤鸟氏，历正也；玄鸟氏，司分者也；伯赵氏，司至者也；青鸟氏，司启者也；丹鸟氏，司闭者也；祝鸠氏，司徒也。鴡鸠氏，司马也；鸤鸠氏，司空也；爽鸠氏，司寇也。鹘鸠氏，司事也；五鸠，鸠民者也；五雉，为五工正，利器用，正度量，夷民者也。九扈，为九农正，扈民无淫者也。自颛顼以来，不能纪远，乃纪于近，为民师而命以民事，则不能故也。'"

② 《左传·昭公十七年》："……仲尼闻之，见于郯子而学之。既而告人曰：'吾闻之，天子失官，学在四夷，犹信。'"

是商代人的后裔"。①

通过这些实地考察，孔子把夏、商两代的礼仪，分别与杞、宋两国的礼仪进行比较，从中比较清楚地了解了夏、商两代的礼仪制度。所以，孔子说道："夏代的礼乐制度，我能讲清楚，但它的后代杞国的礼乐制度却不能作它的证明；商代的礼乐制度，我能讲清楚，但它的后代宋国的礼乐制度却不能作它的证明。这是文献缺乏的缘故啊！若文献充足，我就可以把它们相互印证了。"②

通过这些考察，孔子对夏、商两代和杞、宋两国的礼乐制度有了很深的了解，否则，便不会有上面那段关于夏代与杞国、商代与宋国之间礼乐制度的关系的论述了。

在学习古代文献知识、礼乐制度的同时，孔子还下了很大的苦功学习演奏乐曲。

本来，鲁国自建国之始便与其他封国不同，即享有使用周天子礼乐的特权（详见第三章"习礼求知"——著者）。其他各诸侯国虽也有较为完备的礼乐，但却不如鲁国完备。后来经过时代的变革，许多诸侯国的礼乐多有湮没，而鲁国却保存了相当完整的礼乐制度。因此，作为鲁人，孔子自幼受到这种礼乐的熏陶，自然对乐舞产生了浓厚的兴趣，更何况"乐"是"六艺"之一，是参与贵族政治生活不可缺少的一项。据清人崔述的《洙泗考信录》考证，孔子在少年时代即开始学琴，这一时期的孔子不仅刻苦学习乐，而且关于乐的修养达到了十分高深的程度。《史记》《淮南子》《韩诗外传》等书都记述了孔子向师襄子学琴的事。

孔子向师襄子学琴，一支曲子弹了十天，却没有什么新的长进。

---

① 《礼记·檀弓上》："而丘也，殷人也。"
② 《论语·八佾》："子曰：'夏礼，吾能言之，杞不足征也；殷礼，吾能言之，宋不足征也。文献不足故也，足，则吾能征之矣。'"

师襄子便对孔子说："可以学习新的曲目了。"孔子回答说："我已经学会这支曲子了，但没有掌握它所表达的道理。"过了一段时间，师襄子对孔子说道："已经深明其中的道理了，可以学习新的曲子了。"孔子却回答说："我还没有明白这支曲子的作者的心志。"又过了一段时间，师襄子劝说道："你已深明曲子作者的心志，可以学习新的曲子了。"孔子仍说道："我还没有能通过乐曲想象出其人是怎样的。"过了一段时间，孔子才说道："这乐曲传达出的情感是肃穆而有所思的样子，心地坦然而又高瞻远瞩，志向十分高远。我想象出作者的样子了：面色黯黑，身材颀长，眼睛仰望（苍天）而有称王于诸侯国的王者之气。这人不是周文王，又是谁呢！"师襄子（听到这话）赶忙起立，向着孔子作揖，说道："我的老师曾告诉我，这支曲子的名字就叫《文王操》！"①

关于孔子向师襄子学琴这件事，虽不免有夸张之嫌，但至少说明了孔子曾刻苦地学习过音乐，而且其所请益的，都是国家的职业乐官。

另外，从《论语》的记载中还可以看到，孔子很喜欢唱歌②，这说明孔子年轻时，不只习琴，很可能也学过歌吟。

前面讲过，春秋时代，要参与贵族政治，必须文武毕备，战则执干戈，和则相礼仪。孔子也不例外，除去学习典章礼乐等历史文

---

① 《史记·孔子世家》："孔子学鼓琴师襄子，十日不进。师襄子曰：'可以益矣。'孔子曰：'丘已习其曲矣，未得其数也。'有间，曰：'已习其数，可以益矣。'孔子曰：'丘未得其志也。'有间，曰：'已习其志，可以益矣。'孔子曰：'丘未得其为人也。'有间，曰：'有所穆然深思焉，有所怡然高望而远志焉。'曰：'丘得其为人，黯然而黑，几然而长，眼如望羊，如王四国，非文王其谁能为此也。'师襄子辟席再拜，曰：'师盖云《文王操》也。'"
② 《论语·述而》："子于是日哭，则不歌。""子与人歌而善，必使反之，而后和之。"

化知识外，还多方面地学习，全方位地提高自己。孔子不仅文才出众，其"武功"也在古代典籍中留下了记录。他射箭、驾车的本领已达到了非常高的水平。据说，孔子曾在一个叫矍相的园地（在今曲阜城西郊区）进行习射活动，围观的人非常多。[①]虽然这次射箭活动有子路参加，据此推知此事发生在孔子三十岁以后，但也说明了孔子在三十岁以前即掌握了很高妙的射箭技术。

此外，孔子的驾车技术也是相当熟练的。他曾对弟子们说："我能干什么呢？我驾车吗？当射手吗？我还是驾车吧！"[②]依此观之，孔子认为，他驾车的技术是所学诸技艺中最为娴熟的。

春秋时代，车是战时最为重要的攻防两用的战具，箭是射杀远距离之敌的主要武器。因此，孔子对"武功"也是倾尽全力学习的。这之中是否有"以勇力闻于诸侯"的父亲叔梁纥的影响呢？这是肯定的。父亲的形象是英武的，虽然父亲叔梁纥去世得早，但孔子不可能不从他人的谈论中加深对父亲的了解和崇敬。当然，最重要的是，孔子学习射、御方面的本领是为了"用世"。

总之，在三十岁以前，孔子除了从事某些地位低下的职事养家糊口外，主要是不放弃任何机会学习各方面的知识。这一阶段，孔子在掌握了基本的"六艺"——礼、乐、射、御、书、数的基础上，对古代的礼乐典章文物作了更深层次的探讨、考察，阅读了大量的古代典籍，并通晓了《诗》《书》《礼》《乐》《易》《春秋》[③]等经典著作（这些典籍，在汉代通称为"六经"）。对当时的社会

---

① 《礼记·射义》："孔子射于矍相之圃，盖观者如堵墙。"
② 《论语·子罕》："达巷党人曰：'大哉孔子！博学而无所成名。'子闻之，谓门弟子曰：'吾何执？执御乎？执射乎？吾执御矣。'"
③ 《庄子》一书中有"丘治《诗》《书》《礼》《易》《春秋》"的句子。此处的《春秋》还不是经孔子删定的《春秋》，系指一般意义上的《春秋》（史书）。

政治有了深切的了解，目睹周室衰微、礼崩乐坏、诸侯纷争、政逮
于大夫，甚至陪臣执国命的社会危局，孔子已基本上形成了自己的
思想观念、处世态度和政治理想，即基本上确立了以周礼为典范的
"忠君尊王"思想、"笃信好学、守死善道"①的自律信条、以"仁"
为核心的民本政治理想等。而完整的、全面的、成体系的孔子思想，
还是在孔子经历了从政失败、周游碰壁、顾问政治之后，对社会世
情有了更深切的理解，对人生有了更细致而深广的体味之后才形成
的。也就是说，孔子思想也有其发展过程，是在孔子三十岁前形成
基本观念后，随着其年龄的增长、人生经历的复杂化而丰富、发展、
完善的。

---

① 《论语·泰伯》。

第六章

杏 坛
讲 学

杏坛讲学　　大约三十岁时，孔子开始聚徒讲学。传说孔子在当时的故居设有杏坛，是其教学的主要场所。

一

即将三十岁的孔子，对于自己的处境有着极为清醒的认识。依他当时的情形，虽然有了较为显赫的名声，但是，以他的身份、地位，仍无法直接参与贵族政治。那么，他将选择一条什么样的人生之路呢？

孔子一生最为崇拜的人是周公，念念不忘的是恢复周的礼乐制度和王道德治，这些在《论语》一书中有较多的反映。

周公，即周公旦，是周文王的第四个儿子，周武王的同母之弟，其采邑在周地（今陕西岐山北），因曾为太傅（系三公之一）而被尊称为"周公"。周武王去世时，继位的周成王年幼，周公害怕天下诸侯得知武王驾崩的消息后，欺成王年幼而叛乱，便代替成王践阼摄政当国。[①]当国期间，周公励精图治，传说他为接待各方人物，常常是"一沐三捉发，一饭三吐哺"[②]。由于周公勤勉于政事，周朝的社会得以稳定，经济得以发展。周公还亲自制礼作乐以教化人民。由于周公在周朝社会发展中起了决定性的作用，因此受到成王和朝野臣民的尊崇。周公死后，成王为褒扬周公的丰功伟绩，特许鲁国以天子之礼祭祀周公，并在鲁国为周公建立了太庙，让鲁国岁时祭祀。在春秋时期以及整个封建社会，周公一直被人们视为"圣人"，成为贤相的典型。

周公是孔子最崇拜的偶像，在孔子看来，周公的文治武功是无人可比的，周公所具有的才能和美德是前无古人的。孔子对周公推崇备至，

————

① 《史记·鲁周公世家》："周公恐天下闻武王崩而畔，周公乃践阼代成王摄行政当国。"
② 《史记·鲁周公世家》。

甚至常常梦见周公。① 尤其是对周公"制礼作乐"，孔子更是倍加赞赏。当然，这与孔子自身的社会地位、生活环境是密切相关的。从宗法制度看，孔子一生能达到的发展高峰，最多只能是做一个像周公那样的贤相。从现实的社会环境看，像周公那样的文治武功，对孔子来说，也是可望而不可即的。因此，比较现实的办法便是继承周公的某一个方面而加以发扬光大，那就是对周朝的典章礼乐进行继承和维新，并加以宣扬。而继承和宣扬这些典章礼乐的最理想的途径便是办学。

鲁国当时的环境为孔子办学提供了各方面的便利条件。一是鲁国有丰富的古代典籍和完整、系统的礼乐制度，为孔子从事教学提供了最基本的"教材"。二是鲁国的教育事业，尤其是私人办学的出现，为孔子办学提供了良好的社会环境。

鲁国保存了当时各国无法比拟的大量典籍和完整的周朝礼乐制度（其保存和传承情况，详见第三章"习礼求知"），这在客观上为孔子从事教学提供了较为便利的条件——教学内容的依据，即教材。

此外，最重要的是鲁国有着浓厚的重教向学传统。自鲁国第一代君主伯禽始，鲁国就极重视教化臣民；在贵族子弟教育方面，鲁国修有泮宫，即专门的"大学"。最初，泮宫只是君王举行庆典、教化臣民的场所，后来发展成为专门的学宫。② 到春秋末，由于周王朝王权旁落，其文化教育亦渐渐式微。各诸侯国忙于争城掠地、主盟争霸，各国的官方教育事业也在一定程度上呈衰颓之势。但在鲁国，教育却一直受到社会的普遍重视。如鲁僖公在位时，鲁国便曾重修过泮宫。至孔子时，鲁国臣民仍有重学的风气，如昭公十八

---

① 《论语·述而》："子曰：'甚矣，吾衰也！久矣，吾不复梦见周公。'"
② 《礼记·王制》："大学在郊。天子曰辟雍，诸侯曰頖（泮）宫。"

年（公元前 524 年），即孔子二十八岁那年，鲁国大臣闵子马曾针对有人提出的"可以无学，无学不害"①的说法，说过一段话，很能代表鲁国人对教育的重视程度。闵子马所言的大意是：兴学，是国家繁盛的根本；若教育不能昌盛，那么国家便会败落下去。②把办学与国家兴亡连在一起，可谓重视至极。在这样一种十分重视教育的社会氛围中，收徒执教，自然是一种很受人尊敬的职业。

孔子的时代，一方面是各诸侯国忙于争霸或自保，武力成为各国生存的根本。武功受到各诸侯国的推崇，而文事则被视为可有可无的事情。办学自然被置之末节，教育成为武功的点缀。另一方面，由于争霸或自保的需要，各国诸侯又急需各种人才。这样一来，便形成了一种人才的"供需矛盾"。而私人办学培养的各方面的人才，正好能满足这种社会需要。因此，人们竞相办学收徒、拜师学艺，便成为一种必然的社会风气。在当时的鲁国，已有没落了的贵族，用所掌握的礼乐文化知识教育自己的子弟，形成家塾这样一种教学形态。这可以说是私人办学的先声。另据《庄子》一书所记，与孔子同时代的鲁国人王骀，便曾聚徒讲学，而且成效显著，孔子十分钦佩，甚至讲了要以王骀为师的话。③另外，与孔子同时代而又兴办私学的人还有一位大名鼎鼎的少正卯。少正卯是鲁国的"闻人"④，他聚徒讲学，也十分成功，据说曾引得孔子门下弟子多次离孔子而

---

① 《左传·昭公十八年》。

② 《左传·昭公十八年》记，闵子马的话为："夫学，殖也，不学将落。"

③ 《庄子·德充符》："鲁有兀者王骀，从之游者，与仲尼相若。常季问于仲尼曰：'王骀，兀者也。从之游者与夫子中分鲁。立不教，坐不议；虚而往，实而归；固有不言之教，无形而心成者邪？是何人也？'仲尼曰：'夫子（指王骀——著者），圣人也。丘（孔丘——著者）也直后而未往耳，丘将以为师，而况不若丘者乎？奚假鲁国，丘将引天下而与从之……'"

④ 《荀子·宥坐》。

去。① 据这些典籍的记述，王骀、少正卯等人或早于孔子，或和孔子同时兴办私学。这说明，孔子之前，已有人打破"学在官府"的樊篱，形成私人办学的风气了。

基于追迹周公的理想，受鲁国重视教育、私人办学风气的影响，在衡量了各方面的情况之后，结合自身的条件，孔子选择了私人办学这样一项职业作为自己最初的人生追求——三十岁的孔子，其文采武艺已足可以为人师表了。孔子的这一选择，对孔子一生乃至整个人类社会都是至关重要的，否则，使没有孔子学说和儒家流派了。

二

孔子办学的具体时间难以确定，大概是在他三十岁之前。孔子曾说过"三十而立"②的话，也就是说，他在三十岁时已自立于社会了。那么，至少他在三十岁时，已有了自认为十分称心的"职业"——足以自立于社会的根本，没有这一点，也就谈不上什么自立了。

孔子办学的地点，大抵是在阙里街孔子故居，也就是现在的孔庙内。后人传孔子"杏坛讲学"，其实孔子故居并无杏坛，所谓"杏坛讲学"，纯粹是后人的附会之说。

关于孔子杏坛讲学之说，最早见于《庄子》一书③，但《庄子》

---

① 《论衡·讲瑞》记，少正卯在鲁讲学，与孔子平分秋色，"孔子之门，三盈三虚，唯颜渊不去"。不过，这种记述，在时间上又大有问题，孔子办学之初，颜渊尚未出生，不可能从学于孔门。所提颜渊事，当属作者王充随意加之。

② 《论语·为政》。

③ 《庄子·渔父》："孔子游乎缁帷之林，休坐乎杏坛之上。弟子读书，孔子弦歌、鼓琴、奏曲。未半，有渔父者，下船而来……（下面便是大段的对话——著者）"

此篇，只是借孔子与渔父的对话来宣扬自己的理论，并不是孔子言行的真实记录。而且，从文中所言来看，彼时孔子六十九岁，那是孔子从卫国回到鲁国之后的事，其时，弟子子路在卫国大夫孔悝手下供职，根本不在孔子身边。因此，此文只可作"小说家"言看。但是，后人缘于此说，便认为孔子一直在杏坛讲学。至于杏坛在何处，人们却无从考知，于是，便把杏坛"挪"到孔子故居，即现在的孔庙里去了。

现在孔庙中杏坛的出现，是在宋真宗天禧二年（公元1018年）。当时，孔子的四十五代孙孔道辅监修孔庙，命将孔庙扩大，把孔庙正殿后移，在原孔庙正殿的旧址上，种下了一圈杏树，并将此地命名为"杏坛"，姑且作为孔子讲学之所。到了金代，在杏坛上修了亭子，由当时的大书法家党怀英篆书了"杏坛"二字。杏坛便是这样由后人"造"出来的。

至于孔子讲学的真正所在，基本上是以其故居为主、流动讲学为辅，否则，《论语》一书中便不会有那么多孔子与弟子们在川上、舞雩台等地的对话了。

孔子办学，招收学生的标准，大抵是极为灵活而宽泛的。孔子曾说："自行束脩以上，吾未尝无诲焉。"[①]

历代以来，围绕着"束脩"二字，学者们争议不休，但对"束脩"的解释，大体上有两种。一种解释是：束脩是一束肉干。即脩是指干肉，又叫脯，每条脯为一脡，十条则为一束。所以，束脩就是指十条肉干。《礼记》一书便记述了以酒、束脩、犬等物送人的礼仪[②]，可见"束脩"最初是作为"实物"馈予他人的礼品，后来

---

① 《论语·述而》。

② 《礼记·少仪》："其以乘壶酒、束脩、一犬，赐人；若献人，则陈酒执脩以将命，亦曰乘壶酒、束脩、一犬。"

才演化成为拜师的礼品。如《北齐书·冯伟传》便有将"束脩"作为门徒进见之礼品的记述。[①]关于"束修"的另一种说法是,"束脩,谓束带修饰"[②],指一个人到了十三岁或十五岁,结发束带、修饰仪容,可以入学或参与社会活动了。对此,汉代也有同样的说法。[③]郑玄在注《论语》时,也认为"束脩"是指"年十五以上也"。

从"束脩"一词的本义和引申义来看,"束脩"只是一种实物,即十条肉干,古人用来作为进见之礼,后来演化成入学受教时须带这种礼物的风俗习惯。由于"束脩"与入学联系在一起,因此,后人望文生义,便将其理解为入学时一定要束发修饰了。而且古人一般在十五岁入学,便又有了"束脩"是指十五岁之说。其实,至孔子时代,"束脩"已成为一种礼仪的代名词,孔子所谓"自行束脩以上,吾未尝无诲焉"的意思是:凡是对我执师长之礼的,我没有不教诲他的。这句话可以"虚"一点理解,不一定是收十条肉干。以孔子悲天悯人之胸怀,他断不会为难自己的弟子——孔门弟子中不乏十分穷苦之人,他们不见得能拿出十条肉干,因为在那个时代,吃肉基本上是贵族的事情。

三

不可否认,孔子生活的来源,在一定程度上要依赖学生的馈赠,尤其是在其办学初期。但孔子从办学之始,对学生便不分社会地位的高低、身份的贵贱、家庭状况的好坏,凡来执礼求教者,一概教之。

---

① 《北齐书·冯伟传》:"门徒束脩,一毫不受。"
② 见《后汉书·延笃传》注。
③ 《盐铁论·贫富》:"(大夫曰)余结发束脩,年十三,幸得宿卫,给事辇毂之下,以至卿大夫之位。"

　　早期就学于孔门的弟子，大多是贫寒人家的子弟，且成名者极少。见于史籍的主要有颜路、曾点、子路、琴张等人。

　　颜路，又叫颜无繇，名无繇，字路，鲁国人。《孔子家语·七十二弟子解》记其为"颜由，字季路"。颜路是孔子著名弟子颜回的父亲，据说比孔子小六岁[1]，孔子始教学于阙里时受学。颜路一生并无什么建树，沾了儿子颜回的光，唐玄宗开元二十七年（公元739年），颜路被追封为"杞伯"；宋真宗大中祥符二年（公元1009年），被封为"曲阜侯"；元文宗至顺元年（公元1330年），被追封为"杞国公"；明世宗嘉靖九年（公元1530年），被改封为"先贤颜氏"。

　　曾点，字皙，有些典籍称其为曾晳、曾蒧。他是孔子著名弟子曾参的父亲。据说曾点的先祖是夏少康之子曲烈的后代，曲烈的封地是鄫（在今山东省兰陵县向城镇）。鲁襄公六年（公元前567年），鄫国被莒国所灭，鄫世子巫公投奔鲁国，三传而至曾点。曾点虽然是流亡贵族的后代，但实际上已沦为平民，生活全靠自身劳作维持。他的儿子曾参穿着破烂的衣服从事耕种劳作[2]，他的妻子也需要亲自织布[3]，可见曾子的生活是不怎么富有的。

　　曾点为人处世有些偏激，脾气也很暴躁。据说有一次儿子曾参锄瓜时不小心锄断了一根瓜苗，曾点十分生气，举起大棍子猛揍曾参的脊背，打得曾参仆倒在地上，不省人事。[4]

　　曾点的这种性格特征，在其他古代典籍中也有所反映。《孟子》一书便曾提到，孔子在陈国十分想念留在鲁国的弟子——那些狂

---

[1] 《孔子家语·七十二弟子解》。

[2] 《说苑·立节》曾记曾参"衣弊衣以耕"。

[3] 《战国策》《新语》均记有曾子（参）之母织布，人告其曾子杀人，曾母"投杼走"之事。

[4] 《孔子家语·六本》："曾子（曾参）耘瓜，误斩其根，曾皙怒，建（举）大杖以击其背。曾子仆地，而不知人久之。"

狷之士，其中便有曾点。① 在孟子看来，孔子无法与得中正大道的人士交往，只好退而求其次，怀念在鲁的弟子中狂放狷介之士来。不过，曾点虽然性情有些乖张，但在学问上却很有一番上进的心志。尤其是曾点愤于当时礼教的颓败，产生了匡扶礼教的思想，因而受到孔子的激赏。②

虽然曾点的儿子曾参在孔门弟子中的地位或许不如颜路的儿子颜回，但是，曾点在封祀方面和颜路是一样的。唐玄宗开元二十七年（公元 739 年），曾点被封为"宿伯"；宋真宗大中祥符二年（公元 1009 年），又被封为"莱芜侯"。

子路，又名季路，姓仲，名由，因此又叫仲由，子路只是他的字。子路是孔子著名的弟子之一，也是孔子非常喜爱的学生之一。子路大约出生于公元前 542 年，比孔子小九岁。从《史记》的记述看，子路是"卞人"③。据考，卞邑在今山东省泗水县东五十里的泉林镇。以此地域来考察，子路是鲁国人无疑。

从一些古籍的记述来看，子路出身是很贫寒的，属于低贱的贫民一类。④ 有的古籍记述，子路自己虽常常以野草籽为食，但却到百里之外背米回来奉养父母。⑤

子路的一大特点是，性情刚猛，勇力过人。他一生追随孔子，

---

① 《孟子·尽心下》："万章问曰：'……孔子在陈，何思鲁之狂士？'孟子对曰：'孔子不得中道而与之，必也狂狷乎。狂者进取，狷者有所不为也，孔子岂不欲中道哉，不可必得，故思其次也。''敢问何如斯可谓狂矣？'曰：'如琴张、曾皙（点）、牧皮者，孔子之所谓狂矣。'"

② 《孔子家语·七十二弟子解》：曾点"疾时礼教不行，欲修之。孔子善焉"。

③ 《史记·仲尼弟子列传》。

④ 《荀子·大略》："子赣（贡）、季路，故鄙人也。"《尸子·劝学》："子路，卞之野人也。"

⑤ 《说苑·建本》："昔者，由（子路）事二亲之时，常食藜藿之实，而为亲负米百里之外。"

始终以捍卫孔子为己任，孔子曾感叹，自从子路做了他的弟子，连难听的话也听不到了。[①] 别人慑于子路的威勇，以至于不敢说孔子的坏话了。子路的另一大特点是，信守诺言，见义勇为，这在《论语》等书中也有记载。[②] 子路信守承诺，很有些名满天下的样子。鲁哀公十四年（公元前481年），邾国一位叫射的人逃亡来到鲁国，要求盟誓，专门点名要子路出面定盟约，子路却不愿应承此事。季康子便让冉有去劝子路出面定盟，认为射不相信一个国家的盟约，却相信子路个人的誓言。[③] 虽然这是子路晚年的事情，但仍可见出子路信守承诺的名声。

关于子路拜孔子为师的过程，很有传奇色彩。据说，子路本性粗鲁伉直，听说孔子招收门徒，心中很是不服，便戴着雄鸡一样的帽子、野猪一样的饰物以示勇武，侵凌孔子。孔子以礼来引导子路，使得子路大为佩服。于是，子路便换上了学子穿的衣服，说愿将自己的生死交付孔子，并让门人转达致意，请求做孔子的学生。[④]

在子路这一戏剧性的转变中，孔子用了什么具体方法，我们无从猜知，但从后来的古籍中多少还是能寻到一些蛛丝马迹。其中虽有后世儒者的想象之辞，但也十分鲜明地反映出孔子说服子路，确实费了许多口舌，讲了好多仁政礼治、忠君爱民的大道理。[⑤] 当然，孔子的道

---

① 《史记·仲尼弟子列传》："自吾得由（子路），恶言不闻于耳。"

② 《论语·颜渊》："子路无宿诺。"

③ 《左传·哀公十四年》："小邾射以句绎来奔，曰：'使季路要（盟约）我，吾无盟（他人）矣。'使子路，子路辞。季康子使冉有谓之曰：'千乘之国，不信其盟，而信子之言，子何厚焉？'对曰：……"

④ 《史记·仲尼弟子列传》："子路性鄙，好勇力、志伉直，冠雄鸡，佩豭豚，陵暴孔子。孔子设礼，稍诱子路。子路后儒服委质，因门人请为弟子。"

⑤ 《说苑·贵德》《孔子家语·好生》《说苑·建本》和《孔子家语·子路初见》有记叙孔子说服子路的文字。

德文才和人格魅力，也起了相当大的作用。

由于子路是孔子门下非常重要的弟子之一，后世对子路的封赠也格外优厚。唐玄宗开元二十七年（公元739年），子路被追封为"卫侯"；宋真宗大中祥符二年（公元1009年），被封为"河内侯"；元文宗至顺元年（公元1330年），被追封为"卫公"。

这一时期的孔子学生中，还有一位后来较有名气者，即琴张。关于琴张，《史记·仲尼弟子列传》和《孔子家语·七十二弟子解》均未提及此人，但《孟子》《左传》都明确地记琴张为孔子弟子。后人囿于《史记》之说，没有将琴张列为孔子弟子。前文已提到，《孟子》一书曾记孔子在陈国思念在鲁的弟子之事，其中提到的在鲁弟子便是"琴张、曾晳、牧皮者"①。这说明琴张是孔子弟子是无疑的。而《左传》的记叙，也从另一个方面证明了琴张是孔子弟子。鲁昭公二十年（公元前522年），在卫国贵族的一次争斗中，车夫宗鲁不幸蒙难，宗鲁是琴张的朋友，琴张听说了这件事，便要前往吊唁。但孔子认为宗鲁属于盗、贼一类的人物，反对琴张前往，并对琴张讲了一通待人接物方面的礼仪之道。从此处《左传》的原文来看，孔子对琴张说话的口吻，完全像训诫儿孙子弟。这说明，只有琴张是孔子弟子，孔子方可能如此训导琴张。②

同时，这件事也说明琴张很可能是卫国人。孔子弟子中有个叫琴牢的，恰好是卫国人，人们便怀疑琴张、琴牢为一人。不过，琴张与琴牢是否为一人，现在已很难得到确凿的证明。后人追封孔子弟子时，只封琴牢而无琴张。唐玄宗开元二十七年（公元739年），

---

① 《孟子·尽心下》。
② 《左传·昭公二十年》："琴张闻宗鲁死，将往吊之，仲尼曰：'齐豹之盗，而孟絷之贼，如何吊焉？君子不食奸，不受乱，不为利疚于回，不以回待人，不盖不义，不犯非礼。'"

琴牢被追封为"南陵伯";宋真宗大中祥符二年(公元 1009 年),被追封为"顿邱侯";宋徽宗政和六年(公元 1116 年),被改封为"平阳侯";明世宗嘉靖九年(公元 1530 年)改封为"先贤琴子"。

四

孔子办学初期,学生主要是贫寒人家的子弟,且以鲁国人为主。至于琴张,则是个例外,更大的可能是,琴张自卫至鲁,才得以列入孔子门墙。但不管怎么说,孔子之私人办学,至少在鲁国产生了较大的影响,这为孔子以后的发展奠定了基础。当然,孔子始终是一位关心政治的积极用世者,他在教学之余还参加了一系列社会活动,并不像古籍所述那样单纯。

孔子教学的主要内容,是以"六艺"即礼、乐、射、御、书、数为基本课程。这六门课程,都具有很强的实用性,如礼、乐,可以为诸侯、大夫的各种活动相礼;射、御,用于为诸侯效命疆场;书用于为诸侯记事典史;数则用于为诸侯、贵族会计赋税。当然,孔子的教学又不仅仅局限于这些内容。从《论语》一书的记述来看,孔子教学的内容十分复杂多样。

首先,在孔子的教学中,关于《诗》(后来所说的《诗经》——著者)的内容很多。孔子时代,在许多外交场合都是用《诗》中的句子来作答的,这样做的好处是既表达了自己的意图,又不会使对方感到唐突甚或伤害。《诗》可以说是春秋时期外交语言的大典。这从《左传》中的记述便可以看出,一部《左传》,记载各国君臣赋《诗》和引《诗》的,即有二百五十一次。如《左传》记载,鲁昭公十二年(公元前 530 年),宋元公即位后,派大夫华定出使鲁国，聘问通好。在宴席上，鲁国人为之赋《诗》中的《蓼萧》一诗，华定却茫然不知，又不能用《诗》中的诗句作答，结果受到鲁国人的嘲笑①，华定及宋国因此大失颜面。由此可以看出《诗》在外交场合中的重要性。正因为《诗》在外交中占有重要地位，所以孔子才在教授弟子们礼、乐、射、御、书、数的同时，用了很大的功夫来教弟子们《诗》。《论语》中，孔子与弟子们谈论《诗》的记载较多。其中，孔子和自己的儿子孔鲤，弟子子贡、子夏等都谈论过《诗》。②子贡、子夏师从孔子较晚，但孔鲤生于孔子十九岁那一年，待到孔鲤十五岁"束脩"入学，孔子也不过三十四岁，更何况孔鲤受教于父亲或许还要更早些。因此，孔子教孔鲤学《诗》，当在孔子三十岁以后刚刚从事私人办学的时期。这其中最为人所熟知的是，孔子的弟子陈亢探问孔鲤师从孔子的情况。陈亢见孔鲤也师从孔子，便怀疑孔子私下里教了儿子孔鲤更多的学问，于是他就向孔鲤探询，孔鲤是否从其父亲那里学到了什么不同于大家所学的东西。孔鲤回答，只有一次，他从院子里经过，见父亲站在院子中，他便恭敬地迈着小步走过去，却被父亲喊住了。父亲问他，学过《诗》了吗？孔鲤回答说没有，孔子便说道："不学好《诗》，便无法问答应对！"于是，孔鲤便退而学习《诗》了。又有一天，孔鲤从院子中经过，见父亲孔子仍立在院中，孔子问孔鲤："你学过礼了吗？"孔鲤回答说没有，孔子说："不学习礼，便失去了自立于社会的根本！"于是，孔鲤便又退而学习礼仪。听了这番话，陈亢很高兴，认为自己问一得三，即知道了学《诗》、学礼的重要性和仁人君子对自己

① 《左传·昭公十二年》："宋华定来聘，通嗣君也。享之，为赋《蓼萧》（见《诗经·小雅》——著者），弗知；又不答赋。昭子（鲁国大夫叔孙婼）曰：'必亡！宴语之不怀，宠光之不宜，令德之不知，同福之不受，将何以在？'"
② 事分别见《论语·学而》《论语·八佾》《论语·阳货》等。

的儿子也无所偏爱。^①从这件事可以看出，孔子对《诗》的重视程度，也说明孔子教授其弟子《诗》是在教学初期。

在孔子看来，《诗》的功用实在是太大了。他甚至认为，一个人不学好《周南》《召南》这两首诗，就无法自立于社会，就像无法垂直站在墙壁上一样。^②在孔子看来，《诗》的功能不只是寄托情感，还能用于为国君、父兄服务，甚至自然界的一草一木、一虫一兽，都与《诗》有关。^③当然，孔子授弟子以《诗》，主要的目的还是培养弟子们的政治才能。所以他说："诵《诗》三百，授之以政，不达；使于四方，不能专对；虽多，亦奚以为！"^④在孔子看来，教给一个人《诗》三百篇，让他从政，政情不能顺达，让他从事外交，却难以应对诸侯，学得再多也没有什么用！这表明了孔子授弟子以《诗》的深意。

其次，"礼"和"乐"也是孔子早期教学的重要内容。从当时的社会环境、社会对人才的要求推论，孔子早期教学的内容是以礼、乐、射、御、书、数为主。关于孔子教学的内容，除了上面提到的《诗》，留下记载的主要是礼、乐。《论语》中多次出现孔子与弟子们谈论礼的记载，虽然许多篇章讲的都是孔子从事教育事业后期的事，但孔子教自己的儿子学礼的事，却无疑是在孔子从事教育事

---

① 事见《论语·季氏》："陈亢问于伯鱼曰：'子亦有异闻乎？'对曰：'未也。尝独立，鲤趋而过庭。曰："学诗乎？"对曰："未也。""不学诗，无以言。"鲤退而学诗。他日，又独立，鲤趋而过庭。曰："学礼乎？"对曰："未也。""不学礼，无以立。"鲤退而学礼。闻斯二者。'陈亢退而喜曰：'问一得三，闻诗、闻礼，又闻君子之远其子也。'"

② 《论语·阳货》："子谓伯鱼：'女为《周南》《召南》矣乎？人而不为《周南》《召南》，其犹正墙面而立也与！'"

③ 《论语·阳货》："子曰：'小子何莫学夫诗？诗，可以兴，可以观，可以群，可以怨。迩之事父，远之事君；多识于鸟、兽、草、木之名。'"

④ 《论语·子路》。

业的早期。^① 这说明，在教学初期，孔子便把礼纳入了教学的范围。这也是孔子为培养学生从政才能所讲授的课目，因为孔子认为礼在规范人的行为中有着无可替代的作用。在孔子看来，人"恭而无礼则劳，慎而无礼则葸，勇而无礼则乱，直而无礼则绞。君子笃于亲，则民兴于仁，故旧不遗，则民不偷（苟且）"^②，所以一定要让弟子们学习礼、遵守礼，然后才能自立于世。

　　在孔子的思想意识中，诗、礼、乐三者是不可分离的。他认为，《诗》可以使人振奋精神；礼能使人自立；乐则能熏陶人的性情，使人有所成就，即"兴于《诗》，立于礼，成于乐"^③。孔子早年醉心于音乐，曾向鲁国当时的著名乐师师襄子学琴。既然孔子有很高的音乐修为，又认识到乐对人性情乃至事业的作用，自然会教弟子这一门课目。

　　当然，孔子教学的内容十分丰富多彩，教学形式也非常灵活多变。除了上述内容之外，孔子的教学内容，大致还涉及怎样从政^④，讲解"仁"的内涵、意义^⑤，如何算作"孝"^⑥，"君子"的标准是怎样的^⑦，以及如何做人^⑧、如何挣俸禄^⑨、如何

---

① 《论语·季氏》记述孔子教育孔鲤："不学礼，无以立。"
② 《论语·泰伯》。
③ 《论语·泰伯》。
④ 见《论语》中的《颜渊》《子路》《尧曰》。
⑤ 见《论语》中的《雍也》《颜渊》《卫灵公》《阳货》。
⑥ 见《论语》中的《为政》。
⑦ 见《论语》中的《颜渊》《宪问》《先进》《子路》。
⑧ 见《论语》中的《学而》《宪问》《子路》。
⑨ 见《论语》中的《卫灵公》《为政》。

丧葬①、如何祭祀②，甚至如何种植作物③，等等。由此可以看出，孔子的弟子所提的问题复杂多样。虽然上面所列弟子的问题并不全是教学初期的内容，但从侧面说明了孔子教学的一大特点，即内容的多样性。只要与社会生活有关的问题，都能从孔子那儿得到答案。

关于孔子教学，《论语》中有很好的总结，即"子以四教：文、行、忠、信"④。也就是说，孔子从四个方面教育学生：历代文献知识、社会实践、忠于君侯、信守承诺。前两者是知和行的问题，后两者是德的问题。

还有一个问题是，孔子讲学时，用什么样的语言。《论语》曰："子所雅言，《诗》《书》、执礼，皆雅言也。"⑤所谓"雅言"，是指当时中原各诸侯国所通行的语言。孔子在读《诗》《书》等典籍时、行礼时，都用雅言，那么想来其教学时亦当用"雅言"。

---

① 见《论语·阳货》。
② 见《论语·八佾》。
③ 见《论语·子路》。
④ 《论语·述而》。
⑤ 《论语·述而》。

第七章

周 都
问 礼

问礼老聃　孔子到周地向做过周王朝守藏室之史（管理藏书的官吏）、熟知周礼的老子请教礼。

一

如果说周公是孔子心目中的偶像，那么春秋时代郑国的相子产便是孔子建功用世的楷模。周公毕竟是已经作古的"圣人"，而子产生活的时代，基本上与孔子同时，其作为彰显出一个贤明政治家的本色，孔子对子产极为推崇。

子产，即公孙侨，字子产。他是郑穆公的孙子，历佐郑简公、郑定公两代，当政二十二年，是一位杰出的政治家和外交家。据史籍记载，子产当政第一年，人们怨嗟不已；但到第二年，又对他称颂不已。人们还编了这样的歌谣来赞美子产：

> 我有子弟，子产诲之。
> 我有田畴，子产殖之。
> 子产而死，谁其嗣之。①

由此可见子产在百姓心目中的地位。作为一个政治家，子产不仅致力于富民教民，还以选拔优秀人才为己任，让他们发挥特长，为国为民服务。②而对于"持不同政见者"，子产也是采取宽容态度，最典型的是子产对"乡校"的态度。据《左传》记述，郑国的某些人聚集于乡校，议论子产当政的得失，一位叫然明的大臣便劝子产毁掉乡校。子产却不同意，认为这些人赞成的，就实行之；反对的，就改正之。这些人，是自己行政的老师，所以他不同意毁去乡校。③子产不毁乡校，不仅得到了孔子的称赞，而且受到了后来历代文人

---

① 《左传·襄公三十年》。
② 事见《左传·襄公三十一年》。
③ 《左传·襄公三十一年》："郑人游于乡校，以论执政，然明谓子产曰：'毁乡校如何？'子产曰：'何为？夫人朝夕退而游焉，以议执政之善否。其所善者，吾则行之；其所恶者，吾则改之，是吾师也。若之何毁。'……"

的推崇。

外交方面，子产的作为也是令人敬服的。当时，郑国的地理位置处天下要冲，夹在楚、晋两大强国之间，是楚、晋称霸的障碍。楚、晋两国争战不息，子产却能周旋于两大国之间，不卑不亢，使国家得到尊重和安全，确实有大政治家的韬略和大外交家的外交手段。当然，在两大国的威逼下，为保证郑国的安定和利益，子产也付出了相当大的耐心和毅力。如鲁昭公十三年（公元前529年），晋国主持齐、宋、卫、郑、曹、莒、邾、藤、杞、小邾会盟。子产相郑伯前往，晋、齐等国想让郑国给周天子的贡奉与晋、齐、卫等国一样多。对此，子产据理力争，认为郑国是男一级的国，而晋、齐是公国，卫是侯国，爵不同列，贡奉自然是不能一样的。这场争论，从中午一直持续到了黄昏，由于子产的坚持，晋国才同意了郑国的意见。① 对此，孔子曾评价说："子产于是行也，足以为国基矣。"② 这一年，孔子二十四岁。

孔子曾评论子产有四种行为是合乎君子之道的，即：他自身的行为态度是谨严端庄的；他事奉君上的态度是认真负责、勤敬其事的；他教养人民，并施以恩惠；他役使人民时，是合乎道义的。③

这样一位优秀的政治家，却在孔子三十岁这一年去世了。孔子虽未与子产谋过面，但却对子产心仪已久，听到子产去世的消息，孔子甚是惋惜，以至流下热泪。④

---

① 事见《左传·昭公十三年》。
② 《左传·昭公十三年》。
③ 《论语·公冶长》："子谓子产：'有君子之道四焉：其行己也恭，其事上也敬，其养民也惠，其使民也义。'"
④ 《左传·昭公二十年》："及子产卒，仲尼闻之，出涕，曰：'古之遗爱也。'"

二

孔子三十岁这一年，还发生了一件大事，即齐景公与其相晏婴来鲁国访问，召见了孔子。

这一年（鲁昭公二十年，公元前522年），齐景公与其相晏婴在齐、鲁边境之地狩猎，顺道便以请教礼仪的名义访问了鲁国。[①] 大概因孔子熟知历代礼仪，所以得到齐景公和晏子的召见。

虽然齐景公是一个不怎么成器的国君，但齐相晏婴却是一位杰出的政治家。晏婴，字平仲，齐国大夫晏弱之子，后继其父职，历仕齐灵公、齐庄公、齐景公三朝，一直以正色立于廊庙，以勤俭自持声闻于朝野。齐庄公六年（公元前548年）五月，齐国权臣崔杼杀死了齐庄公。晏婴虽然对庄公的人品有所不满，但仍认为臣子不该弑君。他赶到崔氏门前，"伏庄公尸哭之，成礼然后去"[②]。有人劝崔氏杀了晏婴，但崔氏慑于晏婴在百姓中的威望，不敢轻举妄动。此后，崔氏拥立齐景公，自任国相，又让齐国的另一位权臣庆封为左相，召集国人在齐国祖庙中订盟，要求国人服从崔、庆两族。在不服从者中有七人被杀的情况下，晏婴却举杯盟誓，要服从国君，不效忠于私家（崔氏），崔氏强迫晏婴改变自己的誓言，并以刀兵相逼，晏婴宁死不从。崔氏想杀掉晏婴，结果为他人所劝阻。一年后，庆封击溃崔氏，独柄国政。不久，齐国公族子雅、子尾又驱逐了庆氏，恢复了公室的统治。为了表彰晏婴当年敢于反抗崔、庆两族专权，齐景公把庆氏的采邑邶殿（今山东昌邑县西北）附近的六十邑赏赐给晏婴，晏婴婉言谢绝了。晏婴为齐景公相后，依旧过着十分

---

① 《史记·鲁周公世家》："齐景公与晏子狩竟（境），因入鲁问礼。"
② 事见《史记·管晏列传》。

简朴的生活，住在低矮、潮湿的房子里，史书上描述他的生活是"食不重肉，妾不衣帛"①。作为齐国重臣，晏婴的嘉言懿行传之四方，在各诸侯国享有极高的威望。当然，孔子尊崇晏子还不只因为这些，更深层的原因是他们在对待公室和私家的政治态度上，有着惊人的相似之处。齐景公十六年（公元前532年），齐国贵族陈桓子联合鲍氏击败栾氏、高氏，成为齐国最大的卿族，此后，陈氏气焰一日盛似一日。而齐景公却不思进取，一味游侠淫乐，齐国公室前景黯淡。公室日渐衰微，私家日渐强盛。在这种情况下，晏婴一直以辅佐齐君、反对诸大夫的僭越行为、维护旧礼制为己任。在政治观念上，晏婴与孔子可谓"同志"。

《晏子春秋》曾记，晏婴出使鲁国，孔子便让众弟子前去观瞻。弟子子贡回来后向孔子报告说："晏婴并不熟知礼仪，他在鲁国朝廷上的行止完全与礼相反！"等晏婴办完公事，来拜会孔子时，孔子便就此事向晏婴询问，晏婴在朝廷上的行为举止是否有礼仪方面的惯例。晏婴认为，从君、臣的尊卑关系来说，自己的所作所为只要大的方面没有什么出格的，小的方面有些变通也是可以的。孔子听了晏婴的回答，很是佩服，等晏婴走后，便对弟子们说道："不依成法行礼的，恐怕只有晏子能做到吧！"②

考晏婴生平，公元前500年（鲁定公十年，齐景公四十八年）

---

① 《史记·管晏列传》。
② 《晏子春秋·卷五·内篇杂上第五》："晏子使鲁，仲尼命门弟子往观。子贡反，报曰：'孰谓晏子习于礼乎？夫礼，曰：登阶不历，堂上不趋，授玉不跪。今晏子皆反此，孰谓晏子习于礼者。'晏子既已有事于鲁君，退见仲尼。仲尼曰：'夫礼，登阶不历，堂上不趋，授玉不跪。夫子反此，礼乎？'晏子曰：'婴闻，两楹之间，君臣有位焉。君行其一，臣行其二，君之来速，是以登阶历，堂上趋，以及位也。君授玉卑，故跪以下之。且吾闻之，大者不踰闲，小者出入可也。'晏子出，仲尼送之以宾客之礼，反，命门弟子曰：'不法之礼，维晏子为能行之。'"

晏婴卒。自鲁昭公二十五年（公元前517年）至鲁昭公三十二年（公元前510年），这七年间，鲁昭公被季氏驱逐出国，晏婴不可能在鲁国拜会鲁君。而自鲁昭公去世、鲁定公继位，至鲁定公十年，史书中并无晏婴至鲁的任何记述。由此可见，晏婴与孔子之徒的交往之事，只能是在鲁昭公二十五年以前，即鲁昭公二十年（公元前522年）。但这时，孔子的弟子子贡还未出生。因此，这段文字极有可能是后人附会而成。但其附会总有些缘由，即晏婴陪齐景公至鲁时，肯定和孔子师徒有过交往。

所幸，史书记述了孔子与齐景公之间的一番谈话，至于晏婴是否在场，虽无明确记述，但依据当时的外交"惯例"，晏婴当是作陪在侧的。

当时，齐景公已患有严重的皮肤病，但这位游侠淫乐惯了的国君，或许还残存有称霸于诸侯的一点点幻想，所以在谈话中，便向孔子询问秦穆公统治的是一个小国，且地处僻远之地，却得以称霸于诸侯的原因。孔子回答说，虽然秦国小，但它的国君志向却很大；虽然秦国地处偏远，但其行事却中正得宜。秦国擢用以五张公羊皮换来的百里奚，并让他享受大夫的爵位，把国政交给他处理。从这些方面来看，就是称王天下都可以；称霸于诸侯，只不过是件小事情罢了！[①]

这段对话见于《史记》，其中不乏司马迁的"口吻"，但也反映了三十岁的孔子自信而又怀才不遇的心境。这件事也说明，孔子在鲁国已有了相当高的社会地位，可以出入"公馆"交接国宾了。

---

① 《史记·孔子世家》："鲁昭公二十年，而孔子盖年三十矣，齐景公与晏婴来适鲁，景公问孔子曰：'昔秦穆公国小处辟（僻），其霸何也？'对曰：'秦，国虽小，其志大；处虽辟（僻），行中正。身举五羖，爵之大夫，起累绁之中，与语三日，授之以政。以此取之，虽王可也，其霸小矣。'景公说。"

三

经过三四年的教学，孔子兴办私学的名气越来越大，许多学生慕名而来。学生的来源也不再只限于鲁国，学生亦不再只是贫寒人家的平民子弟。孔子对当时普遍应用于政治、外交方面的礼仪和《诗》有很深入的研究，这在更大程度上吸引了那些未来的当政者——贵族子弟们。

鲁昭公二十四年（公元前518年），鲁国贵族、"三桓"家族之一的孟僖子临死前召见了他的家臣，遗命让家臣在他死后，送其两个儿子孟懿子与南宫敬叔拜孔子为师，学习礼仪。①

为什么孟僖子在临死之前要让自己的两个儿子去向孔子学礼呢？这主要是缘于孟僖子自身的经历。鲁昭公七年（公元前535年），楚国建成章华台，邀请众诸侯来观礼。孟僖子作为昭公出使的随从通传（介）一同前往。途经郑国时，郑简公亲自到梁地慰劳鲁昭公一行。孟僖子作为此次出行的相，却不知以什么样的礼节来应答。到了楚国，楚灵王到郊外迎接鲁昭公，孟僖子仍不知如何答礼。②在庄严的外交场合，孟僖子却不知所措，这件事可谓丢尽了鲁国君臣的面子。孟僖子也引以为平生奇耻，彻底认识到了礼仪在外交中的重要性。因此，他在临终前，让自己的两个儿子向熟知历代礼仪的孔子学习。据考，孟僖子卒于鲁昭公二十四年（公元前518年），

---

① 《左传·昭公七年》："孟僖子病不能相礼……及其将死也，召其大夫，曰：'礼，人之干也；无礼，无以立。吾闻将有达者曰孔丘，圣人之后也……我若获没，必属说。与何忌于夫子，使事之，而学礼焉，以定其位。'故孟懿子与南宫敬叔师事仲尼。"

② 《左传·昭公七年》："三月，公如楚，郑伯劳于师之梁。孟僖子为介，不能相仪。及楚，不能答郊劳。""九月，公至自楚。孟僖子病不能相礼，乃讲学之，苟能礼者，从之。"

这一年，孔子三十四岁。孟懿子和南宫敬叔师从孔子也在这一年。

但司马迁《史记》的记述又有不同，认为：

> 孔子年十七，鲁大夫孟釐（僖）子病且死，诫其嗣懿子曰："孔丘，圣人之后，灭于宋，其祖弗父何……今孔子年少好礼，其达者与？吾既没，若必师之。"及釐子卒，懿子与鲁人南宫敬叔往学礼焉。[1]

这里，司马迁犯了两个错误。一是孟僖子在郑、楚两国不能相礼之事，发生在鲁昭公七年（是年，孔子十七岁），《左传》自然记在这一年。不过，《左传》接着记述了孟僖子将死之时，嘱托家臣送两个儿子孟懿子和南宫敬叔拜孔子为师的事。在《左传》中，这只不过是为了行文的方便而"附记"的。而孟僖子去世的确切时间却是鲁昭公二十四年。大概司马迁看到了这则材料，未加详细查考，便将孟僖子去世的时间定在了鲁昭公七年，即孔子十七岁这一年。殊不知，这一年，南宫敬叔还未出生（南宫敬叔生于鲁昭公十一年），怎么可能师事孔子？二是司马迁将南宫敬叔记为"鲁人"，从行文上看，孟懿子与南宫敬叔并没有什么关系。其实，南宫敬叔是孟僖子的另一个儿子，他和孟懿子是兄弟关系。孟懿子名何忌，懿是其谥号；南宫敬叔名阅，因其居于南宫，故以南宫为氏。

关于孟懿子和南宫敬叔师事孔子一事，《左传》和《史记》都作了记述。但《史记》和《孔子家语》中的孔子弟子部分都没有他们的名字，因此有人怀疑他们不是孔子的学生，也有人怀疑南宫敬叔就是孔子弟子南宫括。其实，孟懿子和南宫敬叔是同父兄弟，既然《左传》和《史记》都记有他们师事孔子的事，想来他们是孔子的学生是没有什么疑义的，不能因《史记》的孔子弟子部分漏记他

---

[1] 《史记·孔子世家》。

们的名字，便否认他们是孔子的弟子。

孟懿子和南宫敬叔投入孔子门下，其影响在当时是巨大的。这说明孔子的私学已远远胜于当时的"公学"——各国专门为贵族子弟办的学校，同时也从另一个方面说明孔子办学在社会上的影响已十分广泛，他的私学已得到鲁国贵族的承认甚至推崇。更重要的是，由于南宫敬叔的关系，孔子得以适周问礼，即到周朝的都城雒邑（今河南洛阳市王城公园一带）向老子请教礼的问题。

关于孔子去周地问礼之事，司马迁在《史记》中的记述是这样的：

> 鲁南宫敬叔言鲁君曰："请与孔子适周。"鲁君与之一乘车、两马，一竖子俱，适周问礼，盖见老子云。①

关于孔子什么时间去周都，历代学者争论不休。阎若璩《四书释地续》认为，孔子适周问礼，大致有四个年份：一是鲁昭公七年（公元前535年，孔子十七岁）；二是鲁昭公十七年（公元前525年，孔子二十七岁）；三是鲁昭公二十年（公元前522年，孔子三十岁）；四是鲁昭公二十四年（公元前518年，孔子三十四岁）。

普遍的看法是，孔子三十四岁时适周。理由是南宫敬叔生于昭公十一或十二年（公元前531年或前530年），至昭公二十年，南宫敬叔只有八九岁，无法与孔子同行适周；只有鲁昭公二十四年（公元前518年），孔子三十四岁时，南宫敬叔已十三四岁，才可以与孔子同行。但也有人认为，鲁昭公二十四年（公元前518年），孟僖子刚去世，南宫敬叔须为父服丧，不能远游。依据当时的礼法来推测，这一说法也是合理的。又有人据《庄子》一书所言"孔子年五十一，南见老聃"，定孔子适周问礼的年份为孔子五十一岁那年，

---

① 《史记·孔子世家》。

即鲁定公九年（公元前501年）。但当时，孔子为鲁司寇，根本没有时间去周地作学者性的访问。若为国家出使，《左传》当有明确记载。但《左传》未载其事，可见孔子五十一岁适周之说不成立。

其实，孔子在三十四岁适周，在时间上是较为合理的。首先，既然孔子适周是南宫敬叔向鲁君提出的，那么，这件事应发生在南宫敬叔师事孔子之后。其次，孔子适周问礼，南宫敬叔并未与之同行。司马迁《史记·孔子世家》记述，南宫敬叔向鲁君提出："请与孔子适周。"[1]关于这句话，历代学者先入为主，认为"与"字即是"偕同"之意，假如他们对"与"字不是取这种单一化理解的话，"与"字还当"给予"讲，与"取""夺"等字相反，即指给某人以财物或爵位的施予。由于南宫敬叔这位贵公子请求鲁昭公给予孔子以物质方面的资助，鲁昭公才赐给孔子一辆车、两匹马和一个童仆，让孔子"适周问礼"。[2]司马迁的记述，并没有任何词句提到南宫敬叔与孔子同行的事。从上下文的关系看，也系孔子一人之行事。南宫敬叔只是说了一句话，即"请与孔子适周"，译成今天的白话可以是："请赞助孔子去周都。"因此，实际的情形可能是，南宫敬叔师事孔子后，得知孔子有去周地问礼的意愿，但孔子家境较为贫寒，没有财力支持这样的远行。作为弟子，南宫敬叔自然想玉成其事，所以在有机会见到鲁君时，便替老师作了上述请求，既使孔子得到了财物上的支持，也使孔子适周问礼的行为具有了被国君赞成和褒扬的意味。由此看来，孔子在三十四岁时适周问礼，南宫敬叔或许并未随行，只是为孔子求得了鲁君的物质和道义方面的支持而已。

关于孔子适周问礼之事，有的学者从根本上持否定态度。如

①《史记·孔子世家》。
②《史记·孔子世家》。

钱穆便认为，孔子向老子问礼之事，不只是具体年代难以确定，具体地点无据可考，老子本人也是一位神龙见首不见尾的人物，所以孔子适周向老聃问礼这件事是不确实的。[①] 但是，钱穆也拿不出足以证明孔子适周问礼这件事不是史实的材料。

晋人王肃倒是为孔子适周提出了较为充分的理由。[②] 但王肃所言亦大抵本源于司马迁。司马迁作《史记》，曾进行过广泛的实地考察访问，且查阅大量的古代材料，其说当不诬。

至于孔子至周，活动情况是怎样的，史籍记载并无多少比较可信的材料。孔子在那儿，大概做了三件事：问礼于老聃（子）；学乐于苌弘；参观周朝的都城，尤其是宗庙等举行祭祀庆典的场所。

首先，孔子适周，是抱着向老聃（子）学习礼乐的心愿来的。他最渴欲一见的，便是老聃。据《史记》记述，老子是楚国苦县（今河南省鹿邑）人，"姓李氏，名耳，字伯阳，谥曰聃"[③]。他曾做过"周守藏室之史"[④]，即周朝管理图书典册的官，因此熟知周朝的礼仪制度。孔子向老子请教礼，可谓正得其人。大概老子在向孔子讲解周朝礼仪制度的同时，还看到孔子年轻气盛、急于用世建功的一面，所以便对孔子作了一番劝诫。他告诉孔子，孔子所请教的礼仪制度已经过时，真正明达的君子，如果时运降临，得志于侯王，就随驾而行；如果不能得志于当时，那么只好自己用手护着自己的脑袋，自己扶持着自己行路了。所以，他奉劝孔子去掉自己的骄人之气和

---

① 钱穆《先秦诸子系年考辨》："孔子见老聃问礼，不徒其年难定，抑且其地无据，其人无征，其事不信。"
② 《孔子家语·观周》："孔子谓南宫敬叔曰：'吾闻老聃博古知今，通礼乐之原，明道德之归，则吾师也，今将往矣。'"
③ 《史记·老庄申韩列传》。
④ 《史记·老庄申韩列传》。

过分执着的维护社会道德秩序的志向，以求得自身的益处。① 当然，老子这段话并不能说明孔子从老子那儿没有学到周朝的礼仪制度，这段话只是老子作为一个长者，对孔子作了一番忠告而已。

从《庄子》等书的记述来看，孔子在周都雒邑与老子的会面不止一次，请教谈论的问题也是多方面的。如《庄子》一书中便有三处记叙孔子与老子交谈的情形②，所谈话题也很广泛，他们谈"道"，谈"仁义"，谈《诗》《书》《礼》《乐》《易》《春秋》。《说苑》中也提到孔子与老子论"道"的事。③ 从现有的资料看，孔子与老子的交往是十分融洽的。这两位文化巨人在短时间内便成了一对相知甚深的忘年之交。老子对孔子的恢复周礼、匡救时弊的用世之志，不无担忧，因为孔子的主张是与时相违的，所以老子一再告诫孔子，可见其对孔子的一片殷殷之情。除了上面所述老子劝诫孔子的话，孔子向老子告别之前，老子又再次劝诫孔子，不要评议他人，揭人短处；为人子者要顺从父母，为人臣子时要顺从主人。④ 老子把这样的话作为对孔子的临别赠言，足以见出老子的深意。以老子的阅历和学识，自然知道孔子生非其时，

① 《史记·老庄申韩列传》："孔子适周，将问礼于老子。老子曰：'子所言者，其人与骨皆已朽矣，独其言在耳。且君子得其时则驾，不得其时则蓬累而行。吾闻之，良贾深藏若虚；君子盛德，容貌若愚。去子之骄气与多欲、态色与淫志，是皆无益于子之身。吾所以告子，若是而已。'"

② 《庄子·天运第十四》："老聃曰：'子来乎。吾闻，子，北方之贤者也。子亦得道乎？'孔子曰：'未得也。'老聃曰：……""孔子见老聃而语'仁义'，老聃曰：……""孔子谓老聃曰：'丘治《诗》《书》《礼》《乐》《易》《春秋》六经，自以为久矣，孰（熟）知其故矣……'"（此文似系后人窜入者——著者）

③ 《说苑·反质》："仲尼问老聃曰：'甚矣，道至于今难行也……'"

④ 《史记·孔子世家》：（辞去，而老子送之曰）"吾闻，富贵者，送人以财；仁人者，送人以言。吾不能富贵，窃仁人之号，送之以言，曰：'聪明洞察而近于死者，好议人者也。博辩广大危其身者，发人之恶者也。为人子者毋以己，为人臣者毋以己。'"

孔子的政治主张肯定行不通。所以，老子对孔子的前途和命运已了然于心，只是不愿明白讲出，故而反复劝诫孔子。而孔子对老子的敬慕之情也是无以复加的，他回来后对弟子们讲起老子时曾把老子比作龙。[①]

孔子除了拜会老子，向其请教礼仪制度等问题外，还向当时居住于雒邑的著名人物苌弘请教乐的有关问题。

苌弘是周敬王的大夫，精通古代乐理。后来苌弘因参与晋国贵族之间的争斗，支持晋国大大范吉射、中行寅，而被晋卿赵鞅责问于周天子。周天子慑于晋的威势，于公元前492年，即周敬王二十八年（此年孔子已六十岁，为孔子适周问礼二十六年以后的事），杀了苌弘。传说苌弘被杀后，流出的血变成了碧，尸身化解无踪，此后人们便将为正义而死难者的血称为碧血。

据说，苌弘曾就《韵》《武》等乐舞，给孔子作了讲解。具体情形，史书语焉不详，我们已无从考知了。

在周都雒邑，孔子还实地考察了周朝的文物制度和与这些文物制度有关的场所。孔子参观了周朝的明堂，看到了明堂门墙上古代明君尧、舜和暴君桀、纣的画像，以及周公抱着周成王接见诸侯的图画。孔子还参观了周朝的太庙，看了太庙石陛右边被三道封条封住嘴巴的铜人，并发了一番感慨。孔子通过这些实地考察，对周朝的礼乐制度有了更深的认识和理解。他曾经对弟子们说："周朝的礼乐制度，是在夏、商两代的基础上形成的，多么丰富多彩呵，我遵从周朝的礼乐制度！"[②]

---

① 《史记·老庄申韩列传》："孔子去，谓弟子曰：'鸟，吾知其能飞；鱼，吾知其能游；兽，吾知其能走。走者可以为罔，游者可以为纶，飞者可以为矰。至于龙，吾不能知，其乘风云而上天。吾今日见老子，其犹龙邪！'"

② 《论语·八佾》："子曰：'周监于二代，郁郁乎，文哉！吾从周。'"

　　周都雒邑之行，是孔子一生中的一件大事。它不仅丰富了孔子关于古代和当时的礼乐知识，而且对孔子的道德思想的完善具有重要作用，同时对孔子所从事的教育事业也助益不浅。所以司马迁说道："孔子自周反（返）于鲁，弟子稍益进焉。"①

_____

① 《史记·孔子世家》。

第八章

乱齐
鲁奔

在齐闻韶 孔子到了齐国，和齐国太师谈论音乐，听了传说中舜作的《韶》乐，沉醉其中，以至于很长时间里吃饭都不知道肉的滋味。

一

孔子自周都雒邑返回鲁国后，虽然在政治方面仍一筹莫展，但在私人办学方面却开创了一个新的局面。孔子本身博学，加之周都之行在礼乐制度方面的收获，其学问日深，其私学的声名也越大，其办学的声誉更是见闻于其他诸侯国。此时，已有弟子从其他诸侯国前来鲁国就学于孔子。就这样，孔子靠自己的人品、学问和办学成果，确立了自己在鲁国教育方面的特殊地位。同时，他在教育、教学方面积累的丰富经验，直到今天，都有极高的参考价值。《论语》一书记述了不少有关孔子教育、教学经验的内容，如：

子曰："温故而知新，可以为师矣。"[①]

子曰："学而不思则罔，思而不学则殆。"[②]

子曰："不愤不启，不悱不发，举一隅而不以三隅反，则不复也。"[③]

子曰："中人以上，可以语上也；中人以下，不可以语上也。"[④]

子曰："知之者不如好之者，好之者不如乐之者。"[⑤]

子曰："三人行，必有吾师焉。择其善者而从之，其不善者而改之。"[⑥]

[①] 《论语·为政》。
[②] 《论语·为政》。
[③] 《论语·述而》。
[④] 《论语·雍也》。
[⑤] 《论语·雍也》。
[⑥] 《论语·述而》。

关于孔子办学，其教学方法和规律大多是后人归结、彰扬的。如"因材施教"一则，即是北宋大儒程颐提出的，他认为：孔子教人，各因其材，有以政事入者，有以言语入者，有以德入者。南宋大儒朱熹也对此说予以褒扬。当然，对孔子教育教学思想进行更为系统的总结、归纳的则是今人。匡亚明先生的《孔子评传》、金景芳先生的《孔子新传》都设有专门的章节论述孔子的教育思想，可以参阅。

从当时的情形来看，孔子的教学事业正蒸蒸日上，生活平和安乐，如果没有大的变故，孔子会如此生活下去。但这时，鲁国政坛上一件影响其君臣命运的大事发生了，这就是史家称之为"斗鸡之变"的内战——一场由大夫之争转化为君臣相斗的政变。

孔子的时代，鲁国的形势已是君权旁落，"三桓"尤其是"三桓"之一的季氏执掌国柄。所谓鲁君，只不过是"三桓"手中的傀儡而已。尤其是鲁昭公，作为鲁襄公的庶子，本无承位之望，但当时的鲁国执政季武子为了独自把持鲁国朝政，见昭公"幼弱"，便力排众议，拥立昭公。

鲁昭公五年（公元前537年），"三桓"在三分公室的基础上四分公室。季氏倚仗自己的权势，将公室之军分之为四，季氏自领二军，叔孙氏、孟孙氏各领一军。鲁国的贡赋，须经"三桓"之手，由三家决定贡于鲁君的多寡丰薄。[①]

鲁昭公确实是一个不怎么成器的人物，据说，他十九岁了，还像个小孩子一样，犹有童心。每当他参加丧礼时，不但毫无悲戚的样子，反而面呈喜色。但鲁昭公再没出息，也难终日受欺于"三桓"。尤其是当时执政的季平子，更是飞扬跋扈，不将昭公放在眼里，甚至故意让昭公受辱，恨不得让昭公死去。如鲁昭公十七年（公元前525年），

---

① 《左传·昭公五年》："季氏择二，二子各一，皆尽征之，而贡于公。"

鲁国发生日食。日是代表君主的，日食的出现意味着国君要大难临头，应该举国祷告，并在鲁庙举行仪式，击鼓救日，而季平子却不让祝史举行这一仪式，目的自然是希望灾难降临到昭公身上。

到了昭公二十五年（公元前 517 年），即事变发生的当年。鲁昭公要在鲁襄公之庙举行祭祀，季平子为了使鲁昭公的祭祀举行不成，便将乐舞者召到自己家中，在家中观赏八佾舞，致使襄公庙中的乐舞者只剩两人！对于这件事，《论语》中有过记述：

孔子谓季氏："八佾舞于庭，是可忍也，孰不可忍也？"①

本来，八佾舞是只有周天子才能用的。古代乐舞，八个人为一行，即一佾；八佾即为八行，共六十四人。周代礼制规定：天子用八佾，共八行六十四人；诸侯用六佾，共六行四十八人；大夫用四佾，共四行三十二人。依季氏的身份，应该用四佾，即三十二人。但季氏不只舍弃了大夫的乐舞，而且不屑于用诸侯（国君）的乐舞，而是直接用天子的乐舞，其狂悖可见一斑了。而季氏这样做，目的是破坏昭公要举行的祭典，实则是向昭公示威，使昭公在国人面前难堪。对于季氏破坏礼仪制度、佞妄犯上、目无君主的行为，孔子十分愤慨。所以，孔子才骂他，这样的事都能做出来，还有什么事做不出来呢！

对于季平子的这些无理行为，昭公并非不在意，但昭公自被立为国君之日起，即被玩弄于季氏股掌之上，无奈只能隐忍。鲁昭公对季平子又恨又惧，一直想扳倒季氏，消灭"三桓"等私家势力。这个机会，终于让昭公等来了。

鲁昭公二十五年（公元前 517 年）夏，季氏与鲁国的另一个贵族郈昭伯斗鸡，季氏为了取胜，在自己的鸡翅膀上撒上芥末（还有一种说法是给鸡装上铠甲），想用芥末迷住对方斗鸡的眼睛，以便

① 《论语·八佾》。

取得斗鸡的胜利。而郈昭伯也不示弱，在自己鸡的爪子上安上了金属刺钩。结果，季氏的鸡败下阵来。季平子大怒，一气之下，倚仗自己的权势，攻占了郈昭伯的住宅。鲁昭公利用这一事件，支持郈氏，压制季氏。加之季平子执政后，得罪了许多贵族，因此，贵族们便推波助澜，意图铲除季氏。

对季氏仇恨较深的，除了郈昭伯之外，还有臧孙氏，他也对季氏深怀不满。由于臧昭伯的弟弟会造谣诬陷臧昭伯后，逃到季平子那儿，并得到了季平子的庇护，臧昭伯一怒之下，拘禁了季平子方面的人。季平子也拘禁了臧昭伯的家臣。臧昭伯便到昭公那儿控告季平子。

另外，季平子的庶叔季公亥，因不满于季平子对家族事务处理的不公，也想借机倾覆季平子。季公亥把一张宝弓献给了昭公之子公为，并以此为由，和公为一起去郊外打猎，目的是趁机商讨对付季平子的事。同时，公为又把这件事告知了自己的两位兄弟——公果和公贲。他们结成了一股强大的反季氏力量。

上述事件的发生，为昭公讨伐季氏准备了条件。当年秋天，昭公把臧昭伯、郈昭伯等贵族召集在一起，组成了一个反季氏的联合阵线。鲁昭公二十五年（公元前 517 年）九月十一日，鲁昭公联合数家鲁国贵族讨伐季氏。行动前，鲁昭公还派郈昭伯前往孟孙氏处联络，意在劝孟孙氏一起行动，反对季氏。但孟孙氏因自己与季孙氏同系"三桓"子孙，一直未明确支持讨伐季氏。鲁昭公也就不管其态度如何，命反季氏联军讨伐季氏。起初，战事进展很顺利，鲁昭公方面的人攻破了季氏的府第，季平子已无力抵抗，便只好登上高台向鲁昭公请罪，请求昭公开恩，让他到沂上去居住，鲁昭公不答应。季平子又请求，允许他到自己的封邑费去住，鲁昭公仍不答应。季平子继续请求，允许他带着五辆车流亡国外，鲁昭公仍不答应。①

---

① 《史记·鲁周公世家》："（季平子）请迁沂上，弗许；请囚于鄪，弗许；请以五乘亡，弗许。"

因为鲁昭公对季平子衔恨太深了，尤其是郈昭伯，对季平子仇恨最深，力主杀死季平子。

但是，就在季平子危在旦夕之机，戏剧性的变化发生了——宗法、家族的势力挽救了他。原来，作为"三桓"另外两支的叔孙氏、孟孙氏，出于自身与家族利益的考虑，在季氏陷入危机之时，支援了季平子。在他们看来，若季平子完蛋了，叔孙氏、孟孙氏也就失去了依恃，真正是唇亡齿寒、一损俱损的关系。所以，两家看到季平子将要被杀，便率兵前往救援。[①] 最后的结果是"三桓"势力打败了鲁昭公的人马，并杀死了这一事件的积极支持者——郈昭伯。鲁昭公自知在鲁国已难以立足，便逃亡到了齐国。第二年（公元前516 年）春天，齐国攻取了鲁国郓（今山东郓城一带）地，让鲁昭公住在那儿。后来，鲁昭公又转而投奔晋国，晋国把鲁昭公安顿在乾侯（今河北省成安县东南，当时属晋地），最后昭公死在了那儿。

二

我们已无从猜测孔子在这场政治斗争中有什么样的言行了。在这场以兵戎相见又以兵戎结束的政争中，以孔子所处的社会地位和身份，自然不可能直接参与其中，但是，从孔子的思想道德观念来看，孔子肯定是站在国君鲁昭公一面的。因为孔子有一个重要的主张便是"君君、臣臣、父父、子子"，他是不赞成臣子对君王有任何不敬的。而且从孔子与鲁昭公的私人关系来看，孔子必定也是支持鲁昭公的。鲁昭公时代，孔子至少在两件事上是十分感激昭公恩宠的。一是鲁昭公十年（公元前 532 年），孔子的儿子孔鲤出生，鲁昭公

---

① 《史记·鲁周公世家》："叔孙氏之臣戾谓其众曰：'无季氏与有，孰利？'皆曰：'无季氏是无叔孙氏。'戾曰：'然，救季氏。'"

赐给孔家鲤鱼以示祝贺。孔子为了纪念这件事，便给儿子取名为鲤，字伯鱼。由此可见孔子对昭公此举的感恩之意，因为鲁昭公的这一举动，给当时知名度还不十分高的孔子，在令名方面作了一次大大的揄扬。二是"斗鸡之变"前不久，孔子曾得到鲁昭公的赞助，才得以适周问礼（事见第七章"周都问礼"），道德、学问大进。鲁昭公对自己物质乃至精神上的支持，孔子自然是不会忘怀的。

最能说明孔子与鲁昭公关系的，是《论语》中所记陈司败与孔子谈论鲁昭公一事。

陈司败曾向孔子打听鲁昭公是否懂得礼，孔子回答说鲁昭公懂得礼。孔子走后，陈司败对孔子的弟子巫马期说道："我听说真正的仁人君子是无所偏私的，难道仁人君子也有所偏私吗？鲁君（昭公）从吴国娶了位夫人，吴国和鲁国都为姬姓，鲁君不便叫这位夫人为吴姬，只好叫她吴孟子。按礼，同姓是不能缔结婚姻的。而孔夫子却说鲁昭公懂得礼，如果鲁君懂得礼，天下还有谁不懂礼呢？"巫马期把陈司败的话转告给孔子，孔子只好说："我真幸运呵！如果有错误，他人一定会指出来的。"[1]

这件事很能说明孔子对于鲁昭公的态度。鲁昭公从吴国娶了位夫人，因为鲁为周公后代，是姬姓；吴为太伯之后，也是姬姓。按照春秋时代的道德规范，同姓是不能结婚的，这是周朝的礼法。而鲁昭公却娶了位同姓的夫人，为掩盖真相，不称她为吴姬（国名加其本姓），而称之为吴孟子（孟子，可能是这位夫人的名字——著者）。显然，鲁昭公知道同姓不婚的礼法，却不遵守，这是一种知礼而不守礼的行为。孔子自然是知道这件事是违礼的，却对陈司败说昭公

---

[1] 《论语·述而》："陈司败问：'昭公知礼乎？'孔子曰：'知礼。'孔子退，揖巫马期而进之，曰：'吾闻，君子不党，君子亦党乎？君取（娶）于吴，为同姓，谓之吴孟子。君而知礼，孰不知礼？'巫马期以告。子曰：'丘也幸，苟有过，人必知之。'"

知礼，这不只是一个为君讳的问题，更多的是出于对鲁昭公的感激，为了维护鲁昭公的形象。

从这些事例可以看出，孔子对昭公的态度是感激之外还带有维护的意思。因此，在这场政争中，孔子肯定是站在昭公一边的。或许他还利用自己教书育人的特殊身份，发表过一些倾向于鲁昭公的言论，引起了"三桓"的敌视，因而在鲁昭公逃亡到齐国后不久，孔子也带着弟子们去了齐国。当然，从孔子的思想观念来看，即便是他与昭公没有上述的关系，孔子也很可能追随前往。当然，孔子去齐国的更深层原因，很可能是急于建功立业的孔子，见鲁昭公这位唯一能帮助自己实现政治理想的人物已离去，而"三桓"对他又怀有敌意，他在鲁国已无任何参与贵族政治的可能，只好到他国去谋求发展。当然，孔子的这一做法，在春秋时代并不是什么"不道"之事，而且到了战国时代，这种行为人们更是习以为常了。

三

孔子去齐国，大抵是带着弟子边走边讲学。随行的弟子见于史籍记载的有子路和曾皙等。早期弟子中的颜无繇，大概因家口在鲁国，不能远走异国，所以没有同行。至于琴张等人是否随行，不见于典籍记载，不能妄加推测。以常情推想，大概还有一些未留下姓名的弟子随行。此外，孔子弟子中有一位优秀人物，此时也在随行之列，那就是南宫适。

南宫适，字子容，也称南容，鲁国人。孔子很欣赏这位年轻的弟子。因为他的性情、思想十分符合孔子对弟子的要求，所以孔子称他为"君子"。

关于南宫适，《论语》一书三次提到他，从中可以见出南宫适的性格和为人：

> 南宫适问于孔子曰："羿善射，奡荡舟，俱不得其死然。禹、稷躬稼而有天下。"夫子不答。
> 南宫适出，子曰："君子哉，若人！尚德哉，若人！"①

羿，传说是夏代有穷国的君主，以善于射箭而闻名。奡，传说是夏代的寒浞（寒浞杀羿后为君）之子，以善于水战而闻名。但是，这两个人都不得善终。而夏禹和后稷（周代始祖）躬耕于田，反而得以君临天下。南宫适问孔子这些历史人物成败的深层原因，但孔子没有回答。因为南宫适所问，已带有很明显的倾向性，无须回答什么了。由这段对话可以看出，南宫适是一位不尚勇力武功，而赞成以德化人的人，所以孔子对他十分赞赏，连称他是君子、尚德之人。

另外，《论语》中还有一处关于南宫适的记载，可以看出南宫适的性格特征：

> 南容三复白圭，孔子以其兄之女妻之。②

所谓"白圭"，是指《诗经·大雅·抑》中的一段："质尔人民，谨尔侯度，用戒不虞。慎尔出话，敬尔威仪，无不柔嘉。白圭之玷，尚可磨也；斯言之玷，不可为也。"南宫适反复吟咏"白圭"这一段，说明他是一个慎言危行的人。

因为南宫适具有尚德、慎言的品性，所以孔子认为，当国家政治清明时，南宫适不会被闲置不用；当国家政治混乱时，南宫适不会有性命之忧。在孔子眼中，南宫适是弟子中最为"保险"的人物，

---

① 《论语·宪问》。
② 《论语·先进》。

所以孔子把自己的侄女嫁给了他。①

由于南宫适是被孔子赞誉为"君子"的两个弟子之一（另一位是宓子贱），所以很受后人尊崇。唐玄宗开元二十七年（公元739年），南宫适被封为"郯伯"；宋真宗大中祥符二年（公元1009年），被封为"龚丘侯"。

孔子带着弟子从鲁都曲阜出发，大概情形就像他从前带着弟子们去泗水等地游学一样。当他们到达泰山时，碰到了两个人物。这两个人物，对孔子和其弟子来说，有着不小的启迪作用。

孔子和其弟子遇到的第一个人物是荣启期。大概这位荣启期是一位年迈的隐者，孔子碰到他时，荣启期正鼓琴而歌，孔子便问荣启期为什么如此快乐。荣启期回答说："我快乐的理由有很多。天地孕育了万物，唯有人最尊贵，而我得以为人，这是我的一大快乐。人又分为男女，男为尊，女卑下，所以以男人为贵，我既然得以为男子，这是我的又一大快乐。作为人，有的刚出生便死了，有的死于襁褓之中，而我却已经活到九十五岁了，这是我的又一大快乐。没有资财，这对士人来说是正常的。死亡，对人来说是正常的归宿。生活在士人应处的状况，死后要到应该去的地方，又有什么值得忧愁的呢？"孔子听了荣启期的这番话，大为叹服，说道："好呵，您真是位能自己宽慰自己的长者！"②

对于这件事，《说苑》《孔子家语》等书也有类似的记述，只是《孔

---

① 《论语·公冶长》："子谓南容：'邦有道，不废；邦无道，免于刑戮。'以其兄之子妻之。"
② 《列子·天瑞》："孔子游于太山，见荣启期行乎郕之野，鹿裘带索，鼓琴而歌。孔子问曰：'先生所以乐，何也？'对曰：'吾乐甚多，天生万物，唯人为贵，而吾得为人，是一乐也。男女之别，男尊女卑，故以男为贵，吾既得为男矣，是二乐也。人，生有不见日月、不免襁褓者，吾既已行年九十矣，是三乐也。贫者，士之常也；死者，人之终也。处常得终，当何忧哉？'孔子曰：'善乎，能自宽者也。'"

子家语》将荣启期作荣声期而已。不过，这件事对孔子并没有太大的触动，此时的孔子还没有经受过政治上的挫折，满脑子的政治抱负，对荣启期这样一位看破红尘、自得其乐的隐逸之人，还缺乏足够的理解，因之难以与其产生共鸣，进而接受其影响了。

孔子和弟子们在泰山脚下还遇到了一位哭墓的妇人。这件事就是后来为人们所熟知的"苛政猛于虎"的典故。《礼记》记述了这个故事：

孔子率弟子们经过泰山时，见到一位妇人在坟墓边痛哭，哭声十分哀痛。孔子便扶着车前的横木观望，并派子路前去慰问。原来，这位妇人的公爹、丈夫、儿子先后都被老虎咬死了。孔子便问她，既然如此，为什么还不离开这个地方呢？那位妇人回答说："这儿没有苛酷的政治！"于是，孔子对弟子们说道："你们要记住，苛酷的政治比老虎还凶猛迫人呵！"①

这件事，不仅是孔子教学方式上的一个范例，即结合社会实际问题讲学，而且对孔子触动很大——民不畏虎，却惧苛政，宁愿被老虎咬死，也不愿离开这方"乐土"。联想到自己，鲁国政坛如此混乱，自己无所作为，何不离开这鲁国的乱政而到他国去呢？这件事更坚定了孔子离开鲁国到齐国去的决心。

孔子师徒告别了这位苦命的妇人，转而向东北，奔向齐国。可是，孔子忘了一句话："直道而事人，焉往而不三黜？枉道而事人，何必去父母之邦？"②鲁国士师（法官）柳下惠多次被罢官后，人

①《礼记·檀弓下》："孔子过泰山侧，有妇人哭于墓者而哀，夫子式（轼）而听之，使子路问之。曰：'子之哭也，壹似重有忧者。'而曰：'然，昔者，吾舅死于虎，吾夫又死焉，今吾子又死焉。'夫子曰：'何为不去也？'曰：'无苛政。'夫子曰：'小子识之，苛政猛于虎也。'"
②《论语·微子》。

们劝他离开本国，于是，柳下惠说了上面一番话。是的，像孔子这样，想以礼自持、以直道事君的人，在父母之邦和到异国他乡有什么两样呢？但孔子毕竟是孔子，他曾说过："士而怀居，不足以为士矣。"①一个读书人留恋安逸的生活，不为自己的理想而奔波、奋斗，又怎么能算个真正的读书人呢？

四

"吾岂匏瓜也哉，焉能系而不食？"②这是孔子的一句话。匏瓜，也就是人们称之为匏子的一种。在古代，匏瓜有甘、苦两种，苦的不能吃，但阴干后很轻，可以系在腰间涉水渡河，借以增大浮力。所以《国语》中有"苦匏不材，于人共济而已"③。另外，《庄子》一书中也有用匏瓜"浮乎江湖"④的句子。看来，匏瓜的唯一功用便是系而泅渡，除此之外一无所用。所以孔子说，自己不能像匏瓜一样，只能系在腰间而不能吃。而孔子在齐国的遭际，恰恰是被"系而不食"的。

鲁昭公二十五年（公元前517年）冬天，孔子率弟子们到了齐国。不知为什么，孔子没有去找曾和自己有一面之缘的晏婴，这直至今天也是个谜。或许，晏婴与孔子在鲁国的那一面之交，让他们对对方都有了各自的看法。虽然他们的思想观念有许多共同之处，但也有很多不同。在孔子看来，晏婴是一位大政治家，有时会有政治家与生俱来的那种纵横捭阖、左右逢源的手段，对于道德礼仪不

---

① 《论语·宪问》。
② 《论语·阳货》。
③ 《国语·鲁语》。
④ 《庄子·逍遥游》。

够执着。而在晏婴眼中，年轻的孔子虽然知识渊博，但太拘泥于古代的礼仪制度；对于政治，仍然是一个"门外汉"。两人之间，思想观念方面的距离还是很大的。《晏子春秋》一书中有相当多的材料可以佐证这一点。据《晏子春秋》记述，孔子见到齐景公后，齐景公问孔子，为什么不先见他的相晏婴。孔子回答说，"臣下听说，晏婴事奉三位国君都很顺利，是因为晏婴用了三种心思和方法，所以我不想见他。"结果，齐景公便把孔子所说的话告诉了晏婴。晏婴针对孔子所言作了回答，认为三位国君只有一个心思，都是为了国家安定，所以晏婴也是用一种心思事奉三个国君，才如此顺利。[1]

这是孔子见到齐景公以后的事，但却从一个方面说明了孔子为什么不去见晏婴而去投奔高昭子的原因。在孔子看来，晏婴并不是一位信守执一的君子。

但是，孔子不投奔晏婴，为什么投奔了名声不太好的高昭子呢？由于史料的匮乏，实在难以窥知。但是，有一点是可以肯定的，即孔子对高昭子接待鲁昭公的行为是十分满意的，甚至出于忠君的意识，对高昭子存着一种感激之情。

同年九月，孔子来齐国之前，鲁昭公因"斗鸡之变"失败逃到了齐国平阴。齐景公得报后，便率领齐国卿大夫前往慰问。在齐景公的随行人员中，便有齐国三大贵族的代表人物国子和高子（高昭子）。当时的会见情况是："高子执箪食，与四脡脯。国子执壶浆。"[2]齐国君臣还说了好多安慰的话。齐国君臣的言行，让鲁昭公十分感

---

[1] 《晏子春秋·卷八·外篇不合经术者第八》："仲尼游齐，见景公，景公曰：'先生奚不见寡人宰乎？'仲尼对曰：'臣闻，晏子事三君而得顺焉，是有三心，所以不见也。'仲尼出，景公以其言告晏子，晏子对曰：'不然，非婴为三心，三君为一心故，三君皆欲其国家之安，是以婴得顺也。……'"

[2] 《春秋公羊传·昭公二十五年》。

激："昭公于是嗷然而哭，诸大夫皆哭。既哭，以人为菑，以幦为席，以鞍为几，以遇礼相见。"①孔子对齐国君臣的这番行止十分赞赏，认为"其礼与其辞，足观矣"②。

或许因为高昭子参与了对鲁君的慰问工作，孔子对他有着一种先入为主的好感，加之又有史书中未记述的人从中荐引，所以孔子才投奔高昭子，做了高昭子的家臣，希望能得到高昭子的推荐，拜会齐景公。③

关于高昭子其人，后世儒者多鄙薄其为人，认为他是一个不肖之徒。④其实，在齐国，名声不好的贵族并不止高昭子一人。当时的国氏、陈氏、高氏三大家族，与鲁国的"三桓"并无多大区别，他们也是执掌政柄的贵族，无时无刻不想扩大私家的势力。齐景公幸有贤相晏婴的鼎力辅佐，才苦苦支撑着齐国的危局。

由于高昭子名声不好，后人出于为卫孔讳圣的目的，认为孔子断不会去做高昭子的家臣，这只不过是好事者杜撰出来的事情。梁玉绳在其《史记志疑》中便为孔子大呼冤枉，认为为了能够见到齐景公，不惜忍受为家臣的耻辱，孔子是断不会如此的。⑤其实，即便孔子做过高昭子的家臣，对孔子的形象也没有什么损害。孔子做家臣，实在是一件可以理解又顺理成章的事情。针对梁玉绳等人的说法，钱穆便进行了驳斥。他认为，孔子的弟子做家臣的很多，但孔子并没有禁止，依此看来，孔子并不以做家臣为耻。况且，孔子做过的乘田、委吏，也是家臣一类的差事，因此，仅仅用"孔子怎

---

① 《春秋公羊传·昭公二十五年》。
② 《春秋公羊传·昭公二十五年》。
③ 《史记·孔子世家》："孔子适齐，为高昭子家臣，欲以通乎景公。"
④ 崔述《洙泗考信录》卷之一："高昭子名张，啗鲁昭公，称为主君，阿景公意，辅孺子荼，卒为陈氏所逐；其不肖如是。"
⑤ 梁玉绳《史记志疑》："欲通齐景，不耻家臣，孔子而如是乎？"

么会这样"一句话来作定论，是不对的。^①质疑者本也拿不出什么
证据来证明孔子未做过高昭子的家臣，只是凭着为圣者讳的感情妄
下断论而已。质疑者们忘了，孔子在《论语》一书中关于"富贵"
的宣言："富而可求也，虽执鞭之士，吾亦为之。如不可求，从吾
所好。"^②连"执鞭之士"都可以做，为什么做"家臣"却不行呢？

五

齐景公对于孔子并不陌生。五年前，齐景公去鲁国访问时，孔
子曾与齐景公有过一次交谈。因此，当高昭子向齐景公禀告孔子欲
求见的消息后，景公即接见了孔子。

齐景公接见孔子后，两人谈论的话题还是离不开政治。对此，《史
记》中有较为详细的记述：

> 景公问政孔子，孔子曰："君君、臣臣、父父、子子。"景
> 公曰："善哉！信如君不君、臣不臣、父不父、子不子，虽有粟，
> 吾岂得而食诸？"他日，又复问政于孔子，孔子曰："政在节财。"
> 景公说（悦），将以尼谿之田封孔子。^③

孔子的回答强调了理顺君臣、父子关系和节约资财，这让齐景
公十分高兴。同时孔子的回答切中了齐国的时弊，又为齐景公提出
了匡救时弊的根本对策。

当时，齐国的两大家族国氏、高氏擅权，这两大家族的先人本

---

① 钱穆《先秦诸子系年考辨》："孔子弟子为家臣者多矣，孔子不止禁，则孔子
　　不耻为家臣也。且委吏乘田，独非家臣乎？不得辄以'孔子而如是乎'之说为定。"
② 《论语·述而》。
③ 《史记·孔子世家》。

是"天子之二守"[1]，即周天子指定的世袭之官。即便是在齐桓公称霸于诸侯的时代，这两大家族，齐桓公也是不敢得罪的。只是齐桓公做得非常聪明：对高氏、国氏采取尊而不信任的方法，名义上高氏、国氏是齐国卿相，是上卿，但对他们并不委以重任，而是提拔一批出身贫贱的优秀人才，如管仲、鲍叔牙、宁戚等，作为自己任用的陪臣，把国政交给他们具体办理，加强了国君对齐国的统治，改变了国家权力分散于贵族之家的局面。但齐桓公死后，世卿高氏、国氏重新攫取了齐国政权，后来又有崔氏、庆氏、栾氏、晏氏逐渐兴起，这些家族都曾一度把持朝政。到齐景公时，主要是高氏、国氏得势。到齐景公执政后期，陈（田）氏兴起。陈氏本是陈国公子完（字敬仲）之后。公元前672年春，陈国朝廷发生权力之争，陈国公子完失败后逃亡齐国，齐桓公任命其为工正，并分给了他一些领地。由于古代"陈"和"田"是同音字，二字通用，因此，人们又称陈氏为田氏。齐景公时，田氏已十分类出，成为君权的一个潜在威胁。较之于其他贵族，田氏对君权的觊觎更不露痕迹，野心也更大。田氏采取大斗放粮、小斗收取的方式刁买民心。对此，齐景公不可能没有察觉。也就是这田氏，在齐景公死后，联合鲍氏杀死高昭子，驱逐了国惠子，拥立齐悼公。九年后（公元前481年），田常（田成子）杀掉了齐简公，拥立齐平公，独柄国政。公元前386年，即齐景公死后一百零四年，田和放逐齐康公至海滨，田和取得了周王室的正式承认，被立为齐侯，田和称齐太公，自这一年开始纪元，陈田氏正式篡齐。其实，在齐景公时，陈田氏就是与齐君争夺民心的强大对手了。早在公元前539年（鲁昭公三年、齐景

---

[1] 《左传·僖公十二年》。

公九年），晏婴即对齐国的政治形势作过很明确的分析。在一外交场合，韩国的叔向问晏婴齐国形势如何，晏婴作了如下回答：

> 此季世也，吾弗知。齐其为陈（田）氏矣。公弃其民，而归于陈氏。[1]

鉴于当时齐国的形势，高氏、国氏、田氏势大，君权受到损害、面临挑战的状况下，孔子主张维持应有的君臣、父子关系的学说，自然很对齐景公的胃口。

再次，孔子所谓的"政在节财"，也是针对齐国当时的风气而言的。当时的齐国，奢侈之风盛行，而齐景公又是最典型的代表。《晏子春秋》一书中，有许多篇幅都是晏婴劝谏齐景公戒奢侈的。而齐景公也确实是一位奢华生活的行家里手，他大兴土木，建离宫、起高台，极尽奢华之能事；也喜衣服玩好，甚至连一双靴子也饰以金、银、珠玉等物。[2]此外，齐景公还喜好畋猎，专门用于打猎而养的马即有上千匹。凡上行之，下必效之。齐国贵族也纷纷照着齐景公的样子学，各个穷奢极欲，以富相骄。与之相反的却是，百业凋敝，民不聊生。对此，晏婴有比较清醒的认识，认为老百姓三分力，两分已归公室，只有一分用来维持衣食生计。公室聚敛的财物已朽烂、被虫蛀，而百姓却挨饿受冻。国内的集市中，鞋子的价格很便宜，而由于受刑罚砍去足的人增多，踊的价格却很高，百姓的痛苦之声

---

[1] 《左传·昭公三年》。

[2] 《晏子春秋·卷二·内篇谏下第二》："景公为西曲潢，其深灭轨，高三仞，横木龙蛇，立木鸟兽。公衣黼黻之衣，素绣之裳，一衣而五采具焉，带球玉而冠且。""景公为履，黄金之綦，饰以银，连以珠，良玉之绚，其长尺，冰月服之以听朝。"

到处可闻。①

从孔子这方面讲，作为一个仁人君子，自然不会为了迎合齐景公而隐瞒自己的政治观点。巧合的是，孔子的这些言论，让齐景公意识到孔子的思想观点很适合自己整顿齐国政治、保护君权。因此，齐景公认为孔子是一个不可多得的政治人才，更萌生了任用孔子实现上述政治目的的想法。

于是，景公决定，要将尼谿之田赐给孔子，作为任用孔子的前奏。②

但是，齐相晏婴阻止了景公欲封孔子这件事。作为老练而务实的政治家，晏婴对孔子和孔子的思想学说有更深层的认识。孔子只是一个在政治上充满理想主义的思想家，而非一个真正的政治家。他的思想学说大多并不适用于当时的社会现实。所以，晏婴在孔子的任用去留上，作了较为理性的处理。晏婴对齐景公详细地解说了儒者的种种缺点，认为孔子讲求的礼节过于烦琐详细，其学说过于迂阔而令人难以把握，若用以改变齐国的社会政治风气，并不是先为百姓着想的做法。③

当然，晏婴在对景公说这番话时，或许对孔子说他"事三君而有三心"的说法还心存芥蒂，不过，晏婴的话并没有说错。听了晏婴的一番说辞，齐景公对孔子的态度便来了一个大转弯。其后，景公再接见孔子时，便不再向孔子询问礼仪之事。过了一段时间，齐

---

① 《左传·昭公三年》："民参其力，二入于公，而衣食其一。公聚朽蠹，而三老冻馁。国之诸市，屦贱踊贵，民人痛疾，而或燠休之。"

② 《史记·孔子世家》："景公说（悦），欲以尼谿田封孔子。"

③ 《史记·孔子世家》（晏婴进曰）："夫儒者，滑稽而不可轨法；倨傲自顺，不可以为下；崇丧遂哀，破产厚葬，不可以为俗；游说乞贷，不可以为国。自大贤之息，周室既衰，礼乐缺有间。今孔子，盛容饰，繁登降之礼、趋详之节，累世不能殚其学，当年不能究其礼。君欲用之以移齐俗，非所以先细民也。"

景公再接见孔子时，便对孔子说道："若像鲁昭公对待季氏那样对待您，我做不到。"于是，他就让孔子所享受的待遇在季孙氏和孟孙氏之间。[①]这实质上是在敷衍孔子，因为在鲁国，季孙氏为上卿，孟孙氏亦为上卿，若孔子享受的礼遇在季、孟之间的话，则是一个难以确定具体职位的待遇。事实上，齐景公也未授给孔子任何实际官职。

孔子师徒在齐国，虽然得不到高官，但也并不是无所事事。景公朝中的政事，有时也请孔子参与。如《晏子春秋》曾记，齐景公造了一口大钟，将要悬挂起来用时，晏婴、孔子、柏常骞三人入朝，三个人都预言，这口大钟将要毁坏。等到悬挂起来撞击时，这口大钟果然毁坏了。齐景公感到奇怪，便召来他们三人，询问大钟毁坏的原因。晏子的回答是：大钟造好后没有向先君祀祷便用了，这不合于礼，所以钟便坏了。孔子的回答是：钟太大，吊起来撞击时，钟往下坠而气向上冲，所以便毁坏了。柏常骞的回答是：撞钟的时日恰在雷日，时辰不对，所以钟才毁坏了。[②]

看来，孔子参与的大概都是这一类不关乎政治实质的事，其具体工作充其量不过是备充"顾问"之职而已。

除了这种临时性的"顾问政治"之外，孔子还和齐国宫廷里的乐师在一起切磋乐理技艺。据说孔子在听了齐国太师弹奏的《韶》乐后，十分欣赏，便埋头学习这首乐曲，沉醉于乐曲的美妙的韵味中，

---

① 《史记·孔子世家》："后，景公敬见孔子，不问其礼。异日，景公止孔子曰：'奉子以季氏，吾不能。'以季孟之间待之。"

② 《晏子春秋·卷八·外篇不合经术者第八》："景公为大钟，将县（悬）之，晏子、仲尼、柏常骞三人朝，俱曰：'钟将毁。'冲之，果毁。公召三子者而问之，晏子对曰：'钟大，不祀先君而以燕，非礼，是以：钟将毁。'仲尼曰：'钟大而县（悬）下，冲之，其气下回而上薄。是以：钟将毁。'柏常骞曰：'今庚申，雷日也，音莫胜于雷。是以曰：钟将毁也。'"

以至于此后的在好几个月中，连吃肉时也觉不出肉的味道。孔子对弟子们慨叹，想不到品味这支乐曲达到了这样的境界！① 及至后来，弟子们便记下了孔子评论《韶》《武》等乐曲时说的话：

> 子谓《韶》："尽美矣，又尽善也。"谓《武》："尽美矣，未尽善也。"②

《韶》是舜帝时代的乐曲，《尚书·虞书》中有"箫韶九成，凤凰来仪"的句子。由于《韶》乐是歌咏舜的，舜的天子之位是由尧禅让而来的，所以孔子认为《韶》乐的曲调美妙，内容尽善。而《武》乐是周武王时的曲子，周武王的天子之位是通过战争——讨伐商纣王而得来的，尽管是正义之战，但孔子仍认为其内容没有达到"尽善"的要求。

这一时期，孔子还和齐国的当政者们有过许多交往，尤其是和晏婴的交往更多一些。或许，孔子也因自己当初对晏婴的误解而愧悔，尤其是在齐景公面前说晏婴以三心而事奉三位国君，这无异于在齐景公面前诋毁晏婴。等孔子对晏婴有了更深层的了解后，更感对不起晏婴；而晏婴呢，对阻止齐景公封赏孔子一事，虽然这行为本身并不错，但内心或多或少对孔子存有歉意。正是因为都有一种愧对对方的心思，两人反而更易接近了。毕竟，孔子和晏婴两人都是真正的君子。

《晏子春秋》记述了一段孔子评议晏子的话。那时孔子在齐国待了一段时间，对齐国的历代君主有所了解，对晏婴也有了新的认识。此时，孔子认为，晏婴是一位善于对君王的缺失给予补救和匡

---

① 《论语·述而》："子在齐闻《韶》，三月不知肉味，曰：'不图为乐之至于斯也。'"《史记·孔子世家》：（孔子）"与齐太师语乐，闻《韶》音，学之，三月不知肉味，齐人称之。"

② 《论语·八佾》。

正的贤者，是一位君子。晏婴听说后便去拜会孔子，并向孔子解释他做官从政是为了养活族人，庇护贫穷的士人。孔子听后，很是理解晏婴，以宾客之礼送晏婴，并对弟子们称赞晏婴：救扶百姓却不自我夸耀，补救三君的不足而不居功，晏婴果真是一位君子呵！①可见，经过一段时间的了解，孔子对晏婴这位前辈政治家已是景仰有加了。所以，他才对弟子们说："晏平仲（婴）善与人交，久而敬之。"②

六

孔子在齐国，并没有放弃他的教育事业。孔子和弟子们经常以齐国的历史作为课题，研讨政治的得失，他们议论管仲、齐桓公，甚而议论齐景公，这些在《论语》中也留下了记载。

如议论管仲品性的：

> 子曰："管仲之器小哉！"
> 或曰："管仲俭乎？"曰："管氏有三归，官事不摄，焉得俭？"
> "然则管仲知礼乎？"曰："邦君树塞门，管氏亦树塞门。邦君为两君之好，有反坫，管氏亦有反坫。管氏而知礼，孰不知礼？"③

---

① 《晏子春秋·卷七·外篇重而异者第七》："仲尼曰：'灵公污，晏子事之以整齐；庄公壮，晏子事之以宣武；景公奢，晏子事之以恭俭。晏子，君子也。……'晏子闻之，见仲尼，曰：'婴闻君子有讥于婴，是以来见。如婴者，岂能以道食人者哉。婴之宗族待婴而祀其先人者数百家，与齐国之简士，待婴而举火者数百家。婴为此仕者也。……'晏子出，仲尼送之以宾客之礼，再拜其辱，反，命门弟子曰：'救民之姓（生）而不夸，行补三君而不有。晏子，果君子也。'"
② 《论语·公冶长》。
③ 《论语·八佾》。

如推崇管仲功德之仁的：

> 子路曰："桓公杀公子纠，召忽死之，管仲不死。"曰："未仁乎？"子曰："桓公九合诸侯，不以兵车，管仲之力也。如其仁，如其仁。"[①]

这两段记述，反映了孔子对于管仲这位齐国贤相所持的态度。孔子认为，管仲的器量很小，生活也不节俭，他有三处家庭，手下的官吏从不兼职，而且管仲根本不懂君臣之礼。当时，只有诸侯国君才能建立塞门（照壁），在大堂前修筑放置酒器的设施（以招待外国君主），而管仲也建有相同的设施。所以，孔子认为，管仲是不懂礼的。但是，孔子认为，齐桓公主持诸侯间的会盟达十数次，并不是靠战争的手段，而完全是靠管仲的力量。所以，从这方面讲，管仲是仁德的。

此外，他们还谈到晋文公和齐桓公的为人：

> 子曰："晋文公谲而不正，齐桓公正而不谲。"[②]

在孔子看来，晋文公重耳、齐桓公小白，虽然都曾是春秋时代不同时期的霸主，但他们的品性是不一样的。晋文公诡诈，不正派；齐桓公正派，不用诡谋。其实，孔子的这种说法也不见得多么公允。齐桓公一生也不是未用过诈谋，不过是两人相较，齐桓公比晋文公要好一些，所以孔子才这样说。

当然，孔子师徒不只是谈论这些已经作古的历史人物，对当时齐国的君臣，尤其是当政的贵族大夫，也是有所涉及的。如孔子曾

---

① 《论语·宪问》。
② 《论语·宪问》。

赞誉晏婴："晏平仲善与人交，久而敬之。"[1]以孔子的性格而论，孔子师徒在品评臧否人物的同时，难免不对齐国的现实政治有所议论，这势必要开罪于人了。

在齐国，孔子还接收了一些弟子，其中在典籍中留下姓名的有公冶长等人。

公冶长，齐国人。关于公冶长，史书记载很少，《论语》中提到他的地方也极少。司马迁的《史记》记公冶长为齐国人；而《孔子家语》则认为，公冶长为鲁国人。从成书时间之早晚和史实可信度来看，应从《史记》之说，即公冶长是齐国人。此外，在当年齐国的东南部、今山东省安丘市北部，有一村名公冶长村，当地流传着不少关于孔子弟子公冶长的故事。据说，当地的公冶长书院便因公冶长其人出生于此而得名。

从现有资料看，公冶长并没有什么特殊的才能，其道德、学问，在同门中并不出色。民间传说，公冶长懂得鸟语，一些后世腐儒便也跟着推波助澜，杜撰出了公冶长懂鸟语的种种神异之事。传说公冶长因懂得鸟语，听到麻雀说南山上有虎伤了羊，公冶长到南山去取羊，结果被失主讼告到了鲁君那儿，公冶长便被关押了起来。不久，公冶长听到雀儿大叫，齐国人派出军队入侵鲁国沂水之上、泽山的旁边，需赶紧派军队前往抵御。公冶长把这个消息告诉了监狱官，监狱官报告了鲁君，鲁君派人前往侦察，发现齐国军队将要到达。鲁国派出军队抗击，结果大获全胜。鲁君便下令释放了公冶长，并想拜公冶长为大夫，但公冶长拒绝了。又有一次，公冶长陪着鲁君在北苑游玩，见一群麻雀飞过，鲁君便询问他，群雀要去干什么。公冶长回答说：鲁国的东仓发生了火灾，群雀前去争食粟米。过了

---

[1]《论语·公冶长》。

一会儿，鲁君果然得到报告，说东仓发生了火灾。[①]

因为《论语》一书只提到公冶长曾被囚禁过，并没有说明是什么原因，所以，后世腐儒便附会出了这则故事。对于这种自欺欺人的杜撰，清代学者崔东壁曾进行批驳，认为这种说法荒诞鄙陋，贻误后人，纯粹是齐东野语类的无稽之谈。[②]

公冶长虽然没有什么值得称道的德行和言辞流传，但由于他是孔子非常欣赏的弟子之一，又是孔子的女婿，所以后代奉祀孔子，他也跟着受祀。东汉明帝永平十五年（公元72年），开始祭祀孔门弟子时，公冶长便在被祀之列。唐玄宗开元二十七年（公元739年），公冶长被封为"莒伯"；宋真宗大中祥符二年（公元1009年），被封为"高密侯"；明世宗嘉靖九年（公元1530年），被称为"先贤公冶子"。

大概由于孔子与晏婴的关系日渐改进，两人成了君子之交。这样一来，孔子又有可能被齐君重用。这对于其他家族来说，是一大威胁，因为此时的孔子不仅在"国际"间有了较高的知名度，而且其门下多士。若孔子得与闻齐国国政，与晏婴联手，齐国的政治格

---

① 《大成通志·先贤列传》："世传长能通鸟语，贫而闲居，无以给食，有雀呼之，曰：'南山虎驮羊，当亟取之。'长往之，果得羊，食之余。及亡羊氏往之，得其角，讼之鲁君。鲁君系之狱。未几，雀又呼曰：'齐人出师侵我疆。沂水上，泽山旁，当亟御之，勿徬徨。'长语于狱吏，白之鲁君，鲁君如其言，往迹之，齐师将及矣。发兵应敌，遂获大胜。因释其系而厚赐之。欲爵为大夫，长辞不受。一日，与鲁君游北苑，见群雀飞鸣而过。君曰：'雀何为者？'长曰：'东仓灾，雀争奔食粟耳。'已而，果有火报。"

② 《洙泗考信余录》："世传公冶长通于鸟言，有虎负羊于山，鸟告长使取之，丧羊者迹得之，以为窃也，讼之于吏，以此陷于缧绁云云。其说荒诞鄙陋，本不足辩，而好奇之士亦有援以释《论语》者，贻误后学非小也。且使长果如此，是长以口腹故取非其有，以陷于刑，虽非盗窃，亦不得为无罪。孔子何得谓之'非其罪'乎！学者等诸'齐东之语'可矣！"

局将会有较大的变动——晏氏一族将在齐国贵族中占上风。为了维持原有的政治格局，保护国氏、高氏、陈氏的势力，齐国贵族中的大夫们便有了驱逐孔子师徒出齐国的意思。他们甚至做通了齐景公的工作，所以，齐景公会见孔子时，便对孔子说道："吾老矣，弗能用也。"① 言外之意是，我不能用你，你还是走吧。

这时，孔子又听到传闻说，齐国的大夫要杀害他。于是，孔子决定离开齐国。关于孔子离开齐国的情形，《孟子》曾记："孔子之去齐，接淅而行。"② 孔子师徒离开齐国的情况大概是十分危急的，淘好的米还没来得及做成饭，就得把米包起来，提着便走。

孔子在齐国，只有不到两年的时间，即从他三十五岁那年（鲁昭公二十五年）冬天至齐，至三十七岁那年（鲁昭公二十七年）返鲁。然而，在鲁国，等待他的又是什么呢？

孔子自然明了当时的国内形势，早在上一年（鲁昭公二十六年），鲁昭公便挪到郓地去居住了。郓地本为鲁国地盘，"斗鸡之变"后，齐国为了安顿投奔前来的鲁昭公，便攻取了郓地，作为鲁昭公的安身之所。其间，鲁国大夫虽有接鲁昭公回国的提议，但最终还是被执政的季平子阻止。孔子将要回到一个无国君的国家去，这对于孔子来说是一个难以接受的事实。因为孔子思想的根本之一便是"忠君"，要维持君臣、父子的正统关系，如若君不像君，臣不像臣，那是大逆不道的！而孔子要回去的，恰恰是这样一个无道之国。想来，孔子内心充满了无奈的痛苦。毕竟，鲁国是他的父母之邦，那儿有他的妻儿、亲戚、弟子，除了鲁国，他还能去哪儿呢？

---

① 《史记·孔子世家》。
② 《孟子·万章下》。

第九章

退修诗书

退修诗书 鲁定公六年（公元前504年），季孙氏僭越公室，大臣们掌握祭祀、征伐等国家政事，孔子看不惯这种礼崩乐坏的局面，不求做官，专心修诗书、定礼乐。从各地前来求学的弟子增多。

一

孔子在由齐回鲁的途中，又收了一名弟子，这就是闵子骞。

据某些书籍记载，闵子骞是鲁国人。[①]公元前536年，闵子骞出生于一个较为富裕的家庭。在孔门弟子中，闵子骞是以孝行而著称的。据说，闵子骞丧母后，其父又娶了一位妻子，并为闵子骞生了两个同父异母的弟弟。冬天，后母给闵子骞穿用芦花做的袄，而给自己的亲生儿子穿棉絮做的袄。一次，闵子骞与父亲一起外出，闵子骞赶车，由于天冷，闵子骞冻得拿不住缰绳。父亲不知实情，抽打他，后抚摸闵子骞的后背，才知闵子骞穿的衣服太单薄。闵父知道实情后，大为生气，便要休掉后妻。闵子骞却劝阻其父，说道："若后母在堂，只有一个孩子受饥寒；若后母离去，那么便有三个孩子孤单了！"闵父这才打消了休掉后妻的念头。[②]后来，后母知道了这件事，很后悔待闵子骞不好，从此，对待闵子骞如自己的亲生儿子一般。

闵子骞孝敬父母、友爱兄弟（也就是古人特别崇尚的"孝""悌"）的名声，在当时便非常大了，以至于在他师从孔子之后，孔子称赞他："孝哉，闵子骞！人不间于其父母昆弟之言。"[③]

由于闵子骞以孝行名于当世，传于后代，所以受到历代帝王、世族的推崇。东汉明帝于永平十五年（公元72年）东巡，在孔子

---

① 见《史记集解》郑玄注。
② 《太平御览》卷三十四："闵子骞事后母，絮骞衣以芦花。御车，寒，失靷。父怒，笞之，后抚背知衣单。父乃去其妻，骞启父曰：'母在，一子寒；母去，三子单。'"
③ 《论语·先进》。

旧宅祭祀孔子及七十二弟子，闵子骞亦在被祀的弟子内。唐玄宗开元二十七年（公元739年），闵子骞被追封为"费侯"；宋真宗大中祥符二年（公元1009年），被追赠为"琅琊公"；宋度宗咸淳三年（公元1267年），被改封为"费公"；清高宗乾隆三年（公元1738年），被列为孔门"十二哲"，称为"先贤"。

关于闵子骞的生平行事，本书有关章节还将论及，但有一点需在此作说明，一般的史书都记闵子骞为鲁国人，但是闵子骞的坟墓实则在当时的齐地、今天的济南。直到现在，闵子骞墓仍在，具体地点在今济南市百花公园西侧、闵子骞路北首，是济南市重点文物保护单位。据载，此处有宋人李肃修的闵子祠和苏东坡写的《齐州闵子祠记》碑，可惜现在祠、碑均已不存。如果闵子骞是鲁国人，按礼应葬在鲁地。但是，其坟墓却在齐地。这只有三种可能：一是闵子骞是齐国人，死后自然葬在齐地；二是闵子骞系鲁国人，后子孙流散于齐，遂将闵子骞墓迁葬于齐；三是该墓为闵子骞墓，纯系闵氏后人所假托，即非闵子骞所葬之处。考之济南、章丘等地至今仍有闵子骞的后人这一事实，后两种可能性更大些。

孔子归鲁后，可能并未立刻返回鲁都曲阜，而是在鲁、齐交界的地方逗留过一段时间。至于其原因，却难以考证了。但在此期间，孔子有机会率弟子们参观了当时"国际"上一次"正规"的、合乎礼仪的葬礼，即吴国"外交大臣"季札之子的葬礼。

季札是当时"国际"外交舞台上的活跃人物，其先祖吴太伯系周太王的后代，因谦让王位而躲避到荆蛮之地，当时跟从吴太伯的有一千多家。因此，吴太伯遂得以立为吴国国君。季札系吴国第十九代君主寿梦的第四个儿子。由于季札十分贤明，国君寿梦便想把君位传给季札。季札坚辞不受，并离家出走，到野外亲自耕种。结果，还是由寿梦的长子、季札的长兄诸樊继承了吴国国君之位。因这一谦让君位的懿行，季札之名在各诸侯国之间传扬，人们称季札为"吴公子季札"。因季札的封地在延陵（今江苏武进一带），季札故号"延陵季子"。历史上流传最广的是延陵季子挂剑的故事。这个故事，也最能展现季札这位贵公子的风采。

有一次，季札出使他国，经过徐国，拜会了徐国国君。徐君非常喜欢季札所佩带的那口宝剑，可是又不好意思开口求剑。季札心中也很明白徐君的心思，但因出使其他国家需用这口宝剑，无法当即解剑相赠，心中想道：等我完成使命归来，一定要把这口宝剑送给徐君！可是，等到季札出使归来，经过徐国，想把宝剑赠给徐君时，徐君已经去世了。季札非常痛悔，于是到了徐君墓前，把宝剑解下来，系在徐君墓旁的树上便离去了。随从的人问："徐君已经死了，您把宝剑挂在那儿送给谁呢？"季札回答说："不是这样的呵，当初我已在心中决定将宝剑送给徐君，怎么能因为徐君已死，便违背我的心愿呢？"[1]

作为当时吴国的重要使臣，季札常常穿梭于各诸侯国之间，或聘问于国君，或观礼于诸侯，以熟知礼仪，精通《诗》、乐而闻名。他曾出使鲁国，观鲁乐，并对各种乐、舞进行了赏析；出使齐国，则劝晏婴"速纳邑与政，无邑无政，乃免于难"[2]；季札还到过郑、卫、

---

[1] 《史记·吴太伯世家》："季札之初使，北过徐君，徐君好季札剑，口弗敢言，季札心知之，为使上国，未献。还至徐，徐君已死。于是乃解其宝剑系之徐君冢树而去。从者曰：'徐君已死，尚谁予乎？'季子曰：'不然，始吾心已许之，岂以死倍（背）我心哉！'"

[2] 《史记·吴太伯世家》。

晋、赵、魏等国，与当时各诸侯国的知名人物交游，如郑国贤相子产、卫国贤大夫蘧瑗、赵文子、魏献子等。

公元前513年，吴公子季札带着自己的长子到齐国访问，归途中，长子死去，季札只好在赢、博（今山东省莱芜西北、山东省泰安东南，当时属齐地）之间，卜墓葬子。孔子听说后，前往观葬礼，并对延陵季子为儿子举行的葬礼给予了很高的评价，认为延陵季子所行，皆合于礼。①

熟知礼仪而又恪守礼仪的季札，后来因避让君位离开了吴国。从现有资料已很难知道孔子和季札之间的交往是怎样一种情形了，但孔子对季札这位前辈的言行是十分推崇的，而且定与季札有过一番礼仪方面的切磋。

二

观完季札之长子的葬礼后，孔子带着弟子们回到了鲁都曲阜，埋头于教书育人。当然，孔子的教学方式是十分灵活多样的。他经常率领弟子们游于洙水和泗水岸边，或登上尼山之巅。讲学的内容则随弟子所提的问题来决定。这时，孔子又招收了一批弟子，其中，比较有名的是漆雕开。

漆雕开，字子开。《史记·仲尼弟子列传》郑玄注说他是鲁国人，而《孔子家语》则说他是蔡国人，今从郑说。漆雕开生于鲁昭公二

---

① 《礼记·檀弓下》："延陵季子适齐，于其反也，其长子死，葬于赢、博之间。孔子曰：'延陵季子，吴之习于礼者也。'往而观其葬焉。其坎，深不至于泉。其敛，以时服。既葬而封，广轮掩坎，其高可隐也。既封，左袒，右还；其封，且号者三。曰：'骨肉归复于土，命也；若魂气，则无不之也。'而遂行。孔子曰：'延陵季子之于礼也，其合矣乎。'"

年（公元前 540 年），比孔子小十二岁。关于漆雕开的为人，《论语》中只是记载他谦虚好学，不急于仕进。后来的书籍便有了诸多的演绎，如《孔子家语·七十二弟子解》说他喜欢读《尚书》、不愿当官云云，其中还有他与孔子的对话、孔子对漆雕开很是赞赏等内容。此外，关于漆雕开的材料，见于《韩非子·显学》篇。其中记道："漆雕之议（仪），不色挠，不目逃。行曲则违于臧获（奴婢），行直则怒于诸侯。"由此看来，漆雕开还是一个威武不屈而又勇于知过的人。

上述记述，基本上是合理的。由于漆雕开专事学问，所以学业大成。《汉书·艺文志》提到他有"《漆雕子》十三篇"；《韩非子·显学》中也记有孔子之后，儒分八家，漆雕氏之儒便是其中之一。漆雕开在孔门弟子中的名气虽不如子路、颜回等人，但其成就很大。他的封号是"滕伯"（唐玄宗开元二十七年，公元 739 年），后又被加封为"平舆侯"（宋真宗大中祥符二年，公元 1009 年）。

孔子在教学之余，还一直注意当时各诸侯国的政治，并对一些大的政治事件作出自己的评价。鲁昭公二十八年（公元前 514 年），即孔子三十八岁这一年秋天，晋国执政韩宣子去世，魏献子接任执政，对晋国政治进行了大胆的改革，"分祁氏之田，以为七县；分羊舌氏之田，以为三县"[1]。魏献子还选了十位有才之士为大夫，分别管理这十个县的政事。这样一来，便在一定程度上削弱了私家的势力，加强了晋公室的力量。

在魏献子所推举的这十个人中，有魏献子的儿子魏戊，也有与魏献子关系很疏远的贾辛。对于举荐自己的儿子戊，魏献子的理由是魏戊的为人是"远不忘君，近不逼同。居利思义，在约思纯，有

---

[1] 《左传·昭公二十八年》。

守心而无淫行"①。而对于贾辛，魏献子认为他是"有力于王室"②的人，所以才举荐他。在魏献子看来，"夫举无他，唯善所在，亲疏一也"③。对魏献子的这一番举措，孔子十分赞赏、推崇，认为魏献子是"近不失亲，远不失举，可谓义矣"④。而从魏献子和贾辛的谈话来看，孔子认为魏献子真正做到了"忠"。在孔子的心目中，魏献子是"忠义"之臣，这主要是因为魏献子的一系列言行都符合孔子"强公室、抑私家"的思想观念。

鲁昭公二十九年（公元前513年），孔子三十九岁。这一年，"国际"上还发生了一件大事，即晋铸刑鼎。这年十月，晋国贵族赵鞅（赵简子）等人把范宣子所著的刑法铸在鼎上，以利执行。对于此事，孔子认为晋国应遵守祖上传下来的法度，即"守唐叔之所受法度，以经纬其民，卿大夫以序守之。民是以能尊其贵，贵是以能守其业"⑤。

但现在，晋国却废除了其原有的法度，"而为刑鼎，民在鼎矣"⑥。既然国家的一切以鼎上的法度为圭臬，在法面前，缺少了应有的贵贱之别、尊卑之序，使得贵者无所守、贱者有所据，原有的社会秩序被破坏，国家也将不成其为国家。因此，孔子慨叹道："晋其亡乎，失其度矣！"⑦

孔子关于晋铸刑鼎的这些言论，是符合其惯有的思想道德观念的。但是，从历史发展的角度来看，这是落后的、保守的，与社会

① 《左传·昭公二十八年》。
② 《左传·昭公二十八年》。
③ 《左传·昭公二十八年》。
④ 《左传·昭公二十八年》。
⑤ 《左传·昭公二十九年》。
⑥ 《左传·昭公二十九年》。
⑦ 《左传·昭公二十九年》。

进步的潮流是相逆的。当然，这并不能影响孔子作为一个思想家所具有的人格光辉。

依时间的推算，孔子在自齐归鲁后不久，还处理了两件家族内部的事，即主持完成了女儿和侄女的婚事。

经过一段时间的观察，孔子认为公冶长和南宫适这两位弟子很合乎自己的要求，因而选定了公冶长做女婿，南宫适做侄女婿。对此，《论语》的记述是十分明确的：

> 子谓公冶长："可妻也。虽在缧绁之中，非其罪也。"以其子妻之。①

> 子谓南容："邦有道，不废；邦无道，免于刑戮。"以其兄之子妻之。②

> 南容三复白圭，孔子以其兄之子妻之。③

关于公冶长和南宫适的为人和性情，前面的有关章节已作过介绍。看来，孔子选公冶长为女婿，自有他的理由。虽然就现有资料看，公冶长并无突出的德行，《论语》中只是提到他曾被送进监狱（缧绁，系捆绑犯人的绳索，代指监狱），但孔子认为这不是公冶长的罪过。在孔子看来，公冶长是一个品行很好的人，所以，才把女儿嫁给了他。或许，孔子早期弟子中，在德行、学问上能有大成者还未出现（史实正是如此），孔子只好退而求其次，找一位在人品上可托付女儿终生的人。

而对于南宫适，《论语》一书中多处出现有关他的记载。他的

---

① 《论语·公冶长》。
② 《论语·公冶长》。
③ 《论语·先进》。

性格为人，乃至思想观念，都与孔子有许多惊人的相同之处。一是
南宫适不尚霸道、兵刑，而尚德治。这一点，表现在他对羿、奡和禹、
稷的议论中。二是南宫适具有慎言危行的性格，这从他反复吟咏《诗
经》中的"白圭"一章便可以看出。孔子认为，南宫适在政治清明时，
会受到重用；在政治黑暗时，也会自己保护自己，没有性命之忧。
把侄女许配给这样的人，还有什么不放心的呢？

　　孔子嫁侄女，不是由其兄孟皮主持，而是由孔子直接办理。由
于史料的缺乏，已无法搞清是什么原因了。最大的可能是，此时，
孟皮已不在人世，只好由孔氏长辈、作为叔父的孔子来主持子侄辈
的婚姻大事了。

三

　　鲁昭公三十年（公元前512年），孔子已经四十岁了。孔子曾
在晚年对自己各个年龄段的状况作过归纳、总结，即："吾十有五
而志于学，三十而立，四十而不惑，五十而知天命，六十而耳顺，
七十而从心所欲，不逾距。"[1]孔子自己宣称"四十而不惑"的内
涵是什么呢？从上述这段言论来看，主要是指世界观的确立，对世
事、人生已经有了完全、彻底、清醒的认识，对任何问题都有了不
受他人影响和左右的自己的看法。依照孔子前半生的经历和学识来
推论，孔子在四十岁左右，在思想道德观念上，形成了比较完整的
理论体系，确实达到了"不惑"的境界。综合历代诸家的研究结果，
大抵此时孔子思想中的基本内容是：以"仁"为核心、以"礼"为
依归的政治、社会、伦理观念和有条件的忠君尊王思想；以"中庸"

---

① 《论语·为政》。

之道为准则的认识问题、处理问题的思想和方法。从这两大方面来看,对于一个人来说,确实是可以面对一切而不再犹疑了。但是,"不惑"的孔子,却有着这一时期最大的困惑,即自己的思想观念乃至政治理想与现实社会之间存在着无法调和的矛盾。

在孔子的思想深处,他认为应该建立一种尊卑贵贱有序的社会制度。在这种社会制度下,人们要忠君尊王;君王要摒弃霸道,以德化治理天下;君臣之间要"君君、臣臣"①,君要"使臣以礼,臣事君以忠"②,君臣要"其养民也惠,其使民也义"③。但是,当时的社会现实,尤其是鲁国社会现状又是怎样的呢?

当时的鲁国,一直处于大夫执政、国君亡命在外的政治格局。鲁昭公自二十五年(公元前517年)秋逃到齐国,先居于齐之野井。鲁昭公二十六年(公元前516年),齐国为鲁昭公攻取了鲁国郓地作为鲁昭公的居处。鲁昭公二十七年(公元前515年)冬天,孟懿子,也就是那位曾向孔子学礼的鲁国贵族,和季平子的家臣阳虎一起带兵攻打郓地,鲁昭公便派子家子与晋国接洽,想到晋国去避难。鲁昭公二十八年(公元前514年),昭公亲自到晋国寻求庇护。晋国认为鲁昭公这位流亡君主还有利用的价值,便欲接纳。季平子听说此事后,便赶忙贿赂晋国的六卿,想让他们阻止鲁昭公入晋。结果,"六卿受季氏赂,谏晋君,晋君乃止"④。最后,晋君采取了折中的办法,虽表面上不接纳鲁昭公,但实际上又答应鲁昭公可以到晋国的偏僻小邑乾侯(今河北省成安县东南)居住。鲁昭公二十九年(公元前513年),鲁昭公自乾侯回到郓地,齐景公派高张前来慰

---

① 《论语·颜渊》。
② 《论语·八佾》。
③ 《论语·公冶长》。
④ 《史记·鲁周公世家》。

问，景公居然称自己为"主君"，昭公认为自己蒙受了巨大的耻辱，便决意离开郓地，到晋国的乾侯去居住。①

但是，鲁国的执政者季平子并未放过这位颠沛流离的国君。就在鲁昭公至乾侯后不到半年，季平子便暗地里做郓城守众的工作。这年十月冬天，守卫郓地的人背叛了鲁昭公，自行溃散②，晋国趁机攻占了郓地。这样一来，鲁昭公便被绝了退路——连自己在鲁国占有的一僻鄙之邑也失去了。

其实，围绕着鲁昭公归国之事，鲁国贵族之间也有过不同的意见。早在鲁昭公离国之初，鲁国贵族叔孙婼（叔孙昭子）便提议迎昭公回国，并为之奔走。不久，叔孙昭子便"无病而死"③，实则是不明原因地死了。而宋元公为了鲁昭公归国之事，前往晋国求援，也死在了道上。④ 史书中这些闪烁其词的记载，说明这两个人都是非正常死亡，即有被谋杀的意思。看来，围绕着鲁昭公归国之事，这中间有着极其尖锐甚至是你死我活的斗争。

鲁昭公三十一年（公元前511年），晋顷公于上一年八月去世，晋定公即位。晋定公为了显示晋国的实力，想做一件让诸侯们佩服的事，以提高自己的威信，即要派兵进入鲁国，护送鲁昭公回国。晋卿范宣子却出主意说，不如先召见鲁国执政季平子，让季平子迎鲁昭公回国。若季平子来，则说明季平子仍奉鲁昭公为君；若季平子不来，则说明季平子不臣于鲁昭公了，晋国便可派兵讨伐他。就

---

① 《左传·昭公二十九年》："二十九年春，公至自乾侯，处于郓。齐侯使高张来唁公，称主君，子家子曰：'齐卑君矣，君祇辱焉。'公如乾侯。"《史记·鲁周公世家》："二十九年，昭公如郓，齐景公使人赐昭公书，自谓主君，昭公耻之，怒而去乾侯。"

② 事见《左传·昭公二十九年》。

③ 《史记·鲁周公世家》。

④ 《左传·昭公二十五年》。

在晋国派出使者召季平子来晋的同时，范宣子也派人私下里告知季平子，让季平子一定要到晋国来。有了晋卿的暗递消息和担保，季平子果然到晋国来了。见季平子来晋，晋定公便派荀跞接见季平子。荀跞见到季平子后，疾言厉色地责怪季平子毫无君臣之礼，逼走了鲁昭公。季平子则诚惶诚恐地请罪，信誓旦旦地言称鲁昭公回国是他本来的心愿。[①]但是，暗地里，季平子又勾结晋卿蒙蔽、欺瞒晋定公，说鲁昭公的部下不愿意鲁昭公归国。[②]想来，这中间季平子和晋国六卿做了许多的手脚。虽然当时的季平子在名义上是来迎接鲁昭公归国的，但是，他们已通过各种渠道，让鲁昭公明白，若鲁昭公回国，等待他的将会是死路一条。因此，鲁昭公为保命计，便不敢回国。这样，季平子既给了晋定公不能出兵鲁国的理由——不是季氏不让昭公回国，而是鲁昭公和他的随从不愿回国，又使得昭公无法归国，可谓一箭双雕。直到昭公三十二年（公元前510年）十二月，鲁昭公在乾侯去世，再也没有能回到鲁国。

　　从鲁昭公二十五年（公元前517年）到鲁昭公三十二年（公元前510年），鲁昭公一直流亡在外。这七年间，鲁国一直无国君在位。一个没有国君的诸侯国何以为国呢？

　　鲁昭公死后第二年六月，鲁国才迎回鲁昭公的灵柩，到七月，才将昭公安葬。季平子在昭公灵柩归国后，便废掉了鲁昭公的太子

---

① 《左传·昭公三十一年》："季孙意如会晋荀跞于适历。荀跞曰：'寡君使跞，谓吾子何故出君，有君不事。周有常刑，子其图之。'季孙练冠、麻衣、跣行，伏而对曰：'事君，臣之所不得也；敢逃刑命。君若以臣为有罪，请囚于费，以待君之察也，亦唯君。若以先臣之故，不绝季氏而赐之以死。若弗杀弗亡，君之惠也。死且不朽。若得从君而归，则固臣之愿也，敢有异心？'"
② 《史记·周鲁公世家》："三十一年（鲁昭公三十一年——著者），晋欲内昭公，召季平子。季平子布衣跣行，因六卿谢罪，六卿为言曰：'晋欲内昭公，昭公众不从。'晋人止。"

衍，改立鲁昭公的弟弟公子宋，即鲁定公。鲁定公在这年（公元前
509 年）六月戊辰即位，因为鲁定公系昭公之弟，他做国君并未得
到先君鲁昭公的遗命，而是由季平子私自拥立的[①]，所以鲁国名为
已有国君，实际上与无国君并没有什么区别。

鲁国人对于国君已几近于持无所谓的态度，国君的生死、废立
似乎都与他们无关。[②] 这在持"君君、臣臣"观点的孔子看来，是
十分难以理解的，因为季氏所做的，都是些大逆不道的事。

这一时期，先是君位虚置，之后是定公孱弱，季氏专权，鲁国
贵族们更加肆无忌惮、任性胡为，尤以"三桓"为甚。这些，在《论
语》一书中留下了记载：

> 三家者以《雍》彻。子曰："'相维辟公，天子穆穆'，奚
> 取于三家之堂？"[③]

季孙、叔孙、孟孙三家都胆大包天，在祭祀自己的先人时，都
是唱着《雍》这一诗篇来撤除祭品。

《雍》到底是怎样的一首诗呢？《雍》又作《雝》，系《诗经·周
颂》中的一篇，是周武王在宗庙中祭祀父母后，在撤祭品和礼器时
所演唱的乐歌，原文如下：

> 有来雝雝，至止肃肃。
>
> 相维辟公，天子穆穆。
>
> 於荐广牡，相予肆祀。

---

① 《春秋胡氏传》："其（定公——著者）主社稷，非先君（昭公——著者）
所命，而专受之于意如（季平子——著者）者也。"

② 《左传·昭公三十二年》："赵简子问于史墨曰：'季氏出其君而民服焉，诸
侯与之。君死于外，而莫之或罪也？'对曰：'……鲁君世从其失，季氏世修其勤，
民忘君矣。虽死于外，其谁矜之。'"

③ 《论语·八佾》。

> 假哉皇考！绥予孝子。
>
> 宣哲维人，文武维后。
>
> 燕及皇天，克昌厥后。
>
> 绥我眉寿，介以繁祉。
>
> 既右烈考，亦右文母。

三家用周武王祭祀周文王和文王后太姒的乐歌来祭祀自己的祖先，可见，三家已把自己与周朝的天子周武王相提并论了。这一切，对于具有坚定的政治理想和信念、立意恢复周朝礼乐制度的思想家孔子来说，是十分残酷的。孔子感叹道："甚矣，鲁道之衰也，洙泗之间，龂龂如也。"[1] 对于孔子来说，鲁国人对于君臣之礼为什么会如此漠视，这种犯君悖礼的社会居然还能维持下去，实在是难以理解的。

与鲁国日益恶化的政治形势相伴随的是自然灾害的降临。定公元年（公元前 509 年）秋，九月，大雩。依据《穀梁传》的解释是大旱。[2] 同年冬天，十月，天又陨大霜，致使鲁地的庄稼全部被冻死。定公二年（公元前 508 年），"夏，五月壬辰，雉门及两观灾"[3]。鲁国宫殿的南门发生了大火灾，大火漫及两边的宫阙。

这些灾祸，以今天的观点来看，自然没有什么必然性。但在当时，人们或许能联想到这是上天在示警——对"三桓"作恶的某种警兆。这或许多少给了孔子一定的启示和安慰——因为在孔子看来，"三桓"是无道的。

---

① 《史记·鲁周公世家》。

② 《春秋穀梁传·定公元年》："雩者，为旱求者也。"即为旱灾所作的祭祀。

③ 《左传·定公二年》。

四

鲁国政治在定公即位后，表面上是暂趋稳定了，实际则是危机四伏，局势在进一步恶化。

鲁定公虽被立为国君，但他是鲁昭公之弟，按照宗法制度，应立鲁昭公之长子为君。但季平子却废黜了昭公的儿子而执意立昭公之弟公子宋（定公）。这样一来，鲁定公即国君位，既不合于宗法制度，又未得到先君（鲁昭公）的遗命，所以，定公为鲁君，便有些名不正、言不顺。加之定公昏弱无能（这正是季平子要立他为君的主要原因），所谓的国君，不过是季氏手中的傀儡而已。而鲁定公也颇有些自知之明，对鲁国政事采取不闻不问的态度，因此，鲁国之政皆出于季氏之手。这种状况，实则是鲁国原有政局的延续。

自鲁定公即位后，鲁国政治由礼、乐、征伐皆自大夫出，即由"三桓"专权渐次向"陪臣执国命"发展。长久以来，"三桓"忙于对付鲁君，把持国政，以及与其他世家大族争权夺利，无暇顾及家族内部的事务，他们便把自己的采邑完全交由家臣或他们委派的邑宰来经营。渐渐地，这些家臣或邑宰便取得了对采邑的控制权，掌握了采邑的财产和武装，动辄以此来胁迫采邑主，甚而至于以采邑为基地，发动武装叛乱。早在鲁昭公十四年（公元前528年），季孙氏的家臣南蒯即在费地发动叛乱。此后，至定公时代，又发生了几次大规模的家臣叛乱。因此，对于当时的政治情势，汉代大儒董仲舒曾作过一非常准确的描述，即"大夫专国，士专邑"。尤其是季氏的家臣阳虎，完全控制了季氏，甚至以家臣的身份掌握了鲁国的国政——季氏专鲁国，而阳虎专季氏。综观当时鲁国的政治形势，鲁国由季氏专权，向多头政治发展，各种政治势力彼消此长，政局更加混乱。因此，孔子曾对此作过很系统的剖析：

天下有道，则礼乐征伐自天子出；天下无道，则礼乐征伐自诸侯出。自诸侯出，盖十世希不失矣；自大夫出，五世希不失矣；陪臣执国命，三世希不失矣。天下有道，则政不在大夫。天下有道，则庶人不议。[1]

面对这样一种"陪臣执国命"的混乱局面，孔子的政治理想根本无法实现，甚至连参政、议政的可能都没有。因此，孔子只好埋头于教书育人了。这是符合孔子的道德思想观念和处世原则的，因为孔子执着于自己的政治理想，但也更重视光辉人格的自持。他希冀富贵，渴望实现自己的政治理想，但是，他决不随波逐流，无原则地去实现自己的希冀。他认为，富足和显贵是人人都想得到的，但是，不是通过正当的办法得到的，是不能享有的；贫穷和低贱是人人都不喜欢的，但是，不是通过正当的办法摆脱它，则不摆脱。君子离开了仁，拿什么去成就他的名声呢？真正的君子，即便是在吃一餐饭的时间也不会离开仁，仓促之间和颠沛流离时都不会放弃仁德。[2]

他认为，自己应该"笃信好学，守死善道。危邦不入，乱邦不居。天下有道则见，无道则隐"[3]。因为，如果国家政治清明，一位有才能的人仍然贫穷而卑贱，是一种耻辱；如果国家政治混乱，一位士人却富有而显贵，也是一种耻辱。[4] 所以他说，吃着粗劣的饭食，喝冷水，弯起胳膊来当枕头，也是一种乐趣。通过不正当的渠道得

---

[1] 《论语·季氏》。

[2] 《论语·里仁》："富与贵，是人之所欲也；不以其道得之，不处也。贫与贱，是人之所恶也；不以其道得之，不去也。君子去仁，恶乎成名？君子无终食之间违仁，造次必如是，颠沛必如是。"

[3] 《论语·泰伯》。

[4] 《论语·泰伯》："……邦有道，贫且贱焉，耻也；邦无道，富且贵焉，耻也。"

来的富足和显贵，在他看来，好像浮云一样。①

在孔子的思想深处，"道"是第一位的。宁愿贫贱至死，也不可以靠出卖信仰而改变自己的境遇。既然从政、求富贵，必须屈从于私家势力，拿自己的信仰和原则做交易，自己的政治理想难以实现，那么孔子最现实的选择便是"天下无道则隐"，退而求其次，即"如不可求，从吾所好"②。孔子所喜欢做的事，便是传播周代的礼乐文化，也就是尽心于教育事业。所以，当有人问孔子为什么不去从政时，孔子作了很巧妙的回答："《尚书》上说：'孝顺父母，友爱兄弟，用这种风尚去影响政治。'这也是参与政治呵，为什么一定得去做官，才算是从政呢？"③

基于这样的考虑，孔子才又集中精力于教书育人，以期培养出一批"守死善道"、仁义孝悌的弟子，进而去影响、改变当时日益颓败的社会政治。

由于这一阶段孔子的生活比较安定，加之孔子专意于教学，所以有许多新的弟子前来求学。这一时期来孔门求学者，依据李启谦先生的《孔门弟子研究》等有关书籍，从年龄、行事等方面来推算，大概有冉伯牛、冉雍（仲弓）、冉求、宰我（宰予）、宓子贱（宓不齐）、巫马施（巫马期），极有可能还有颜浊邹（聚）等人。这些弟子中，仍以鲁国人为多。但由于孔子办学的声名已远播，故而也有一些异国弟子慕名前来求教，如宋国的司马牛、陈国的巫马施和陈亢、卫国的颜浊邹等。

----

① 《论语·述而》："饭疏食，饮水，曲肱而枕之，乐亦在其中矣。不义而富且贵，于我如浮云。"

② 《论语·述而》。

③ 《论语·为政》："或谓孔子曰：'子奚不为政？'子曰：'《书》云："孝乎惟孝，友于兄弟，施于有政。"是亦为政，奚其为为政？'"

冉伯牛，名耕，字伯牛，鲁国人。据说，他比孔子小七岁（生于鲁襄公二十年）。不过，持此说的均是后人的著作，如《圣门志》《阙里广志》等，可信度不大。从孔子生平中涉及冉伯牛的事多在孔子中年以后来看，其年龄当小孔子许多。当然，冉伯牛年龄的大小，并不是一个十分重要的问题。重要的是，作为孔门弟子，冉伯牛的德行是十分高尚而突出的。孔子曾品评过自己的弟子："德行：颜渊、闵子骞、冉伯牛、仲弓……"[1] 既然冉伯牛为孔子门下以德行而著称的人物，因此，汉人便又对其加以阐释。《白虎通义·奉命》便说"冉伯牛危言正行"，以此看来，冉伯牛是一位言语谨慎、行为正派的人物。其实，比较可信的评议应当是孟子的话，孟子认为："子夏、子游、子张皆有圣人之一体，冉牛、闵子、颜渊则具体而微。"[2]在孟子看来，子夏等人只是具备了圣人孔子某一方面的优点；而冉伯牛、闵子骞和颜渊则在品格上基本上与孔子相近，差距已很小了。由于冉伯牛具备了这样令人仰慕的德行，所以很受后世揄扬。自东汉明帝祭祀孔子及七十二弟子始，冉伯牛便在被祭祀之列。唐玄宗开元二十七年（公元 739 年），冉伯牛被封为"郓侯"；宋真宗大中祥符二年（公元 1009 年），被封为"东平公"；宋度宗咸淳三年（公元 1267 年），被封为"郓公"，和其他弟子一起享受着历代所供奉的香火。

冉求（亦称冉有），名求，字子有，鲁国人，生于鲁昭公二十年（公元前 522 年）。他与冉雍是同族，都属于所谓的"贱人"家庭。在孔门弟子中，冉求是一位凛凛有生气的人物，主要体现在两个方面：一是他的多才多艺，二是他的文治武功。关于冉求，《论语》一书

---

① 《论语·先进》。
② 《孟子·公孙丑上》。

中的记叙较多。"闵子侍侧，訚訚如也……冉有、子贡，侃侃如也。"①
何晏《论语集解》对"侃侃"的解释是："侃侃，和乐之貌。"由
此看来，冉求是一位通达洒脱的人物。作为老师，孔子也多次称赞
冉求。孔子认为，一个人"若臧武仲之知，公绰之不欲，卞庄子之勇，
冉求之艺，文之以礼乐，亦可以为成人矣"②。孔子所述的这些人物，
都是当时各以其"知""不欲""勇"而享大名的人物，而把冉求
的"艺"与他们的"知""不欲""勇"相提并论，可见孔子对冉
求之艺的推崇。然而冉求处理政事的才能与其"艺"相比，则更为
突出。在孔门弟子中，冉求是列在政事科第一名的，即"德行：颜
渊、闵子骞……政事：冉有、季路。……"③孔子还曾提到，"求也，
千室之邑，百乘之家，可使为之宰也"④。事实也证明了冉求是极
有政治才能的，冉求投师孔子门下不长时间，即为季氏当差。后来，
也是因为冉求在鲁国军事上大败齐军，政事上有所表现，季康子才
听了冉求的话，召孔子回国。与孔子的其他弟子一样，冉求也在历
代被封之列。唐玄宗开元二十七年（公元 739 年），冉求被封为"徐
侯"；宋真宗大中祥符二年（公元 1009 年），被封为"彭城公"；
后被改封为"徐公"。

冉雍，名雍，字仲弓，与冉求是同族。关于冉雍，古籍记载较
少，但《论语》一书却曾多次提到他。在孔门弟子中，他是以德行
而著称的。《论语》中曾说，冉雍有仁德，但不善于言辞。⑤此外，
其中还记有他和孔子的两次谈话。有一次，冉雍向孔子请教"仁"

---

① 《论语·先进》。
② 《论语·宪问》。
③ 《论语·先进》。
④ 《论语·公冶长》。
⑤ 《论语·公冶长》："或曰：'雍也，仁而不佞。'子曰：'焉用佞？御人以
  口给，屡憎于人。不知其仁，焉用佞？'"

的问题。孔子曾回答，所谓的仁，在行止方面是，出门时，像要去见高贵的客人一样慎重；役使人民时，像举行大的祭祀活动一样。自己不想承受的，不要加给别人。为邦国做事，不要有怨恨；为大夫之家做事，也不要有怨恨。仲弓听了孔子的话，便表示自己一定要奉行之。①

另一次是孔子和冉雍谈论子桑伯子的为人。子桑伯子是当时的一位卿大夫（但其属哪个诸侯国已不详）。孔子认为，子桑伯子行政简单，是好事。而冉雍则发了一通议论，认为，心存严肃认真，而政事从简，以此来治理百姓，当然是可以的；但若心存简单，又以简单的方法去施政，就太简单了。孔子同意冉雍的观点。②

在实际的政治生活中，冉雍并未作出多大的成绩，只是在孔子周游列国归来之后，冉雍才做了季氏的家臣总管（季氏宰）。但是，孔子却认为"雍也，可使南面"③，即可以做一个行政长官。古代天子、诸侯、卿大夫，在作为最高长官出现时，总是面南而坐的。许多书籍解释孔子这句话是说冉雍可以做君王，并认为这是孔子对冉雍的最高评价，其实是大谬不然的。依照孔子的思想观念，要维持君君臣臣的等级秩序，他绝不会把自己的弟子比作君王的。

冉雍死后，被追封为"薛侯"（唐玄宗开元二十七年，公元739年）宋真宗大中祥符二年（公元1009年），被封为"下邳公"；宋度宗咸淳三年（公元1267年），被改封为"薛公"。

---

① 《论语·颜渊》："仲弓问仁。子曰：'出门如见大宾，使民如承大祭。己所不欲，勿施于人。在邦无怨，在家无怨。'仲弓曰：'雍虽不敏，请事斯语矣。'"
② 《论语·雍也》："仲弓问子桑伯子。子曰：'可也简。'仲弓曰：'居敬而行简，以临其民，不亦可乎？居简而行简，无乃大简乎？'子曰：'雍之言然。'"
③ 《论语·雍也》："子曰：'雍也，可使南面。'"

宰我，名予，字子我，鲁国人。据清代《大成通志·先贤列传》载，宰我生于鲁昭公二十年（公元前522年），比孔子小二十九岁。宰我在孔门弟子中也是一位令人瞩目的人物，主要的原因恐怕是他多次受到孔子批评。有一次宰我白天睡觉，受到孔子的批评。孔子认为，朽木不可以雕刻，用粪土打起来的墙无法粉刷，对于宰我，我还有什么可批评的呢？这就是"朽木不可雕也"这一典故的由来。大概宰我这位孔门中以"言语"著称的人物，平常的言论也很有迷惑性，所以引得孔子发了一顿牢骚，说："从前，我是听到别人的话，便认为其行为和话语是相符的。现在，我对于人的态度是，听了这个人的话，还要考察这个人的行为，是宰我白天睡觉这件事让我改变了这种态度呵。"①

孔子对宰我批评最厉害的一次是宰我提出改三年的丧期为一年。有一次，宰我向孔子请教三年之丧的事。宰我认为，一个君子若为父母守丧三年，三年不习礼，礼便殆废了；三年不习乐，乐便毁颓了。所以等到旧谷吃完了，新谷子打下来了，钻燧改火之后，一年的时间，居丧也可以结束了。孔子便质问宰我："父母死了还不足三年，你便吃着新稻，穿上新缎衣，你心中能安吗？"宰我如实回答："心安。"孔子说道："你心安，你就这样做吧。君子居丧期间，食不甘味，听到乐音也快乐不了，居住得再好也难以安居，所以他们才不修礼乐，专心居丧。你心安，你便这样做吧！"等到宰我出去后，孔子很生气，说道："宰我太无仁德了。一个人出生三年之后才离开父母的怀抱。居丧三年，是天下通行的丧礼，难道

① 《论语·公冶长》："宰予昼寝。子曰：'朽木不可雕也，粪土之墙不可杇也；于予与何诛？'子曰：'始吾于人也，听其言而信其行；今吾于人也，听其言而观其行。于予与改是。'"

宰我就没有像别人那样，在父母的怀抱里受了三年的呵护吗？"①

　　这两件事，使宰我在人们心目中的印象大跌。其实，孔子对宰我并没有什么坏印象，只是爱之深、责之切而已，否则，便无法解释孔子的另一段话了。孔子曾说："吾以言取人，失之宰予；以貌取人，失之子羽。"②澹台子羽（灭明）是孔门弟子中品行业绩都很好的一位，孔子死后，他南游至楚国，设坛授徒，形成了很大的学派。所以孔子认为，若以言语来取人，则失去宰我这样一位好弟子了；若以容貌来取人，则失去澹台子羽这样一个品行很好的人了。虽然历代以来对孔子这句话的解释，意义完全相反，但从澹台子羽这个人的一生行状来看，"以貌取人，失之子羽"是指澹台子羽容貌虽丑，但人品很好，若以容貌取之，则失其人了。而对于宰我，虽然他有许多话说得不对，但若以他所言取之，则失其人。由此看来，宰我是孔门中的一位好弟子。而后来的事实也证明，宰我并不是一位品行不端的人物。后来，孔子周游列国，被围困于陈、蔡之间时，处境十分艰难险恶，宰我一直相随。而且宰我对孔子十分尊崇，他曾对孔子的另一位弟子子贡说过："以我看来，老师比尧、舜要贤德得多了！"③

　　但是，后世儒者，因宰我曾受到孔子严厉的批评，便认为宰我是一个不成器的人物。甚至连史学大家司马迁也认为宰我是一位不

① 《论语·阳货》："宰我问：'三年之丧，期已久矣。君子三年不为礼，礼必坏；三年不为乐，乐必崩。旧谷既没，新谷既升，钻燧改火，期可已矣。'子曰：'食夫稻，衣夫锦，于女安乎？'曰：'安。''女安，则为之！夫君子之居丧，食旨不甘，闻乐不乐，居处不安，故不为也。今女安，则为之！'宰我出。子曰：'予之不仁也！子生三年，然后免于父母之怀。夫三年之丧，天下之通丧也，予也有三年之爱于其父母乎！'"
② 《史记·仲尼弟子列传》。
③ 《孟子·公孙丑上》："以予观于夫子，贤于尧、舜远矣！"

足取的人物，把齐国一位叫阚止子我的大夫的罪名也扣到孔子弟子宰我（字子我）头上，"宰我为临菑大夫，与田常作乱，以夷其族，孔子耻之"①。其实，做临菑大夫，参与田常作乱的是阚止子我，与宰我是两个人。关于此事，李启谦先生的《孔门弟子研究》一书考辨甚为详尽，可参阅。但是，因着司马迁的这一错误记述，后世追封宰我时，便将之封为"齐侯"（唐玄宗开元二十七年，公元739年）。宋真宗大中祥符二年（公元1009年），宰我被封为"临菑公"；后被改封为"齐公"。

宓子贱，名不齐，字子贱，也是鲁国人。宓子贱是很得孔子激赏的弟子之一，孔子曾称赞他为"君子"②。孔门弟子中，受此称赏的只有两人。但是，关于宓子贱的生平，古籍所记绝少，只是战国末期及以后的一些著作如《韩非子》《吕氏春秋》等记他曾做过单父宰。③因此，他被封为"单伯"（唐玄宗开元二十七年，公元739年），后被追封为"单父侯"（宋真宗大中祥符二年，公元1009年）。另据《汉书·艺文志》记载，宓子贱有《宓子贱》十六篇流传，但今已佚。

司马牛（亦称司马耕），名耕，字子牛，宋国人。据司马迁讲，司马牛的性格特点是"多言而躁"④。但司马迁此说，大概也是揣想之辞，因为他很可能是从《论语》一书中孔子与司马牛的一段对话生发而来的。司马牛曾向孔子请教"仁"，孔子的回答是："仁者，其言也讱。"⑤所谓"讱"，即言不轻出，说话谨慎。从孔子教学，言论多针对学生缺点而发这一特点，司马迁大抵才有此说。其实，

① 《史记·仲尼弟子列传》。
② 《论语·公冶长》："子谓子贱，'君子哉，若人！鲁无君子者，斯焉取斯？'"
③ 《韩非子·外储说左上》《吕氏春秋·察贤》。
④ 《史记·仲尼弟子列传》。
⑤ 《论语·颜渊》。

司马牛的具体情形，即便是《论语》一书也语焉不详，只是记载他曾忧叹没有兄弟：

> 司马牛忧曰："人皆有兄弟，我独亡。"子夏曰："商闻之矣：'死生有命，富贵在天。'君子敬而无失，与人恭而有礼。四海之内，皆兄弟也——君子何患乎无兄弟也？"[①]

据说，司马牛本系宋国贵族，他的兄弟为司马桓魋。桓魋为人不好，司马牛因不赞成桓魋的不义之行，便逃亡国外。这段话是司马牛入孔门学习后的言论，很可能是在孔子经过宋国时桓魋要杀害孔子的事之后，司马牛发出了上述慨叹。在他的心目中，桓魋有很多恶行，尤其是侮辱自己的师长孔子，所以便算不得自己的兄弟了！关于司马牛，《左传》中曾有记述，说他因不愿与兄共处一国，先到了齐国，后来去了吴国，从吴国又到了鲁国，最后死在鲁国。但今人杨伯峻先生认为《左传》中的司马牛并不是《史记》中所记的孔门弟子司马牛，"原本就有两个司马牛，一个名耕，孔子弟子；一个名犁，桓魋之弟"[②]。

司马牛死后，先是被封为"向伯"（唐玄宗开元二十七年，公元739年），后又被加封为"楚邱侯"（宋真宗大中祥符二年，公元1009年）。

巫马施（亦称巫马期），字子期，生于公元前521年，陈国人（一说鲁国人）。生平事迹不多见，只是有一次孔子对陈司败说鲁昭公知礼，被指证其所言有误时，巫马施曾传过话。巫马施虽无什么过人之处，但因被列为七十二弟子之内，也被封为"鄑伯"。

颜浊邹，一名颜浊聚，卫国人。因《史记·仲尼弟子列传》和

---

① 《论语·颜渊》。
② 杨伯峻《论语译注》有较详细的论述。

《孔子家语·七十二弟子解》均未列其名，所以有人疑其非孔子弟子。但《史记·孔子世家》又有十分明白的记述："孔子以《诗》《书》《礼》《乐》教……身通六艺者七十有二人，如颜浊邹之徒。"而《吕氏春秋·尊师》也记其为孔子弟子："……颜浊聚（邹），梁父之大盗也，学于孔子。"看来，颜浊邹的出身不太好。不过，这很可能是师从孔子之前的事。传说，颜浊邹是孔子弟子子路的妻兄。孔子周游列国到卫国时便住在他家中。以此推测，颜浊邹很可能在孔子离开鲁国前，即已投身于孔门，这才有了其妹与子路联姻的机会。后来，颜浊邹离开鲁国，回到卫国。及孔子到卫国时，他已在卫国，故可接待孔子。

以上是这一时期孔门弟子的大体情况。总之，这一时期，孔子门下，济济多士，其私人办学达到鼎盛时期。此后，孔子或忙于政事，或颠沛流离、居无定所。虽然后期弟子多有成大器者，但那时的孔子不可能像这一阶段一样心无旁骛，全身心地致力于教诲弟子了。

五

孔子讲学，如前所述，内容广博，牵涉面极广，采取的方式也灵活多样。这一时期，孔子办学已为当时整个"国际"社会所推重。因此，其教学形式也比从前更为自由，而且极易得到社会上的支持。最能说明这一点的是，孔子可以带弟子们出入鲁国的太庙，进行实地讲学。《荀子》一书记载的孔子有关"欹器"的言论，大抵出现在这一时期。

据说，孔子曾率弟子们在鲁桓公庙里观览，见到了欹器，感觉很是奇特。孔子便问守庙的人："这是什么器具呢？"守庙者回答

说，大概是人君放在座位右边以示敬策的欹器吧！孔子便道："我
听说，宥（右）坐之器，空着的时候是倾斜的；当盛酒水到中间时，
它便端正而立了；若是倒满了，它便倾覆了。"孔子令弟子往欹器
中注水，等倒到一半时，欹器果然正立；等到倒满时，欹器便翻倒了。
于是，孔子喟然而叹道："唉，真的是没有满而不倾覆的！"子路
听到老师的感叹，便请教"持满"之道。孔子回答说："聪明圣智的，
要外示以愚笨来保持；功勋盖世的，要靠自责来保持；勇力盖世的，
要靠怯懦来保持；富有四海的，要以谦退保持之。这就是满而抑之、
损之的方法呵！"①

欹器，也叫宥坐之器，或称右坐之器，传为三王五帝时所作，
帝王放在座右以为劝诫之用。晋朝的杜预、南朝的祖冲之都曾仿制
过，但现在已失传了。荀子关于孔子就宥坐之器的议论，并不排除
荀子是假借孔子师徒的言论，来阐述自己思想观点的可能。但荀子
生活的时代是战国时代，与孔子生活的时代相距不远，荀子对孔子
师徒的行事当有较为真切的传闻。因此，这段记述，应该不会是荀
子的凭空杜撰。

这件事说明孔子的教学不拘于时间、地点，而是随时随地为弟
子们传道解惑。这里，并不是像有些人认为的那样，孔子只是在讲"持
满之道"，或是讲述"满则损，谦受益"的道理，而是论说了一个
较深层次的伦理哲学问题，与孔子所强调的"中庸"之道是一致的，
即只有"持中"，才能"正"。

---

① 《荀子·宥坐》："孔子观于鲁桓公之庙，有欹器焉。孔子问于守庙者曰：'此
为何器？'守庙者曰：'此盖为宥坐之器。'孔子曰：'吾闻，宥坐之器者，
虚则欹，中则正，满则覆。'孔子顾谓弟子曰：'注水焉。'弟子挹水而注之，
中而正，满而覆，虚而欹。孔子喟然而叹曰：'吁，恶有满而不覆者哉！'子路曰：
'敢问持满有道乎？'孔子曰：'聪明圣知，守之以愚；功被天下，守之以让；
勇力抚世，守之以怯；富有四海，守之以谦。此所谓挹而损之之道也。'"

这一阶段，孔子更加悉心地教导弟子，如《论语·颜渊》便记有孔子多次回答司马牛、冉雍等人的问题：

> 司马牛问仁。子曰："仁者，其言也讱。"
> 曰："其言也讱，斯谓之仁已乎？"子曰："为之难，言之得无讱乎？"

> 司马牛问君子。子曰："君子不忧不惧。"
> 曰："不忧不惧，斯谓之君子已乎？"子曰："内省不疚，夫何忧何惧？"

> 仲弓问仁。子曰："出门如见大宾，使民如承大祭。己所不欲，勿施于人。在邦无怨，在家无怨。"

这是这一时期孔门弟子司马牛、冉雍等问仁的记叙。而对自己十分喜爱的弟子子路，孔子更为细心地讲授，甚至有点耳提面命了：

> 子曰："由也！女闻六言六蔽矣乎？"对曰："未也。"
> "居！吾语女。好仁不好学，其蔽也愚；好知不好学，其蔽也荡；好信不好学，其蔽也贼；好直不好学，其蔽也绞；好勇不好学，其蔽也乱；好刚不好学，其蔽也狂。"[①]

从这些对话中可以看出，孔子对弟子们是如何谆谆教导了。不只如此，孔子对弟子视同子侄，《论语》中也多有记述。如陈亢问孔子之子孔鲤是否从父亲那儿听到一些其他弟子听不到的教训，孔鲤回答，父亲曾教育他要学《诗》、学礼，陈亢便明白了老师所教并无偏私，便高兴地说，他知道了君子是怎样对待自己儿子的。[②]

---

① 《论语·阳货》。
② 事见《论语·季氏》，或本书第六章"杏坛讲学"。

当然，除了为弟子们讲学外，孔子还承担了一些来自社会各界，甚至包括其他诸侯国的顾问咨询工作。如鲁定公三年（公元前507年），邾庄公去世，邾隐公即位，将要行冠礼前，派人向孔子请教冠礼的仪礼。在鲁国，也不断有人来向孔子请教。对此，《论语》中有多处记载。

一是互乡那个地方有一个少年前来求见孔子，孔子接见了他。孔子的弟子们感到很困惑，因为互乡这个地方的人是很难交谈的，老师为什么还接见他呢？对此，孔子的解释是，应该鼓励他的进步，而不赞成他的退步，何必做得太过分呢？他人洁身以求上进，我们应该赞许和鼓励，而不应该老记着他的过去。[①]

此外，阙党的一个少年来向孔子传信，孔子接待了他。等到这位少年走后，有人向孔子询问这个少年是那种追求上进的人吗？孔子回答说：这不是追求上进的人，而是一个急于求成的人，因为他坐在上位，与他的长辈并行。[②]这件事，虽未点明少年传信的内容，但至少说明，阙党有人与孔子有交往。

六

关于这一时期孔子的活动情况，司马迁在《史记》中作过简单的交代：

> ……鲁自大夫以下皆僭离于正道。故孔子不仕，退而修《诗》

---

① 《论语·述而》："互乡难与言，童子见，门人惑。子曰：'与其进也，不与其退也，唯何甚？人洁己以进，与其洁也，不保其往也。'"

② 《论语·宪问》："阙党童子将命。或问之曰：'益者与？'子曰：'吾见其居于位也，见其与先生并行也。非求益者也，欲速成者也。'"

《书》《礼》《乐》，弟子弥众，至自远方，莫不受业焉。①

大概这一时期，孔子除了教授子弟外，便是埋头整理古代典籍，以期为弟子们提供一份系统、完备、规范的教材。但是，孔子时代，周室已经衰微，而周代的礼、乐也大多被废弃了，《诗》《书》都已残缺不全了。这段时间，孔子真正下功夫整理的古代典籍大抵只限于《诗》《书》《礼》《乐》四种，至于《易》和《春秋》，当是他晚年所整理、编次的了。

那么，孔子对上述四种典籍具体做了哪些工作呢？司马迁曾有过论述，认为孔子是"论次《诗》《书》，修起《礼》《乐》"②。所谓"论"，便是选择、去取之意；所谓"次"，当是编排序列之事；所谓"修起"，大抵是指搜集、修订、补充之意。

《诗》，后人称之为《诗经》。因汉代儒者奉《诗》为经典，《诗》便被称为《诗经》。孔子对于《诗》所做的工作主要是重新编排了一下次序，并对每首诗进行了音乐方面的订正（《诗经》中的每首诗都可以合乐歌唱——著者）。对此，司马迁曾有过专门的记述：

> 古者《诗》三千余篇，及至孔子，去其重，取可施于礼义，上采契、后稷，中述殷、周之盛，至幽、厉之缺，始于衽席，故曰："《关雎》之乱以为《风》始，《鹿鸣》为《小雅》始，《文王》为《大雅》始，《清庙》为《颂》始。"三百五篇，孔子皆弦歌之，以求合《韶》《武》《雅》《颂》之音。礼乐自此可得而述，以备王道，成六艺。③

这段文字，十分清楚地说明了孔子编次《诗》的情况，以及对《诗》的合乐、整理情况。但是，司马迁所言，"古者，《诗》三千余篇"，

---

① 《史记·孔子世家》。

② 《史记·儒林列传》。

③ 《史记·孔子世家》。

却有夸大之意。其实，孔子时代，《诗》亦不过三百零五首而已，孔子并未对《诗》"去其重"，即作删除。这在《论语》一书中便可找到证据：

> 子曰："《诗》三百，一言以蔽之，曰：'思无邪。'"①

> 子曰："诵《诗》三百，授之以政，不达；使于四方，不能专对；虽多，亦奚以为？"②

而论之较详细的是游国恩等人所编的《中国文学史》中关于《诗经》的章节，现摘录如下，以供参阅：

> 《诗经》最后编定成书，大约在公元前六世纪中叶，不会在孔子出生以后。孔子不止一次说过"诗三百"的话，可见他看到的是和现存《诗经》篇目大体相同的本子。而更重要的反证是公元前五四四年，吴公子季札在鲁国观乐，鲁国乐工为他所奏的各国风诗的次序与今本《诗经》基本相同。其时孔子刚刚八岁，显然是不可能删订《诗经》的。③

《书》，又称《尚书》。汉代儒者奉其为经典后，又称之为《书经》。孔子对于《书》所做的工作同《诗》一样，主要也是进行了编次和订正工作。孔子编次的《书》，其内容大概比今天我们所见到的要丰富得多。对此，司马迁的《史记》透露出一些信息：

> 学者多称五帝，尚矣。然《尚书》独载尧以来，而百家言黄帝，其文不雅驯，荐绅先生难言之。孔子所传《宰予问五帝德》及《帝

---

① 《论语·为政》。
② 《论语·子路》。
③ 游国恩等：《中国文学史》第1册，北京：人民文学出版社，1963年，第27页。

系姓》，儒者或不传。①

孔子所传的《书》，在战国时代，所存篇目即不一致；到了秦始皇焚书，只剩断简残篇。幸赖伏生（名胜，字子贱）传留下来二十九篇。后鲁恭王拆孔子宅，据说从墙壁中得古文《尚书》。从此，《尚书》有了今、古文之分。伏生所传《尚书》，由于是用汉文帝当时的通行文字即今文写成，所以称《今文尚书》；孔安国作传的《尚书》，据说来自古文，便称为《古文尚书》。其实，《古文尚书》是部伪作，其组成一是辑录部分古籍，一是汉人伪造的篇章。而伏生所传《今文尚书》则是真的《尚书》。大抵孔子所传之《书》，存留于《今文尚书》中。

关于孔子与《书》的关系，司马迁认为孔子对《书》进行了"编次"；从一些古籍中也可以看出，孔子对《书》的编次、订正是下了一番功夫的。《尚书大传》曾记有孔子评论《书》的话：

> "六誓"可以观义；"五诰"可以观仁；《甫刑》可以观诚；《洪范》可以观度；《禹贡》可以观事；《皋陶谟》可以观治；《尧典》可以观美。②

这段文字，对《书》中许多篇章的功用作了评论，虽然是否真是孔子所言已难以厘清，但《尚书大传》的作者伏生，曾为秦朝博士，他掌握的《尚书》必定有其接受的渊源，他所引孔子的话语当不会是空穴来风，应有一定的可信成分。

关于《礼》，孔子做的工作较多，所以司马迁用了"修起"二字来说明孔子与《礼》的关系。大概当时关于"礼"的文字材料少

---

① 《史记·五帝纪》。
② 《尚书大传》。

而散乱，孔子广采博收、连缀修补而成书。至于孔子所"修起"的《礼》到底是什么样子，人们已不甚了解，而后来儒者所奉"十三经"中却有《周礼》《仪礼》《礼记》三部关于"礼"的书。究竟哪部书最有可能是孔子传下来的呢？对此，金景芳先生有过一个结论：

> 在"十三经"中有"三礼"，即《周礼》《仪礼》《小戴礼记》（《礼记》——著者）。其实《周礼》，原名《周官》，与孔子"六经"中的礼无关。《仪礼》，汉人名《士礼》，真正是孔子"六经"中的礼。《礼记》则是七十子后学所记，不能当孔子"六经"中的礼。①

依此说来，《仪礼》才是孔子"修起"过的"礼"。这一观点，在古代典籍中也可以找到佐证，如《礼记》便有记载："哀公使孺悲之孔子学士丧礼，《士丧礼》于是乎书。"②那么，《仪礼》的主要内容是什么呢？它大体分为十七篇，分别是《士冠礼》、《士昏礼》、《士相见礼》、《乡饮酒礼》、《乡射礼》、《燕礼》、《大射礼》、《聘礼》、《公食大夫礼》、《觐礼》、《丧服》（含子夏的传文）、《士丧礼》、《既夕礼》、《士虞礼》、《特牲馈食礼》、《少牢馈食礼》、《有司彻》。由上列篇目便可看出，这主要是关于"士"的礼。

但是，以孔子的学识、用世的心志，其"修起"之"礼"断不会仅仅局限于"士礼"。从《论语》等书记述孔子弟子多次问政的事实来看，孔子更关心的是现实政治，而把周代的礼制用之于当世是孔子一生的追求。因此，周代官职方面的礼仪、制度，很可能是孔子教学的重要内容。孔子"修起"礼，不可能不涉及周代的官制

---

① 金景芳等：《孔子新传·孔学流传述评》，长沙：湖南出版社，1991 年。
② 《礼记·杂记》。

及其礼法。而《周官》（《周礼》）基本上叙述的是周代官制，此外还有教育、军事、刑法等内容。所以说，孔子修起的"礼"，有一部分很可能流传下来，存于《周官》一书中。

当然，《仪礼》和《周礼》的内容并不全是孔子所传的《礼》。孔子所传《礼》的内容存于这两部书中是无疑的，因为《仪礼》一书不只是春秋之礼，也包含战国时代的礼制；而《周礼》一书，汉初出世，称《周官》，自刘歆而称《周礼》，因其中有些内容与周时制度多不相符，所以有人怀疑是刘歆伪作。其实，这两部书中的有些内容大抵传自孔子修起之《礼》，但后儒窜入者多有，以至于两书内容来源不一，使人难辨真伪了。

乐，也是孔子教学的内容之一。孔子对乐是很有研究的，他曾向师襄学乐（见本书第五章"命名荣觊"），后来也经常与宫廷乐师切磋乐理。对此，《论语》中有很明确的记载：

> 子语鲁太师乐，曰："乐其可知也：始作，翕如也；从之，纯如也，皦如也，绎如也，以成。"①

这样内行地叙述乐的演奏过程，是得有很高的"专业"水平的。《史记》中也曾记载，孔子合乐于《诗经》的事，即孔子将《诗经》中的三百零五首诗，全部弹奏演唱了一遍，以使这些诗的乐音符合《韶》《武》《雅》《颂》等规范性的音乐。②

那么，孔子所修起，即搜集、整理、编写的《乐》有没有呢？考之当时的史实，是极有可能的，只是在这一阶段，大抵是编订了一部不太完整、系统的有关乐的教材而已。所以孔子晚年说："吾

---

① 《论语·八佾》。
② 《史记·孔子世家》："三百五篇，孔子皆弦歌之，以求合《韶》《武》《雅》《颂》之音。礼乐自此可得而述。"

自卫反鲁，然后乐正，《雅》《颂》各得其所。"[①] 这也说明孔子搜集、整理、编写的《乐》与《诗》的合乐有相当密切的关系。

孔子"编次""修起"这些古代典籍，对中国古代文化的保存和传承起到了决定性的作用，是孔子对人类文化的一大贡献。

---

① 《论语·子罕》。

第十章

世 浊
立 子

途遇阳虎　季桓子家臣阳虎把持季氏家政与鲁国国政，召孔子，孔子拒见。
途中相遇，阳虎力劝孔子从政，孔子表面答应，实则拒绝。

一

　　孔子四十七岁这一年，即鲁定公五年（公元前505年），鲁国执政季平子（季孙意如）去世，其子季桓子（季孙斯）继任执政，这给了其家臣阳虎（又名阳货）独擅鲁国政权的机会。

　　正如前所述，这时，鲁国的政局是，季氏专鲁国，阳虎专季氏。作为季氏家臣，阳虎趁季平子体衰神疲的有利时机，逐步把持季氏的家政，进而掌握了鲁国的国政。关于阳虎，历来的史家均视其为乱臣贼子。但是，公平地讲，阳虎是一个十分有才干的政治人才。因为他出身低贱，是孟孙氏庶孽，所以，一旦把持国政，不免令人不齿，甚至后人也对他嗤之以鼻。其实，假如我们不是以维护正统的观念来看问题，阳虎的许多作为是有其合理性的。以一个不被人推重的贵族庶孽的身份，居然能掌握鲁国国政，这件事本身便需要有非凡的才干。所以说，阳虎并不是一个一无是处的人。至于后来，政变失败，阳虎逃亡至晋国，投奔赵简子，辅佐赵简子处理国政，建议并协助赵简子发布奖励军功、鼓励士工农商参战、解放奴隶的法令，从历史发展的角度来看，是很有进步意义的。

　　这时的阳虎，虽把持国政，但地位却岌岌可危，急需社会的承认和支持。但是，一般的贵族是瞧不起他这位家臣的。因此，阳虎便想到了孔子。当然，阳虎手下并不乏心腹效力之人，甚至一些贵族庶孽也暗地里支持他，但缺少在社会上德高望重、有影响的人物来为其提高声望。而当时的孔子，凭借其学识和德行已在社会上有了很高的地位，在"国际"间也有了很高的知名度。假如孔子加入阳虎集团，无疑会在国人中提高阳虎的威信。此外，孔子办学，弟子众多，孔门人才济济，若与阳虎合作，孔门弟子自然也会为阳虎所用，这可是一股不小的社会力量。因此，阳虎便千方百计地劝孔子出仕，好助自己一臂之力。但是，孔子不愿与阳虎合作，阳虎便采取了主动的态度。对此，《论语》作了绘声绘色的记叙。

据《论语》所记，阳虎很想会见孔子，孔子却不愿见阳虎。阳虎便趁孔子不在家时，派人给孔子送去一头蒸熟的小乳猪。按照当时的礼俗，"大夫有赐于士，不得受于其家，则往拜其门"①。孔子得到阳虎的礼物后，不得不去拜会阳虎，但却伺着阳虎不在时前去拜访。不巧得很，孔子在途中碰上了阳虎。阳虎便也不客气，对孔子说道："来，我告诉你：一个人，怀着一番雄心壮志和一身本领，却听任国家政局混乱下去，这样能算是仁爱吗？不能算是。一个人希望参与政治，却多次错失良机，这能算是明智吗？不能算是。因为时光已逝，岁月是不会等待我们的！"孔子听了阳虎的一番说辞，无言以对，便回答说："好吧，我将出仕从政。"②

阳虎其人，确实厉害。他针对孔子讲仁、智的观点，阐述自己劝孔子出仕的理由，很有些"以子之矛攻子之盾"的意味，逼得孔子答应出仕。虽然答应出仕，但实际上孔子却没有这样做。因为依孔子的道德观念来衡量，鲁国政治已到了孔子无法接受的程度。阳虎以季氏陪臣之微而秉国政，与礼法相违太甚，在孔子看来，这是大逆不道的。因此，他绝不会与阳虎这样的人同流合污。

关于阳虎见孔子的事，诸家《孔子年谱》多系于孔子四十七岁这一年，也即季平子死后，阳虎囚禁季平子之子季桓子那一年；理

① 《孟子·滕文公下》。

② 《论语·阳货》："阳货欲见孔子，孔子不见，归孔子豚。孔子时其亡也，而往拜之。遇诸途。谓孔子曰：'来！予与尔言。'曰：'怀其宝而迷其邦，可谓仁乎？'曰：'不可。好从事而亟失时，可谓知乎？'曰：'不可。日月逝矣，岁不我与。'孔子曰：'诺，吾将仕矣。'"

由是阳虎专鲁政,需要支持。这实在是有点书生之见。以阳虎之聪明、机敏和过人的胆识,他断不会等到事态发展到与季桓子势不两立时,才临时抱佛脚,去拉拢孔子。实际情形很可能是,在孔子四十七岁前的一段时间里,阳虎曾与孔子有过这样一段戏剧性的会晤。以阳虎所存的野心,他自会处心积虑、未雨绸缪的。因此,阳虎拉拢、争取孔子,应在孔子自齐归鲁后,季平子去世、阳虎作乱之前这段时间内。

关于阳虎,季桓子并不是没有对付他的考虑。但此时的阳虎,对于季氏来说,已成尾大不掉之势。因此,季桓子几乎是一筹莫展,他能想出的唯一办法便是以家臣治家臣,即支持另一位家臣仲梁怀,与阳虎相抗衡。对此,阳虎当然不会等闲视之,因而对仲梁怀和季桓子采取了断然的处置措施。这件事,《史记》也只是记其大略:

> 桓子嬖臣曰仲梁怀,与阳虎有隙。阳虎欲逐怀,公山不狃止之。其秋,怀益骄,阳虎执怀。桓子怒,阳虎因囚桓子,与盟而醳(释)之。①

这是鲁定公五年(公元前505年)的事,而《左传》的记叙相对来说更细一些。熟稔于政治斗争的阳虎,自然不会仅仅驱逐了一个仲梁怀、与季桓子达成个协议便了事。从《左传》的记载来看,阳虎还采取了更为严厉、周全的行动:

> 乙亥,阳虎囚季桓子及公父文伯,而逐仲梁怀。冬十月丁亥,杀公何藐。己丑,盟桓子于稷门之内。庚寅,大诅,逐公父歇及秦遄,皆奔齐。②

---

① 《史记·孔子世家》。
② 《左传·定公五年》。

从这件事也可以看出阳虎的老辣。阳虎对季桓子的手段是，首先去其羽翼，然后胁迫其盟誓，使其威信扫地，令其在国人心目中大受轻鄙。这样一来，季桓子已无心腹相助，自然奈何不了阳虎，且经此一事，季桓子在国人中的号召力已大大减弱了。这为阳虎在鲁国政坛的行事减少了绝大的阻力。

经过这一番较量，季桓子铩羽而无所作为，阳虎基本上独掌了鲁国大权。对外，他参与"国际"上的某些军事行动，甚至派使臣聘问于大国。如鲁定公六年（公元前 504 年），季桓子对晋国献俘，阳虎便强令鲁国贵族孟懿子也出使晋国，为其疏通关系。在国内，阳虎则真正做到了要风有风、要雨得雨，甚至主持了鲁国国君和"三桓"参加的会盟，以及国人的会盟：

> 阳虎又盟（定）公及三桓于周社，盟国人于亳社，诅于五父之衢。[①]

阳虎的这一番行动，是为了提高自己在鲁国的地位，是巩固自己所掌握政权的又一大措施。社是古代祭祀土地之神的场所。因为鲁国国君是周公的后代，所以鲁国的国社便称周社。而亳社，大抵是殷商后裔祭神的地方。因为亳是商代旧都，鲁国恰好是殷代商奄旧地，加之鲁国第一代国君伯禽就国时，周成王曾赐给伯禽"殷民六族"[②]，这些殷商后裔从此便世代居于鲁国。鲁国为安抚这些殷商遗民，专门为他们建立了亳社。阳虎在国社主盟国君及"三桓"，在亳社盟国人，都有很深的用意。单从地点的选择上来说，周社之盟便具有了不可违逆的权威性；而盟国人于亳社，自然会博得殷商

①《左传·定公六年》。
②《史记·鲁周公世家》。

六族后人的好感，借以笼络民心。当然，阳虎并不限于"讨好"国人，他给两次会盟又加上了一道"紧箍咒"，即在两次会盟之后，在"五父之衢"——叫作五父的四通八达的大路口（今曲阜东南），祭神设誓，让神加祸于那些不守盟约的人。

除此之外，阳虎还在采邑上采取了一些果断行动，将鲁国的郓、阳关之地据为己有。郓地虽系鲁国所有，但在昭公时即为齐国所占领。鲁定公六年（公元前504年）冬天，季桓子和仲孙何忌（孟懿子）率军队包围了郓地。这时的鲁国已交好于大国晋，而齐国或出于对鲁、晋两国联盟的惧怕，或许还有拉拢鲁国的需要，便于鲁定公七年（公元前503年）二月，把郓和阳关两地归还了鲁国。阳虎凭借手中的权力，让这两个地方归于自己，做了大半辈子家臣的阳虎深知土地和人民的重要性。但是，据《史记·鲁周公世家》记载，当年，齐国即以郓地是阳虎私邑为借口，重新攻占了郓。其实，鲁、齐两国交恶，鲁定公以晋国为依恃，屡次进犯齐国，齐国自然不甘受辱，攻取郓地亦是必然之事。不管怎样，阳虎还是据有了阳关之地，从采邑方面讲，占有了一席之地，有了真正属于自己的地盘，这成为他日后对抗鲁国公室、贵族，举行叛乱的根本之地。

阳虎以一介家臣而秉国政，而主会盟，而遣使臣，这在孔子看来是大逆不道的。但那时即便是执政的"三桓"之家，也在阳虎威势之下。孔子十分感叹这种情势，认为"三桓"的子孙也衰微了：

> 禄之去公室五世矣，政逮于大夫四世矣，故夫三桓之子孙微矣。[1]

从鲁国国君失去执掌国柄之时，到定公时代，鲁国经历了宣公、

---

[1] 《论语·季氏》。

成公、襄公、昭公、定公五代；而自季氏最初把持鲁国政治，到季桓子执政，经历了季文子、季武子、季平子、季桓子四代。孔子说这段话，正是阳虎得志、季桓子初执政的时候。

到此时，阳虎认为自己在政治上取季氏而代之的时机已经成熟，于是，联合季寤、叔孙辄、公钮极、公山不狃等反季氏力量，准备推翻季桓子的统治，并计划好了具体的行动方案和善后措施。

首先，阳虎等人利用鲁国以昭公从祀于太庙之事大做文章。昭公是被季氏（季平子）逐出国门而客死异国他乡的，而且，季氏从中作梗，昭公又不得及时归葬，享受和其他先君一样的祭祀。等到季平子死后，阳虎便提出以昭公的神主之位从祀于鲁国太庙，目的便是为了利用国人对昭公的同情，加深国人对季氏的反感或仇视。对阳虎的这一举动，《春秋榖梁传》分析得极为透彻：

> （阳虎）盖欲著（彰明）季氏之罪，以取媚于国人。然其事虽顺，其情则逆。[1]

阳虎的这番作为，不能不说是别有用心的，因为在此之前，阳虎已与季氏的反对势力达成了协议，即"以季寤更季氏，以叔孙辄更叔孙氏，己更孟氏"[2]。

在经过比较充分的准备之后，阳虎等人便开始了更为激烈、果断的行动。鲁定公八年（公元前502年），阳虎等人诈称要在蒲圃设宴款待季桓子，准备在蒲圃杀死季桓子。幸赖季桓子还算精明，途中发觉事情不妙，便说服了赶车的林楚，让林楚将车驱往孟孙氏处，林楚当即答应。到了路口，林楚将马打惊，车便向孟孙氏的住

---

[1] 《春秋榖梁传·定公八年》。
[2] 《左传·定公八年》。

地飞驰而去，阳虎的弟弟阳越紧追不舍，被孟孙氏部下射死。阳虎见季桓子躲进孟孙氏住处，便劫持了鲁定公和叔孙武叔，一起来进攻孟孙氏。孟孙氏的成邑宰公敛处父率领成人前来救孟孙氏，与阳虎在南门和棘下作战，最后阳虎落败，闯进鲁定公的宫室，抢走了鲁国国宝宝玉大弓，然后率领徒众逃往讙和阳关之地，公开叛乱。

在打败阳虎之后，公敛处父便请求追击阳虎，孟孙氏未予允准。公敛处父又要杀死季桓子，孟孙氏惧怕因此得祸，便打发公敛处父回成邑去了。①

从这一事件的整个发展过程来看，鲁国贵族与陪臣之间、贵族与贵族之间，可谓矛盾重重、错综复杂。当阳虎谋叛时，贵族们，尤其是"三桓"，团结一致对付阳虎；一旦危机过去，又钩心斗角，互相疑忌，如孟孙氏的邑宰公敛处父想借机杀死季桓子，意在让孟孙氏执掌鲁政。但孟孙氏无此胆略，才急忙将公敛处父打发回成邑去了，否则，便会有一场流血的政争。

综观当时的鲁国政治，可以说是礼乐征伐出自大夫之命，而国家的政柄又掌握在大夫家的陪臣手中，这在孔子看来，是无道至极的世道，是浊乱的世道。所以孔子曾在考察过历史之后，对世道政治作过一番概括和评述：

> 天下有道，则礼乐征伐自天子出；天下无道，则礼乐征伐自诸侯出。自诸侯出，盖十世希不失矣；自大夫出，五世希不失矣；陪臣执国命，三世希不失矣。天下有道，则政不在大夫。天下有道，则庶人不议。②

---

① 整个事件，《左传·定公八年》有详细记述。
② 《论语·季氏》。

二

这样的一种社会情势，在孔子看来，是浊乱不堪的。因此，孔子一直持一种不合作、不出仕的态度。这种态度甚至影响到他的弟子。当时的鲁国，由于内受制于阳虎等家臣，外见欺于大国晋、齐，人才又十分匮乏，因此，季氏便很希望搜揽人才，孔门弟子便是其物色的对象之一。这些情况，在《论语》中有较多的反映。其中，弟子闵子骞是较为典型的。据《论语》所记，季氏想委任闵子骞为费宰，但闵子骞却婉转而又坚决地拒绝了：

> 季氏使闵子骞为费宰。闵子骞曰："善为我辞焉！如有复我者，则吾必在汶上矣。"①

闵子骞这一不合作的态度，大概不仅仅是其无意仕进、勤俭自持的性格使然，更重要的是受孔子思想的影响，是老师孔子的态度在起作用。如孔子曾让弟子漆雕开出去做官，漆雕开明确表示，自己还未有这种信心，不想去，孔子听后便非常高兴，大为赞赏。②甚至，他们师徒对鲁国的一些政事，还作过一些批评性的议论：

> 鲁人为长府。闵子骞曰："仍旧贯，如之何？何必改作？"子曰："夫人不言，言必有中。"③

连鲁国执政者修建一座新的国库（藏财货、武器——著者），他们也要议论一番。想来，平日议论鲁国政治的事不会太少。

但是，这一时期孔子在内心深处是很痛苦的。作为一位抱有远

---

① 《论语·雍也》。

② 《论语·公冶长》："子使漆雕开仕，对曰：'吾斯之未能信。'子说。"

③ 《论语·先进》。

大政治理想的思想家，面对混乱的社会局势，一筹莫展，无所举措，壮志难酬，其焦灼、愤懑是可想而知的。这从《论语》一书中的许多记载也可以看出：

> 达巷党人曰："大哉孔子！博学而无所成名。"子闻之，谓门弟子曰："吾何执？执御乎？执射乎？吾执御矣。"①

> 子曰："不在其位，不谋其政。"②

达巷这个地方的乡人在赞颂孔子的同时，又很为他惋惜，认为孔子虽然博学，但是没有成就功名的专长。孔子只好说，我能干什么呢？我能做射手吗？还是驾车？我还是驾车吧。第二段话是说，不在那个位子上，就不要谋划其政务。

这两段记载，隐约透出孔子不得从政改变社会现实的无奈，因为时代不给他机会。所以，孔子便"罕言利，与命与仁"③。对这句话的惯常解释是：孔子很少谈及功利、命运和仁德。这种解释是错误的。其实，孔子是经常谈论命运和仁德的，这里的"与"字即"许"字，系"赞成"之意。④ 这句话的正确解释是：孔子很少谈到利，却赞成命、赞成仁。这是很符合孔子生平思想实际的，从《论语》中的记载来看，孔子是很相信"命"的：

> 孔子曰："不知命，无以为君子也……"⑤

---

① 《论语·子罕》。
② 《论语·泰伯》。
③ 《论语·子罕》。
④ 金人王若虚、清人史绳祖均持此说。
⑤ 《论语·尧曰》。

子曰："道之将行也与，命也；道之将废也与，命也。"①

孔子相信命、讲求仁，在《论语》中记述较多，兹不赘述。而面对浊世，孔子一无作为，自然地，便把这一切归于命运的安排。不过，孔子又很自信，认为"德不孤，必有邻"②，因此，他又很想找到一些知音同好：

子曰："圣人，吾不得而见之矣；得见君子者，斯可矣。"
子曰："善人，吾不得而见之矣；得见有恒者，斯可矣……"③

当寻找不到志同道合者时，孔子又感到自己应该坚持己见。所以，他又说："三军可夺帅也，匹夫不可夺志也。"④此时的孔子，甚至产生了离开鲁国、迁居蛮夷之地的想法：

子欲居九夷。或曰："陋，如之何？"子曰："君子居之，何陋之有？"⑤

九夷，系当时散居于淮河、泗水流域的氏族，那儿生活环境简陋恶劣。孔子不愿目睹鲁国社会之浊乱，便打算到那儿去居住。

这一时期的孔子，甚至产生了乘桴入海、以避浊世的念头：

子曰："道不行，乘桴浮于海。从我者，其由与？"子路闻之喜。子曰："由也，好勇过我，无所取材。"⑥

---

① 《论语·宪问》。
② 《论语·里仁》。
③ 《论语·述而》。
④ 《论语·子罕》。
⑤ 《论语·子罕》。
⑥ 《论语·公冶长》。

这段记载，虽是孔子评论子路的话，但还是孔子因为主张无法实现，有了出海避世之想所引起。尽管孔子认为贤者应该逃避恶浊的社会①，这时的孔子也千方百计地为自己寻求一片净土，但这不过是一种愿望而已。

在孔子最为矛盾、痛苦、困惑的时候，有一个人向孔子发出了邀请，那就是盘踞费邑的季氏家臣公山不狃。于是，孔子便把残存的一点用世的希望寄托在了公山不狃的身上，希望通过公山不狃来实现自己的政治理想，但因弟子子路的反对，孔子没能成行。整个经过，《论语》作了简单的记述：

> 公山弗扰（不狃）以费畔（叛），召，子欲往。
> 子路不说，曰："未之也，已，何必公山氏之之也？"
> 子曰："夫召我者，而岂徒哉？如有用我者，吾其为东周乎？"②

关于公山不狃，《左传》多次提到他。他本是季氏的私邑费的长官，与阳虎等家臣相类，曾经与阳虎等一起主持操办过季平子的丧事。③季桓子执政后，公山不狃失宠于季氏，便和阳虎勾结在了一起。定公八年的阳虎之乱，公山不狃也是参与者之一。④阳虎失败后逃往灌和阳关等地，公山不狃便也盘踞费地以对抗公室和季氏，所以，《论语》中说他"以费畔"。

公山不狃盘踞费地，大概也想有些作为，便派人来请孔子前往辅助。对于公山不狃这样的乱臣贼子，孔子想去投奔，但遭到了子

---

① 《论语·宪问》："子曰：'贤者辟世，其次辟地，其次辟色，其次辟言。'子曰：'作者七人矣。'"
② 《论语·阳货》。
③ 事见《左传·定公五年》。
④ 事见《左传·定公五年》。

路的反对。其实，孔子并非不知公山不狃是怎样一个人。但是，他内心深处仍存着一个幻想，即"如有用我者，吾其为东周乎！"他的想法是：公山不狃虽然大逆不道，但不是白白召我的，他要重用我，我便可以实现自己的政治理想，让周文王、周武王之道在东方得以复兴。这件事，说明孔子有急于建功立业、实现自己理想的一面，也透出了孔子不谙世事政情的迂阔的一面。

关于孔子欲投奔公山不狃一事，后世学者出于为圣者讳的想法，认为并无此事。理由是此事只载于《论语》，而不见于《左传》。因此赵翼的《陔余丛考》、崔述的《洙泗考信录》均怀疑此事，崔述甚至断言此事纯粹是纵横之徒的伪造。①

其次，因鲁定公十二年（公元前498年），公山不狃的叛乱是孔子命人击败的，所以又有人认为当时有两个公山不狃②。

关于公山不狃召孔子之事，钱穆认为是"不狃召孔子，而孔子实未往"③，并断定是公山不狃在"以费畔"之前。

诸家的说法无非只有这一点，即孔子没有去投奔"已叛"的公山不狃。其实，《论语》所记公山不狃"以费畔"与鲁定公十二年"公山不狃与叔孙辄帅费人以袭鲁"④是两个事件。自鲁定公八年阳虎与公山不狃发动叛乱，阳虎败退至阳关，公山不狃退居费地起，公山不狃即已"叛"，因为不受制于公室和季氏，便是"叛"了。所以，《论语》记公山不狃以费叛，孔子欲前往，是史实，当发生在鲁定公八年至九年间。四年后，孔子为鲁国大司寇，平定公山不狃、叔

---

① ［清］赵翼《陔馀丛考》："未叛以前召孔子，容或有之，然不得谓'以费叛而为也'。"崔述《洙泗考信录》："盖卒不往者，'经传'无其事也。欲往者，纵横之徒相传有是说也。即此亦足以见其为伪托矣。"

② ［元］陈天祥《四书辨疑》持此说。

③ 见《先秦诸子系年考辨》。

④ 见《左传·定公十二年》。

孙辄的叛乱，也是史实。四年间，孔子的社会地位有一个巨大的变化，其对待公山不狃的态度，自然也会有截然相反的表现。

不管怎么说，这段时间，孔子虽处浊世，但一直是洁身自好的，其决不与乱臣贼子同流合污的信念是始终不渝的。同时，他又为无法实现自己的政治理想而苦恼、困惑。所以，他常常带着弟子们徜徉于家乡的山水之间，主要是尼山和洙水、泗水等处，以期大自然能排解沉积在内心深处的痛苦。但是，山水并不能真正给孔子以安慰，而是更加深了孔子的痛苦，毕竟他已经五十岁了，许多事物都可能引起他对岁月流逝的叹惋，甚至是某种程度的伤感。《论语》曾记有孔子观水时的感受，便说明了这一点：

子在川上曰："逝者如斯夫，不舍昼夜！"①

据说，这句话是孔子在尼山之上下视五川汇流时说的。因此，后人（元顺帝至元二年，公元 1336 年）在尼山之上修建了观川亭，以纪念此事。据当地有关材料介绍，站在观川亭内，可俯观五川，若遇大雨之时，可见五川奔流，景况十分壮观。或许当时，孔子正是在雨后登上了尼山，面对奔流的河水，顿觉时光如水，一去不复返，人生苦短，时不我待，遂发出了这流传千古的慨叹。

然而，孔子又是一位伟大的思想家，面对山水自然，他也会有许多常人不可能产生的感悟。这类感悟甚至带有比较深广的哲学意蕴，如：

子曰："知者乐水，仁者乐山。知者动，仁者静。知者乐，仁者寿。"②

---

① 《论语·子罕》。
② 《论语·雍也》。

孔子的另一种排解心灵痛苦的办法是学习，只有把自己投入到忘我的学习中，才能忘掉现世的一切烦恼和困惑。他曾说："吾尝终日不食，终夜不寝，以思，无益，不如学也。"[①]

三

虽然这时的孔子远离政治，但是，当时的政界人物并没有遗忘孔子。不过，在他们的心目中，孔子只是一位学识渊博、备充顾问的人物而已。

鲁定公五年（公元前505年），季桓子挖井，挖出一个土缶来，中有一物很像羊，但却搞不清这是什么东西。季桓子便派人求教于孔子。孔子指明是坟羊。关于此事，《史记·孔子世家》记之甚详：

> 季桓子穿井得土缶，中若羊，问仲尼，云："得狗。"仲尼曰："以丘所闻，羊也。丘闻之，木石之怪夔、罔阆，水之怪龙、罔象，土之怪坟羊。"

这段材料很能说明孔子博物的一面。

这段时间，孔子又招收了一批新的弟子，其中便有后来鼎鼎大名的弟子颜回，还有高柴等人。

颜回，也叫颜渊，名回，字子渊，鲁国人，生于公元前521年。在孔门弟子中，颜回因年龄小的关系，师事孔子的时间较晚，但却深得孔子思想的精髓，居众弟子之首。在众弟子中，颜回是以德行著称的。《论语·先进》曾对孔门弟子进行过分类彰扬："德行：颜渊、闵子骞、冉伯牛、仲弓……"纵观颜渊一生，虽然他在政治

[①] 《论语·卫灵公》。

上一无所为,但是其安贫乐道、谦退向学的品性却是非常突出的,
而其追求仁德的精神更是人尽皆知的。孔子曾多次称赞颜回这些方
面的优点:

> 贤哉,回也!一箪食、一瓢饮,在陋巷,人不堪其忧,回也
> 不改其乐。贤哉,回也![1]

> 回也,其心三月不违仁,其余则日月至焉而已矣。[2]

孔子认为,颜回的心能长久地不远离仁德,而其他学生则只是
在短时间内偶尔想起仁德而已。仁是孔子思想中的最高道德标准。
而孔子以这样的言辞来称赞颜回,可以想见颜回在孔子心目中的地
位了。当然,孔子不是一味地称赏颜回,他也从自身修养出发,责
备过颜回。孔子认为,颜回不是那种在道德学问上对他有所帮助的
人,因为颜回对孔子所说的话,没有不喜欢的。[3]

另外,颜回还有不夸耀、不表功、不迁怒于人、不犯同样的错
误等优点。如孔子曾与子路、颜回一起谈论过各自的志向,从中可
以看出他们师徒各自的性格特点:

> 颜渊、季路侍,子曰:"盍各言尔志?"
> 子路曰:"愿车马衣轻裘与朋友共敝之而无憾。"
> 颜渊曰:"愿无伐善,无施劳。"
> 子路曰:"愿闻子之志。"
> 子曰:"老者安之,朋友信之,少者怀之。"[4]

---

[1] 《论语·雍也》。
[2] 《论语·雍也》。
[3] 《论语·先进》:"回也,非助我者也,于吾言无所不说。"
[4] 《论语·公冶长》。

这段对话大概出现在颜渊师从孔子不久，因为从孔子所谓的"老者安之，朋友信之，少者怀之"这段话看，孔子此时充满了济世救民的热望，当在孔子未从政之前。颜渊所谓的"无伐善，无施劳"，即不夸耀自己的长处，不表白自己的功劳。另外，孔子还曾赞扬过颜回"不迁怒，不贰过"[①]。

而颜回对孔子的人品学问可以说是佩服得五体投地，他曾这样赞颂孔子的学问：

> 仰之弥高，钻之弥坚。瞻之在前，忽焉在后。夫子循循然善诱人，博我以文，约我以礼，欲罢不能。既竭我才，如有所立卓尔。虽若从之，末由也已。[②]

因此，颜回毕生师从孔子，自入孔子门墙，便很少离开孔子。孔子也把颜回当作一位难得的知己和同道，他对颜回说："用之则行，舍之则藏，惟我与尔有是夫！"[③]

颜回是孔子最为欣赏的弟子，其道德学问又在孔门弟子中无人可比，所以很受后人的推崇。唐太宗贞观二年（公元 628 年），颜渊被尊为"先师"；唐玄宗开元二十七年（公元 739 年），被封为"兖公"；宋真宗大中祥符二年（公元 1009 年），被封为"兖国公"；元文宗至顺元年（公元 1330 年），被尊为"兖国复圣公"；明世宗嘉靖九年（公元 1530 年），被尊为"复圣"。

由于颜回在道德学问方面继承了孔子的衣钵，后来的儒家便有"颜氏之儒"这一学派。但古人认为颜回早死，便断定其未能形成学派。其实，据李启谦先生考证，颜回是四十一岁去世的，一个人

---

① 《论语·雍也》。
② 《论语·子罕》。
③ 《论语·述而》。

在四十多岁后才去世，在此之前，足可以开山立派、讲授学业了。孔子不就是在三十岁左右便开始授徒讲学的吗？

高柴，名柴，字子羔，亦称子皋、子高、季高，卫国人（一说齐国人），生于公元前521年。他个子矮小，《史记》中曾提到"子羔长不盈五尺"①，但是具有很强的政治活动能力。他是孔门弟子中做官次数和职位较多的人之一。在鲁国，他曾做过费宰。在卫国，他曾做过士师。②卫国宫廷政变后，他逃回鲁国，又当过武城宰和成邑宰。关于高柴的性格，《论语》中只是说"柴也愚"③。这里的"愚"是愚直之意，即性格耿直，缺乏变通。后来的典籍，尤其是汉代及汉代后的著作曾提到高柴的一些事情，可信程度并不高。高柴后来的封号是"共伯"（唐玄宗开元二十七年，公元739年）和"共城侯"（宋真宗大中祥符二年，公元1009年），与其他弟子一样，享受着历代祭祀。

弟子盈门，对孔子自然是很大的安慰，但这一时期对孔子来说最大的安慰是盘踞在讙（今山东肥城南）和阳关（今山东泰安东南）的阳虎被击溃，逃亡到国外去了。

鲁定公九年（公元前501年）夏，阳虎为了缓和与公室及"三桓"的关系，归还了原来抢去的鲁国镇国之宝宝玉大弓。但是，这反而引来了鲁国军队的讨伐。这年六月，鲁国军队进攻阳关，阳虎只好逃到齐国寻求庇护。阳虎劝齐景公攻打鲁国，齐景公答应了，但是被大臣鲍文子劝阻，鲍文子还劝齐景公除去阳虎。结果，齐景公听信了鲍文子的话，把阳虎抓了起来。阳虎好不容易设计逃脱，先是

---

① 《史记·仲尼弟子列传》。
② 《孔子家语·致思》。
③ 《论语·先进》。

到了宋国，后又逃到晋国，被晋卿赵简子收留。[①] 对于赵简子收留阳虎，孔子很生气，说道："赵氏，其世有乱乎！"[②] 而后来的事实证明，阳虎确实帮赵简子做了许多事情。

阳虎逃亡国外，对于鲁国而言，算是去了一个心腹大患。孔子也将有机会与鲁国政治了。

---

① 整个事件详见《左传·定公九年》。
② 《左传·定公九年》。

第十一章

君盟

相会

夹谷会齐　鲁定公十年（公元前 500 年）夏，齐、鲁两国国君相会于夹谷。孔子参与此次会盟，阻止了齐国在外交上的失礼行为。

一

阳虎叛乱事件的发生,使鲁国尤其是"三桓"势力受到了很大的打击。虽然如此,"三桓"势力仍左右着鲁国的政局。但是,当时的执政季桓子并没有什么政治才能,面对复杂的内政、外交,急需人辅佐。而阳虎叛乱的阴影仍笼罩在季桓子心头,季桓子已不敢依靠家臣来处理内政了。而在外交方面,"国际"间的矛盾纷繁复杂,鲁国夹在齐、晋、楚三个大国之间,左右为难,几乎到了动辄得咎的地步。对此,司马迁作了十分透辟的分析:

> 是时也,晋平公淫,六卿擅权,东伐诸侯;楚灵王兵强,陵轹中国;齐大而近于鲁。鲁小弱,附于楚,则晋怒;附于晋,则楚来伐;不备于齐,齐师侵鲁。[①]

当时,鲁国执行的是依附于晋而拒齐的外交方略。但是,实际的效果很不好。鲁依附晋,必然受到齐的威逼。鲁定公七年(公元前503年),齐国军队曾攻打鲁国的西部边陲。而晋国,对附属国鲁国并不当回事,屡屡欺辱鲁国。鲁定公八年(公元前502年),正月、二月、三月,鲁定公率军三次进犯齐国,借机讨好晋。不只如此,鲁国还充当晋国的"打手"随晋军出师,攻伐其他国家。定公八年九月,季孙斯、仲孙何忌亲自率领军队侵犯卫国,以此巴结、交好于晋。一年之间,进行这么多次大规模军事行动,不仅白白地浪费了军力和财物而取媚于晋,还得罪于齐、卫等国。这样的外交手段,足以说明鲁国执政者在处理"国际"关系上的幼稚。

在这样一种国内外形势面前,鲁国确实需要重新审视其用人政

---

① 《史记·孔子世家》。

策了。单凭贵族及其家臣，已不能担当管理国家、应付诸侯的重担了。因此，执政者开始把目光投向平民社会，寻找可资利用的人才，而孔子和弟子们便是最理想的人选。

孔子虽然是贵族的后裔，但其父去世后便失去了贵族的一切，沦为一介平民。然而，孔子是一位闻名于诸侯的、德高望重的人物，孔子的令名足以让国人乃至其他诸侯国所信服，而且孔子门下人才济济，连同孔子在内，这些人绝大多数出身寒微，不会对居于统治地位的贵族们构成威胁。因此，权衡各方面的因素，鲁国的执政者们开始任用孔子及其弟子。

不能说鲁国的当政者不聪明，虽然孔子声名远播、德行卓著，但其治国安邦的能力如何，却未曾有过实际的检验，因此，他们在起用孔子之前，先作了一番试探，让孔子的弟子先从事一些实际的政事。

首先是子路，在孔子被起用前，便已在季氏那儿做事了。一开始，子路也只是做一些参议、奔走方面的事。但由于他勇于任事、处事果敢，很快便取得了季桓子的信任，做了季氏宰，即季氏家的总管。《史记·仲尼弟子列传》载："子路为季氏宰。季孙问曰：'子路可谓大臣与？'孔子曰：'可谓具臣矣。'"而《论语》的记载却与此稍有差异，发问者是季子然，大概是季氏族人吧。

> 季子然问："仲由、冉求可谓大臣与？"子曰："吾以子为异之问，曾由与求之问。所谓大臣者，以道事君，不可则止。今由与求也，可谓具臣矣。"
> 曰："然则从之者与？"子曰："弑父与君，亦不从也。"[1]

---

[1] 《论语·先进》。

从这段记载看，孔子并不认为子路和冉求是合乎礼仪地服务于君主的大臣，而只是具备了相当才能的臣属罢了。但不管怎么说，从实际情形来看，子路在季氏那儿确实是一个"宰"的身份。子路有权选派官员，便足以证明这一点。

在子路供职于季氏的这段时间里，子路曾派孔子的另一位学生高柴到季氏的采邑费地去做官。为此，孔子和子路之间还有过一场争论。对此，《论语》曾绘声绘色地作了描述：

> 子路使子羔为费宰。子曰："贼夫人之子。"
> 子路曰："有民人焉，有社稷焉，何必读书，然后为学？"
> 子曰："是故恶夫佞者。"[1]

孔子责备子路，让高柴去费地做行政长官，这是害了人家的儿子！子路便反驳自己的老师道："那里有老百姓、土地和五谷，为什么非得读书，才叫作学习学问呢？"孔子便有点生气，说道："所以我才讨厌那种强嘴利舌的人！"

费地虽是季氏的私邑，但却是一个是非之地，那里民情多变，形势复杂，鲁国的内乱多源于此。大概此时，公山不狃仍盘踞于此。高柴前往费地，实际上带有一定的政治风险，所以孔子不主张让高柴去，因为孔子是主张危邦不入、乱邦不居的。

除了子路、高柴等人出来从政外，孔子的另一位颇有才干的学生冉求也开始步入鲁国政界。这从上面季子然问孔子，冉求是否是大臣之才也可以看出。大概此时的冉求还未崭露头角，更不像后来得享大名。因此，在子路做季氏宰的时候，冉求只是在季氏那里做事而已。

---

[1] 《论语·先进》。

弟子们在社会上的一番作为，自然为孔子的出山造了先声。不过，孔子虽有令名，但实际才能如何却不得而知。因此，一开始，鲁国君臣给孔子安排了一个地方官——中都（今山东汶上县一带）宰。这一年，孔子刚好五十一岁，已经过了知天命之年。

关于孔子做中都宰一事，目前发现的材料很少，记述也极为简单，司马迁的记述便是如此：

> 定公以孔子为中都宰，一年，四方皆则之。由中都宰为司空，由司空为大司寇。[①]

行文如此简单，对于孔子做中都宰时有什么值得四方效法的政绩也没有说，于是，就有了后人的许多演绎：

> 孔子初仕为中都宰，制为养生送死之节，长幼异食，强弱异任，男女别涂，路无拾遗，器不雕伪。为四寸之棺、五寸之椁，因丘陵为坟，不封不树。行之一年，而西方诸侯则焉。定公谓孔子曰："学子此法，以治鲁国，何如？"孔子对曰："虽天下可乎，何但鲁国而已哉！"于是二年，定公以为司空……[②]

这段文字完全是魏晋人的口吻，哪里有半点孔子精神在？除去"为四寸之棺、五寸之椁"取之于《礼记》外[③]，其余多为揣度之词。

不过，从当时的实际情况来推测，孔子任中都宰一年，其政绩应该是较为突出的，否则，很难由"地方官"升任"京官"——司空。

---

① 《史记·孔子世家》。
② 《孔子家语·相鲁》。
③ 见《礼记·檀弓上》。

二

回到鲁国都城曲阜的孔子，一开始并没有真正参与国政。他的官职司空，也只是一个主管土木建筑工程的属官而已，并没有太多的实际权力。据钱穆考证，孔子所任司空是小司空，他认为："孔子自中都宰迁司空，亦见《孔子家语》，应为小司空，属下大夫之职。"[①]

依据周朝的官制，天子设六卿，即司徒、司马、司空、司寇、宗伯、冢宰；诸侯只能设三卿，即司徒、司马、司空，而这三卿又分别兼任冢宰、宗伯、司寇；三卿之下，则设五个小卿，为大夫。司徒之下设二人，即小宰、小司徒；司马之下，具体事务少些，则设一人，即小司马；司空之下设二小卿，即小司寇和小司空。而当时季孙、叔孙、孟孙三家为世袭上卿，他们分别担任司徒、司马、司空，所以孔子做的司空应为小司空。

关于孔子任小司空的事，史籍记叙甚少，只有晋人王肃曾提到"定公以（孔子）为司空，乃别五土之性，而物各得其所生之宜，咸得厥所"[②]，即把土地分为山林、川泽、丘陵、坟衍（高原）、原隰（平地）五类，因地制宜，安排种植。因此，有的学者认为，孔子根本没有做过什么司空，也没有当过中都宰。清代人崔述便认为如此，他甚至认为，连中都这个地方也是不存在的。[③]真实的情况是，大概孔子任司空的时间极短，旋即改任大司寇，所以才引发了后人的颇多怀疑。

孔子由司空改任大司寇，是在他五十二岁这一年，即定公十年（公元前500年）。关于孔子任大司寇一事，后世学者亦多怀疑，

① 《孔子传》（东大图书公司印行本）。
② 《孔子家语·相鲁》。
③ 见《洙泗考信录》卷之二。

认为以孔子的社会地位、身份，只能做小司寇，而做不得大司寇。但司马迁在《史记》中又明明白白地说，孔子做的是大司寇。依据当时的社会情况看，司马迁的这一说法是对的。虽然周制规定，诸侯只设三卿，但到春秋时期，这一礼法已为各诸侯国所破坏，如当时的晋国便设有六卿。关于这一点，匡亚明先生的一段论述很能说明问题：

> 到了春秋之世，各国诸侯就不遵守三卿之制，即如鲁国，季孙、叔孙、孟孙三家世袭上卿外，还有非世袭的东门氏、臧氏和叔氏，在宣公、成公时代（公元前608—前580年），位列上卿，也就俨然设有六卿。这时司寇就不是司空下的小司寇，而是升格为和司空相并的大司寇。到了昭公、定公之世（公元前541—前495年），臧氏衰替，司寇之职，由孔子担任，故司马迁称之为大司寇，以别于小司寇，亦即孔子任司寇时，当已位列鲁之上卿，不是司空下的小司寇了。[①]

孔子为大司寇，从当时的鲁国政局来看，是完全可能的。一是当时的鲁国内政、外交方面均无合适人才担当重任；二是孔子之父只是一个低级贵族，孔子因而未继承任何爵禄，归根到底，孔子不过是一介平民，由孔子担任大司寇，形不成家族势力，不会引起各贵族集团间的权力重新分配问题，不会对任何贵族的利益构成威胁。因此，选择孔子为大司寇比选择任何一个贵族成员都更容易为各大家族所接受。

另外，从孔子与鲁定公、季氏（桓子）的关系来看，孔子任大司寇也是十分可能的。

这一时期，孔子应是与定公有比较频繁的接触。君臣之间甚为

---

① 匡亚明：《孔子评传·生平概略》，南京：南京大学出版社，1990年。

相得，言谈话语中似已无多少顾忌。对此，《论语》一书留下了两段材料，全是孔子与鲁定公的对话。

一次，定公接见孔子，问孔子道："君主使用臣子，臣子事奉君主，应该遵循什么样的原则呢？"孔子回答说："君主使用臣子，应该依据礼仪；臣子也要用尽心于政事来事奉君主。"①

大概一开始，君臣之间还没有太深的交往，谈话便比较讲原则，以后随着交往的加深，君臣之间的谈话就随便多了。有一次，鲁定公问孔子："我听说，一句话可以使一个国家兴盛起来，有这回事吗？"孔子的回答却很艺术："话不能这样简单，正像有人说的那样，做君主很难，为臣的也不容易。如果知道了做君主的艰难、臣子的不易，君臣一心，勤于政事，不也近似于一句话可以兴盛一个国家吗？"定公听了孔子的回答，又问道："一句话可以倾覆一个国家，有这回事吗？"孔子又回答道："话不能这么简单，如果像有人说的那样，我做国君没有其他的快乐，只是我说的话没有人敢违背。假如君主的话是好的，臣子们照着去做，自然是件好事；假如君主的话是错的，也没有人敢违背，这不近似于一句话便倾覆了一个国家吗？"②

当然，《论语》一书所记只有这两段，全是孔子与鲁定公谈论国家政事的，想来君臣之间还有许多交往之事未被记录下来吧。

更为重要的是，鲁定公肯定熟知孔子的政治观点。孔子扶公室、

---

① 《论语·八佾》："定公问：'君使臣，臣事君，如之何？'孔子对曰：'君使臣以礼，臣事君以忠。'"

② 《论语·子路》："定公问：'一言可以兴邦，有诸？'孔子对曰：'言不可以若是其几也。人之言曰："为君难，为臣不易。"如知为君之难也，不几乎一言而兴邦乎？'曰：'一言而丧邦，有诸？'孔子对曰：'言不可以若是其几也。人之言曰："予无乐乎为君，唯其言而莫予违也。"如其善而莫之违也，不亦善乎？如不善而莫之违也，不几乎一言而丧邦乎？'"

抑私家的主张，建立"君君、臣臣"等级秩序的主张，都是符合定公这位国君的利益的，起用孔子为大司寇，至少是找了一个可靠的政治同盟者。因此，从自身利益来考虑，鲁定公也一定会支持孔子为大司寇的。

除了与定公的关系外，孔子与季孙斯（桓子）的关系也很融洽。首先，孔子与阳虎的不合作态度，在当时的鲁国应该是影响不小的，这必然博得了季桓子对孔子的好感。其次，季桓子的总管子路、费宰子羔、家臣冉求等，都是孔子的学生。这些人的办事能力已得到了季桓子的赏识，季桓子会以为孔子肯定有高于其弟子的从政大才。加之弟子们的推荐、沟通，季桓子便有任用、借重孔子的想法了。从季桓子自身角度考虑，他也不愿其他贵族担任大司寇一职，使权力过于集中于其他贵族，因此，季桓子也支持孔子任大司寇。

鲁定公与季桓子，一个是鲁国君主，一个是鲁国执政，如果两个人的意见都要孔子任大司寇的话，那么孔子任大司寇应该说是一件轻而易举的事。

孔子任大司寇，还从工作关系上得到证明：按照周制，诸侯设三卿，即司徒、司马、司空，司空下设小司空和小司寇，而当时鲁国担任司空的应是孟孙氏。假如孔子为小司寇，其上司应为孟孙氏而不是季孙氏，但见于古籍的记述却是孔子基本上是与季桓子交接。对此，《公羊传》曾记："孔子行乎季孙，三月不违。"[1]即孔子从政后的几个月里，与季桓子关系十分融洽。《说苑》曾记季孙氏送给孔子的粟有千钟。[2]《新序》则记有孔子陪季孙氏闲坐时，鲁

---

[1] 《春秋公羊传·定公十年》。
[2] 《说苑·杂言》："孔子曰：'自季孙之赐我千钟而友益亲；自南宫敬叔之乘我者也，而道加行。故道有时而后重，有势而后行，微夫二子之赐，某之道几于废也。'"

君派人来借马匹用的事。①这些都说明,孔子的直接上级应是季孙氏。虽然孔子为大司寇,但季桓子为执政,所以许多政事孔子需禀明季桓子后方可施行。综上所述,孔子交接应对的是季孙氏而非孟孙氏。由此看出,孔子担任的是三卿之后的大司寇,而非三卿之一司空手下的小司寇。

从孔子在朝堂上的表现来看,孔子所做的也是大司寇。《论语》曾记,孔子在朝堂上与下大夫交谈,是温和而快乐的;而与上大夫交谈,则表现出正直而恭敬的样子。②这说明孔子的职位比上大夫低,而与大夫同列。而大司寇正是主管国家司法、刑狱、社会治安的最高长官,位列大夫。

孔子做了大司寇之后,政绩如何,史料记载很少,见于后来的典籍的,也很零散。其主要的功绩是使当时的社会风气有了较大的改善。据《荀子》和《吕氏春秋》的记述,无非是使贩卖牛羊的沈犹氏不敢再让牛羊多喝水来坑骗买者;使老婆不检点的公慎氏把老婆休掉;打鱼的年轻人分鱼时按家中亲人的多少来分,让他们以尽孝道;人们外出时,让男人走右边,女的走左边。③据《荀子》记载,孔子为司寇时还有一事,即父子二人打官司,告到孔子那儿,

---

① 《新序·杂事五》:"孔子侍坐于季孙,季孙之宰通曰:'君使人假马,其与之乎?'孔子曰:'吾闻取于臣谓之取,不曰假。'季孙悟,告宰曰:'自今以来,君有取谓之取,无曰假。'故孔子正假马之名,而君臣之义定矣。"

② 《论语·乡党》:"朝,与下大夫言,侃侃如也;与上大夫言,訚訚如也。君在,踧踖如也,与与如也。"

③ 《荀子·儒效》:"仲尼将为司寇,沈犹氏不敢朝饮其羊,公慎氏出其妻,慎溃氏逾境而徙。鲁之粥牛马者不豫贾,必蚤正以待之也。居于阙党,阙党之子弟罔不必分,有亲者取多,孝弟以化之。"《吕氏春秋·先识览·乐成》:"孔子始用于鲁,鲁人醦诵之曰……用三年,男子行乎塗右,女子行乎涂左,财物之遗者,民莫之举,大智之用,固难逾也。"《新序·杂事一》:"孔子在州里,笃行孝道,居于阙党,阙党子弟畋渔,分,有亲者得多。孝以化之也。……"

孔子便把儿子抓起来了。三个月后，做父亲的请求罢诉，孔子便把人给放了。[①]荀子记述这件事，主要是借孔子之口宣讲自己的观点，至于此事，容或有之，只不过说明了孔子办案顺乎人情而已。另外，还有一些记述文字，说孔子办案如何倾听他人的意见等。[②]其实际意义并不大，真实性也令人怀疑。

但从当时的情形来看，上述这些记载，也并非毫无根据，因为《论语》也为我们提供了一点这方面的材料，可说明之：

子曰："听讼，吾犹人也。必也使无讼乎！"[③]

三

孔子在鲁司寇任内，见于史书记载，实实在在而又非常著名的是，他作为相礼大夫参加了齐、鲁两国国君在夹谷举行的会盟。这可以说是孔子政治生涯中的顶峰，也是他一生中唯一一次得以展示其政治、外交才能的时刻。

当时，齐、晋、鲁三国的关系微妙而复杂。鲁国和晋国，同为姬姓封国。从齐桓公之后，齐国国势开始衰弱，鲁、齐交恶。鲁国在鲁僖公二十八年（公元前 632 年）周襄王策命晋文公为侯伯后，即投靠了晋国。此后，鲁国一直是晋的盟国。但是，由于晋强鲁

---

① 《荀子·宥坐》："孔子为鲁司寇，有父子讼者，孔子拘之。三月不别，其父请止，孔子舍之。季孙闻之，不说。曰：'是老也，欺予。语余曰："为国家必以孝。"今杀一人以戮不孝，又舍之。'冉子以告，孔子慨然叹曰：'呜呼，上失之，下杀之，其可乎？不教其民而听其狱，杀不辜也。……'"

② 《说苑·指武》等有此类记述。

③ 《论语·颜渊》。

弱，在两国关系上，鲁国一直处于屈从地位。在外交方面，晋国一直把鲁国当附庸来对待，使鲁国多次受辱。如鲁昭公十三年（公元前529年）秋天，晋国在平丘主盟，数国国君参与会盟。鲁昭公未亲自与盟，晋人大怒，将鲁国执政季平子抓到晋国，鲁昭公只好亲自前往与盟，但直到第二年春天，晋国才放回季平子。晋国出兵讨伐其他诸侯国，鲁国不得不派兵助战。鲁国虽然在很大程度上充当晋的附庸国的角色，但还是有一定国力的、较大的诸侯国。齐、楚、晋三国争雄，尤其是齐、晋两国相争，若鲁国依附齐国，则晋国势弱；若鲁国依附晋国，则齐国处于劣势。因此，齐、晋两国都想拉拢鲁国做其附从国。虽然齐、鲁交恶，尤其是定公即位后，两国关系很紧张，边鄙之间常有冲突，但齐国和鲁国系世代姻娅之国，出于争雄的需要，齐国也很想拉拢鲁国。而鲁国虽依附于晋，但并未减轻齐国对自己的威胁，领土被齐国掠占了不少，因此也想通过这次会盟求得和平共处，要回被齐国占去的大片土地。

这次会盟，对齐、鲁两国来说，都是意义重大的事情。会盟前，鲁国君臣可能进行了审慎的磋商，最后决定，由孔子作为会盟的傧相陪同鲁定公前往。这样决定的理由大概是，孔子曾在齐国生活过一年多，而且和齐景公相熟、了解；孔子熟知礼仪，相礼不会有失；当时国君会盟，一般由执政或卿大夫担任相礼，孔子作为大司寇，已是卿大夫，他担任傧相，符合"国际惯例"。

关于夹谷会盟，《春秋》只记，"夏，公会齐侯于夹谷，公至自夹谷"[①]。但《左传》《穀梁传》《史记》等书都作了详细的补充。从现有的资料看，当时的会盟，斗争还是比较复杂的，争议也比较激烈，甚至有很大的风险，但整个经过并不复杂。

---

① 《春秋·定公十年》。

鲁定公十年（公元前 500 年）夏，孔子陪同鲁定公前往夹谷与齐景公会盟。行前，孔子对鲁定公说道："我听说，举行文事一定要有武备，举行武事必定要有文备。古代诸侯凡是离开自己的疆土，一定会选取专门的文武官员跟从，请您带上专管军事的左右司马以作护卫。"鲁定公答应了。于是，左右司马得以随行。孔子的估计是正确的，齐国对这次会盟确实是心怀鬼胎，其大夫犁弥便有劫持鲁定公以要挟鲁国的想法。犁弥对齐景公说道："这次会盟，鲁国的傧相是孔丘，此人虽然熟知礼仪，但却没有什么勇力，如果我国带莱兵去，让莱兵劫持鲁君，那么，这次会盟，我们的要求便会为鲁国所接受了。"齐景公听从了犁弥的话，便带莱兵前往，准备劫持鲁定公。等到两君会盟时，齐人唆使莱兵鼓噪而上，想劫持鲁定公，孔子急步登上盟坛，大声说道："两国国君合好，而蛮夷之俘以兵乱之，这不是齐君率命诸侯的方法！边远地区的人不能图谋中原之地，不开化的边鄙之民不能图谋、扰乱华夏，被俘的兵士不能干预国君的会盟，两君好会，不能以武力相逼。如果这样做，从祀神方面讲是不祥，从道德方面讲是不义，从做人来讲是失礼，想来齐君一定不会这样做的！"齐景公听了孔子义正词严的话，只好让莱兵退下。等到要签盟约时，齐国又要在盟约上写上：齐国军队出境征伐他国时，鲁国必须以三百辆战车随从出征。这是典型的要挟条款，目的是使鲁国成为齐国的附庸。孔子坚决要求删去此条款，并针锋相对地提出，要齐国归还鲁国的汶阳之地。结果，齐人只好作罢。会盟结束后，齐景公又提出搞一个宴会招待鲁定公，孔子认为这一仪式是多此一举，且不宜在野外举行，遂辞绝了。由于孔子的沉着周旋和据理力争，夹谷会盟中，鲁国未受任何损失。在会盟中，作为弱国，鲁国处处占了上风；而齐国作为强国，反而处于弱势，这完全是孔子的功劳。

关于夹谷之会，《左传》《穀梁传》《史记》所记各有不同，现附录如下以供参阅。《左传》的原文是：

> 夏，公会齐侯于祝其，实夹谷，孔丘相。犁弥言于齐侯曰："孔丘知礼而无勇。若使莱人以兵劫鲁君，必得志焉。"齐侯从之，孔某以公退，曰："士兵之。两君合好，而裔夷之俘以兵乱之，非齐君所以命诸侯也。裔不谋夏，夷不乱华，俘不干盟，兵不逼好。于神为不祥，于德为愆义，于人为失礼，君必不然。"齐侯闻之，遽辟之。将盟，齐人加于载书，曰："齐师出竟（境）而不以甲车三百乘从我者，有如此盟。"孔丘使兹无，还揖对曰："而不反（返）我汶阳之田，吾以共命者，亦如之。"齐侯将享公，孔丘谓梁丘据曰："齐鲁之故，吾子何不闻焉。事既成矣而又享之，是勤执事也。且牺象不出门，嘉乐不野合。飨而既具，是弃礼也。若其不具，用秕稗也。用秕稗，君辱；弃礼，名恶。子盍图之。夫享，所以昭德也，不昭，不如其已也。"乃不果享。齐人来归郓、讙、龟阴之田。[1]

而《穀梁传》关于会盟的记述，又与《左传》所记相异，没有齐景公提出宴飨鲁定公的事，却增加了优人闹盟会以辱鲁君的内容：

> 夹谷之会，孔子相焉。两君就坛，两相相揖。齐人鼓噪而起，欲以执鲁君。孔子历阶而上，不尽一等。而视归乎齐侯曰："两君合好。夷狄之民，何为来为？"命司马止之。齐侯逡巡而谢曰："寡人之过也。"退而属其二三大夫曰："夫人率其君，与之行古人之道，二三子独率我而入夷狄之俗，何为？"罢会，齐人使优施舞于鲁君之幕下，孔子曰："笑君者罪当死。"使司马行法焉，

---

[1] 《左传·定公十年》。

首足异门而出。齐人来归郓、讙、龟阴之田者，盖为此也。因是以见，虽有文事，必有武备，孔子于夹谷之会见之矣。①

司马迁则综合上述两段材料，在《史记·孔子世家》中对此事作了更为完整的描述，但基本上未增加新的材料。

孔子在夹谷之会的表现是非常出色的，但是，后人为美化孔子，便夸大了孔子的功劳，将齐国归还鲁国的郓、讙、龟阴之地也算在了孔子头上。其实会盟中并未达成归还上述土地的协议。《左传》也没有说明会盟和归还土地的关系。只是《穀梁传》《史记》直接把二者说成是一种因果关系，这实在是有点推测、想象的成分在。尤其是司马迁，将齐景公归还鲁国土地说成是为了"谢过"：

> ……有司进对曰："君子有过谢以质，小人有过则谢以文。君若悼之，则谢以质。"于是，齐侯乃归所侵鲁之郓、汶阳、龟阴之田以谢过。②

后人在司马迁的基础上再加张扬，如唐人张守节在《史记正义》中便提到，鲁国人为了纪念齐国归田谢过之意，在龟阴筑城，名之曰"谢城"，目的是表扬孔子的功劳。

关于齐国归田之事，《春秋》一书的记载也是此事最原始的记载：

> 夏，公会齐侯于夹谷，公至自夹谷。
> 晋赵鞅率师围卫。
> 齐人来归郓、讙、龟阴田。③

从《春秋》的行文来看，在会盟与归田这两件事中间，《春秋》

---

① 《春秋穀梁传·定公十年》。
② 《史记·孔子世家》。
③ 《春秋·定公十年》。

还记述了晋国赵鞅率领军队围攻卫国的事。这说明会盟与归田完全是两件事。事情并不像《春秋穀梁传》《史记》所说的那样，二者的关系会那样直接。对此，前人已有正确的见解，认为是《史记》《孔子家语》附会之说，目的是归功于孔子。

其实，齐归还谨、龟阴等地，是为了称霸的需要而对鲁国采取的一种怀柔政策。假如说齐国因会盟而归田于鲁，那么，按照会盟时双方所提条件，归田后，齐国有军事行动时鲁国应随齐国出兵三百乘。此后并无鲁国随齐出兵之事，可见会盟和归田并无直接的因果关系。但也不可否认，这次会盟对于促使齐国归还鲁国土地起了作用。虽然会盟中出现了齐国要劫持鲁君以作要挟的事，但无论如何，齐国的目的只有一个，即让鲁国依附自己。既然和议也可以促使鲁国归附自己，当然比挟持其国君要好得多。为巩固会盟的成果，更重要的是拉拢鲁国，齐国在夹谷之会后不久，便把郓、谨、龟阴之田归还鲁国，以示修好的诚意。

总之，这次会盟是鲁国外交史上一件很振奋人心的大事，也让孔子在"国际"间赢得了很高的声誉。在鲁国，孔子的威信，可以说在此时达到了顶峰。

第十二章

怒违
桓三

因膰去鲁　鲁国国君中齐人之计，沉迷女乐，怠惰国事，郊祭后没有按照礼仪惯例向大夫们分送祭祀的胙肉。孔子见"堕三都"半途而废、国事日非，便离开鲁国，开始周游列国。

一

夹谷之会的圆满成功，给孔子提供了在鲁国政坛上进一步施展才能的机会。这时的孔子雄心勃勃，准备干一番匡扶公室、裁抑私家的大业。但是，现实政治是复杂的，并不一定按照孔子这样一位理想主义色彩极浓的政治思想家的愿望发展，后来的事实也证明了这一点。

一开始，孔子的仕途应该算是很顺利的。由于他在夹谷之会的突出表现，季桓子甚至让他代行执政之职，即"摄相事"。对此，《史记》中有所记述：

定公十四年，孔子年五十六，由大司寇行摄相事。[1]

司马迁的这段记述，在时间上是错误的。孔子在五十五岁时，即鲁定公十三年（公元前497年）春，已离开鲁国前往卫国。五十六岁时，早已是孔子到卫国的第二年了，孔子不可能在鲁国任职。看来，司马迁把年代搞错了，以至于使后人对孔子"摄相事"也有所怀疑。

从当时鲁国的政治形势，季桓子自身的处境，以及孔子这一阶段所从事的政事看，孔子"摄相事"当是史实。

当时，鲁国政坛是季桓子当政。但是，经过阳虎等家臣的叛乱，季桓子认识到了整顿家族事务的重要，因为只有把家族事务处理好，建立巩固的后方，才能有精力和实力执政于鲁国。因此，他的第一步应是集中精力经营自己的私邑。但是，季桓子又不想让其他贵族插手自己主管的政事，于是便想出了个两全的法子，让无家族势力

---

[1] 《史记·孔子世家》。

的孔子临时代自己处理一些政事，即让孔子"摄相事"。

其次，孔子在这一时期处理的内政、外交事务，也说明孔子确实是代季桓子行政的，因为孔子处理的这些事务已远远超出了大司寇的职权。《论语》一书极为具体地记述了孔子在内政、外交方面的情况，并形象地展现了孔子在各方面的君子风范，让我们很容易便能够领略到两千多年前这位理想主义政治思想家的魅力。

从《论语》的记载来看，孔子在这一时期主要是处理外交事务。这些工作主要包括两个方面：一是应对、接待各国的宾客；二是出使他国聘问诸侯。

《论语》曾记载孔子替国君应送宾客的事：

> 君召使摈，色勃如也，足躩如也。揖所与立，左右手，衣前后，襜如也。趋进，翼如也。宾退，必复命曰："宾不顾矣。"①

当国君让孔子去接待外宾时，孔子的表现是十分"规范"的：先是面色矜持庄重起来，脚步也快了起来，向左右的同僚作揖告辞，衣服一俯一仰的，却很整齐；快步行走离去时，双臂微微抬起，衣袖飘飘，像鸟儿展翅一般。等到接待完宾客，孔子一定会回来复命，禀告国君说："宾客已经走了，不再回来了。"这种接待外宾的描写，说明了孔子在朝堂和接待外宾时，在礼仪方面是周到而合礼的。

此外，《论语》中还记述了孔子接待他国大夫私人使者的事：

> 蘧伯玉使人于孔子。孔子与之坐而问焉，曰："夫子何为？"对曰："夫子欲寡其过而未能也。"
>
> 使者出，子曰："使乎！使乎！"②

---

① 《论语·乡党》。
② 《论语·宪问》。

蘧伯玉，名瑗，是卫国有名的贤大夫。大概他听说贤者孔子做了鲁国大臣，很有些同气相求的想法，所以便派出使者来慰问孔子。孔子早就知道蘧伯玉是一位向善改过的贤者，所以便问使者，蘧伯玉老先生在干什么。使者的回答真是十足的外交辞令：他老人家想减少自己的失误，而还没有做到。所以孔子赞赏道："好一位使者呵！好一位使者呵！"

同样地，见于《论语》的，还有孔子出使他国的记载。虽然史书上并没有留下孔子出使他国的具体时间和国家，但《论语》是关于孔子最为原始的资料，也是最为可信的资料。《论语》记述孔子出使他国的情况如下：

> 执圭，鞠躬如也，如不胜。上如揖，下如授。勃如战色，足蹜蹜如有循。
>
> 享礼，有容色。
>
> 私觌，愉愉如也。①

这一段记叙，更为传神。孔子出使国外，当会见他国君臣时，手中捧着圭，动作恭谨：向上举时，好像在作揖；向下放时，慎微得像要交给别人一样。面色庄严，像临战时一般。前行时，脚步紧凑细小，就像沿着一条线走一样笔直。等到将所带来的礼物献给他国君臣（陈列在庭）时，孔子又现出了和乐、亲切的容色。这是孔子在外国朝堂上的表现。当孔子以私人身份私下里拜会外国君臣时，又变得轻松愉快了。

从以上孔子在外交方面的出色表现看，孔子足可以为此后外交官员的楷模了——正式场合是矜持庄严的，而私下里交往又是随和可亲的。这种相得益彰的外交艺术，正是后来成功的外交家所具有

---

① 《论语·乡党》。

的品性。

　　除记叙孔子外交方面的活动外，《论语》一书还介绍了孔子这一时期的其他政治活动。

　　如记叙孔子朝会时的情形：

　　　　君命召，不俟驾行矣。①

　　　　入公门，鞠躬如也，如不容。
　　　　立不中门，行不履阈。
　　　　过位，色勃如也，足躩如也，其言似不足者。
　　　　摄齐升堂，鞠躬如也，屏气似不息者。
　　　　出，降一等，逞颜色，怡怡如也。
　　　　没阶，趋进，翼如也。
　　　　复其位，踧踖如也。②

　　　　朝，与下大夫言，侃侃如也；与上大夫言，訚訚如也。君在，踧踖如也，与与如也。③

　　由上述记载可以看出，孔子对于政事是十分勤勉的。一旦国君派人召他，等不到马车备好，便徒步前往了。等到了宫廷大门，便俯身低首，谨敬得像没有容身之地似的。从不在门口中间停留，也不踩门槛。经过国君的座位旁，总是面色恭谨庄严，急步走过，说话也是轻声细气的。提着衣服下摆向堂上走时，俯身低首，屏住气息。等到奏事完毕出来，降一级台阶，神情便放松一些、和缓一些；等到走下台阶，便急步疾走，双臂抬起，就像鸟儿张开翅膀一样。回到自己所处的位置，又呈现出恭谨不安的样子。

———————————

① 《论语·乡党》。
② 《论语·乡党》。
③ 《论语·乡党》。

在朝廷上，国君不在时，孔子同下大夫说话，呈现出一种温和、怡然的姿态；与上大夫说话，则表现出一种恭敬、正直的态度。等到国君来了，他便立刻恭谨起来。从这些记述来看，孔子在朝廷上的表现，是严格地按着等级秩序行事的。

此外，孔子的另一项政事是参加鲁国的祭祀仪式和重大典礼活动。《论语》中记有孔子参加祭祀、分食祭肉的事[1]，以及参加重大祭祀活动或庆典前斋戒沐浴的情况[2]。这些足以说明，孔子已成为鲁国的重臣，因为当时国家最重要的事便是祭祀和战争。[3]

当然，《论语》一书还记载了这一时期孔子其他方面的一些活动。如参加乡间闾里的迎神驱鬼活动时，孔子必定郑重其事，穿上朝服，立在主人应该站的东面的台阶上，参与其事。[4]此外，孔子还和乡人一起举行乡饮酒礼，孔子总是表现出尊敬长者的风范，等长者离去后，自己才离去。[5]

这一时期，孔子在盛名之下，仍保持了严于律己的谦谦君子风度：

> 升车，必正立，执绥。
> 车中，不内顾，不疾言，不亲指。[6]

> 见齐衰者，虽狎，必变；见冕者与瞽者，虽亵，必以貌。
> 凶服者式之。式负版者。[7]

---

[1] 《论语·乡党》："祭于公，不宿肉。祭肉不出三日，出三日，不食之矣。"
[2] 《论语·乡党》："齐（斋），必有明衣，布。齐（斋）必变食，居必迁坐。"
[3] 《左传·成公十三年》："国之大事，在祀与戎。"
[4] 《论语·乡党》："乡人傩，朝服而立于阼阶。"
[5] 《论语·乡党》："乡人饮酒，杖者出，斯出矣。"
[6] 《论语·乡党》。
[7] 《论语·乡党》。

从这些记述中我们可以看到，孔子对自己的一举一动，都非常注意礼仪和仪态。在车上，一定是端正地站着，抓住扶手带子；在车中不回头四顾，也不快速地讲话，不抬手指指点点。平日见到穿孝服的人，即便是很亲密的人，也一定改变容色，表示同情和哀悯。见到戴冠冕者和盲者，即便是熟人，也一定表现出恭敬的样子。在车中，遇到送死人衣物或是背负国家图籍的人，一定会手扶车前横木，身子前倾，表示同情或敬意。甚至，不论什么场合，只要席子放得不合于礼，孔子也拒绝就座。①

不只如此，孔子还过着俭朴而守礼的生活，对此，《论语》也有记载：

> 子曰："麻冕，礼也；今也纯，俭，吾从众。拜下，礼也；今拜乎上，泰也。虽违众，吾从下。"②

按照礼法，戴麻制的冕才合乎礼，但是，当时的士大夫多戴丝料做的冕，这样更俭省一些，于是，孔子遵从了众人的习惯。当时礼法已经衰废，朝会时，士大夫只在升堂后给君主磕头。按照礼法，臣下见君主，应该在堂下磕头后再升堂磕头，孔子仍坚持按传统的礼法来做，从中也可以看出孔子拘泥于礼法的一面。

孔子"摄相事"是真，但其诛少正卯之事却是"小说家"者言。关于孔子诛少正卯之事，司马迁的记述是这样的：

> 定公十四年，孔子年五十六，由大司寇行摄相事。……于是诛鲁大夫乱政者少正卯。③

---

① 《论语·乡党》："席不正，不坐。"
② 《论语·子罕》。
③ 《史记·孔子世家》。

司马迁的这段文字，大抵是取源于《荀子》，因为在此之前，《论语》《春秋》及"春秋三传"等典籍对此事并无任何记载，只有《荀子》一书，才有关于孔子诛少正卯的记述：

> 孔子为鲁摄相，朝七日而诛少正卯，门人进问曰："夫少正卯，鲁之闻人也，夫子为政而始诛之，得无失乎？"孔子曰："居，吾语女其故，人有恶者五，而盗窃不与焉。一曰心达而险，二曰行辟而坚，三曰言伪而辩，四曰记丑而博，五曰顺非而泽。此五者，有一于人，则不得免于君子之诛，而少正卯兼有之。故居处足以聚徒成群，言谈足以饰邪营众，强足以反是独立，此小人之桀雄也，不可不诛也。是以汤诛尹谐，文王诛潘止，周公诛管叔，太公诛华士，管仲诛付里乙，子产诛邓析、史付，此七子者，皆异世而同心，不可不诛也。《诗》曰：'忧心悄悄，愠于群小。'小人成群，斯足忧矣。"[①]

这段文字，从行文上看即已说明是荀子的论辩之作，只不过是假借孔子之名而已。至司马迁将孔子诛少正卯之事写进《史记》，孔子诛少正卯遂成"信史"。于是两千多年来，沸沸扬扬，相沿相袭，似确有其事。直到清代阎若璩、崔述、梁玉绳、江永等人才提出质疑，其中，以崔述的分辩最有力：

> 余按《论语》："季康子问政于孔子曰：'如杀无道，以就有道，何如？'子曰：'子为政，焉用杀？'"……圣人之不贵杀也如是，焉有秉政七日而遂杀一大夫者哉？……《论语》《春秋》传……未尝一言及于卯。使卯果尝乱政，圣人何得无一言及之？史官何得不载其一事？非但不载其事而已，亦并未有其名。然则其人之有无盖不可知，纵使果有其人，亦必碌碌无闻者耳，

---

① 《荀子·宥坐》，刘向《说苑》亦记其事。

岂足以当圣人之斧钺乎！春秋之时，诛一大夫，非易事也，况以
大夫而诛大夫乎？……此盖申韩之徒言刑名者，诬圣人以自饰，
必非孔子之事。①

虽然崔述之论有为圣者讳和迂腐之处，但其主要观点是对的。
孔子诛少正卯之事，自清人之后，其虚妄已不容置疑。今人匡亚明
先生对孔子诛少正卯之事作过专章讨论，他认为：

可以论证孔子诛少正卯之事为不可信者，主要依据有三条：
1.孔子诛少正卯，仅见于《荀子·宥坐》《史记》《孔子家语》等书，
不见于《论语》《春秋》《左传》等所谓"经传"。虽不能说凡
不见于《论语》《春秋》《左传》等书的，都不真实，但像所传
孔子诛少正卯这样的大事，竟不留一点记传痕迹，是不可能的。2.孔
子秉政七日，以一大夫（孔子）而杀一大夫（少正卯），这样的
事发生在春秋时代的孔子身上，是不可设想的。3.孔子的核心思
想是"仁"，他坚决反对轻易杀人，所以季康子提出"杀无道以
就有道"的问题时，也遭到孔子的反对，说："子为政，焉用杀"，
如果孔子秉政七日就"诛乱政大夫少正卯"，和孔子的一贯思想
不是全然不相吻合吗？所以有人（指杨景凡、俞荣根，他们有合
著《论孔子》）得出结论："七日而诛少正卯"，"非孔子所能为，
非孔子时所需为"。这是非常简明、确切的。②

二

虽说孔子与季桓子的关系已经十分密切，季桓子甚至把国政都

---

① ［清］崔述：《洙泗考信录》卷之二。
② 匡亚明：《孔子评传·生平概略》，南京：南京大学出版社，1990 年。

托付给孔子代理，正如史书上记载："孔子行乎季孙，三月不违。"①
但是，作为一个有理想、推尊礼治王道的政治思想家，孔子有自己
的一套行政的思想，他的中心思想就是尊王攘夷、强公室、抑私家。
这与季桓子所代表的私家势力要保护的自身利益是矛盾的，而且这
种矛盾是针锋相对的、无法调和的。这决定了他们这种亲密关系不
会持续太久。他们之间关系恶化，最直接、最根本的原因便是"堕
三都"这一重大历史事件的发生。

　　"三都"，系指季孙氏领地内的费邑、叔孙氏领地内的郈邑、
孟孙氏领地内的成邑。这三家在各自的采邑修有坚固的城堡，所谓
"堕三都"，就是拆毁这三座城邑的城墙。

　　"堕三都"的远因是据守这些城邑的邑宰，不听采邑主的命令，
在城邑中拥兵自重，甚至发动叛乱，严重地损害了采邑主的利益。
如季氏家臣阳虎占据讙、阳关举行叛乱，公山不狃据费地举行叛
乱等。近因则是，鲁定公十年（公元前 500 年），郈邑宰侯犯凭
借郈邑叛乱。叔孙州仇和仲孙何忌率军队两次围攻郈邑，都未取
得成功。他们只好请齐国出兵帮忙，共同围攻郈邑，但仍未奏效。
最后，叔孙氏采用离间之计，拉拢郈邑工师驷赤，让驷赤建议侯
犯投降齐国。等到侯犯接受了驷赤的建议，请齐国使者到来后，
驷赤又到处传播谣言，说侯犯将要出卖郈地给齐国，齐国将要把
郈地的人民迁往他方。郈人听后非常害怕，纷纷起来与侯犯作对。
侯犯在驷赤的鼓动下逃往齐国，驷赤将鲁国军队接应进郈邑，郈
邑重新归叔孙氏所有。

　　虽然费邑、郈邑、成邑仍然归季孙氏、叔孙氏、孟孙氏三家所
有，而且阳虎、侯犯等人占据城邑的叛乱均平息，但是三个都邑的

---

① 《春秋公羊传·定公十年》。

城垒仍在，很容易被有异心的邑宰所占据，并作为叛乱的基地。此时，孔子便向鲁定公提出了"堕三都"的建议。孔子的理由是："臣无藏甲，大夫毋百雉之城。"①他认为，陪臣之所以执国命，采邑长之所以多次叛乱，都是因为这些采邑有坚固的城池，各贵族之家有武装②，所以应该先把城池给拆毁，让他们失去谋叛的屏障。这样的建议是削弱私家、扶助公室的，鲁定公从自身利益出发，支持这一建议。而季孙氏、叔孙氏也吃尽了邑宰据城以叛乱的苦头，从自身利益出发，也赞成堕都。因此，"堕三都"的计划得以实行。

"堕三都"的实际行动是从鲁定公十二年（公元前498年）夏天开始的。首先是叔孙州仇带领军队拆掉了郈邑的城墙，郈邑堕成。因郈邑是叔孙氏的采邑，且当地人民深受邑宰叛乱之苦，所以，堕郈一事进展极为顺利。但到了要拆毁费邑城墙时，却遇到了麻烦。费邑宰是当年曾召请孔子前往的公山不狃，公山不狃看到郈邑城墙被拆，感到自己处于危险的境地，他便作了一些应战准备。当季桓子和仲孙何忌的军队前来堕费时，公山不狃和叔孙辄带领费人避开季桓子的大军，避实就虚，直捣鲁国都城曲阜。由于大军已去攻打费邑，所以公山不狃和叔孙辄率领的费人很容易便杀入了都城曲阜。鲁定公和"三桓"慌乱之中躲入季氏家中，登上季武子台以求保全性命。当时，作为大司寇而又摄相事的孔子，也在护驾行列。公山不狃的叛军见鲁定公和贵族们逃到了季武子台上，立刻把季武子台包围了起来，并进逼到了鲁定公身边，情况十分危急。这时，只有孔子还算沉着冷静，他立刻命令司马申句须和乐颀率兵冲下季武子台展开反击。申句须和乐颀率兵与费地叛军死命战斗的时候，公室

---

① 《史记·孔子世家》。
② 《公羊解诂·定公十二年》："陪臣执国命，采长数叛者，坐邑有城池之固，家有甲兵之藏故也。"

军队也从外面包围了叛军。费人一看形势不妙，赶紧逃跑。公室军队一直把费人赶到了姑蔑（今山东泗水县东），并彻底击溃了他们。公山不狃与叔孙辄见势不妙，逃到了齐国，费邑才被堕毁。[①]

虽然堕费有较大的难度，甚至差一点危及国君及"三桓"的性命，但毕竟成功了。而到了堕成邑时，整个事件的发展便受到了阻滞。

"堕三都"事件一开始，叔孙氏、季孙氏都痛恨自己的邑宰背叛自己，因此愿意捣毁邑宰们赖以谋叛的老巢。但是，等他们经过一番深思后才意识到，叛乱发生的根本原因是自己选择邑宰不当，而私邑城堡的存在，却是"三桓"赖以自强的重要保障——只要"三桓"任用忠诚的家臣去做邑宰，就能保证采邑牢牢地掌握在"三桓"手里。这时，他们才意识到"堕三都"对自身利益的危害之大了，都十分悔恨。所以，对"堕三都"的事，季孙氏、叔孙氏便不再参与了。而孟懿子一开始并未反对"堕三都"，轮到要拆毁自己的成邑了，实在不便表示反对。如果表示反对，他对鲁定公、季孙氏、叔孙氏都无法交代，但他从内心里不愿意拆毁成邑的城堡，因为成邑宰公敛处父一直对孟懿子忠心耿耿，有成邑城和公敛处父在，孟孙氏的势力就能保存。这时，公敛处父对孟懿子说道："如果拆毁成邑，齐国人便会侵到北门。更何况，成邑是孟氏的保障，成邑不存在了，孟氏也就无立足之地了。您可以假装不知道，我将拒绝拆毁成邑。"[②]孟懿子便默许了公敛处父的行动。

由于季孙氏、叔孙氏对堕成邑已不再支持，孟孙氏又阳奉阴违，

---

① 《左传·定公十二年》："季氏将堕费，公山不狃、叔孙辄帅费人以袭鲁。公与三子入于季氏之宫，登武子之台。费人攻之，弗克。入及公侧。仲尼命申句须、乐颀下伐之，费人北（败北）。国人追之，败诸姑蔑。二子奔齐。遂堕费。"司马迁的《史记·孔子世家》亦有相同的记述。

② 《左传·定公十二年》："将堕成，公敛处父谓孟孙氏曰：'堕成，齐人必至于北门。且成，孟氏之保障也。无成，是无孟氏也。'子伪不知，我将不堕。"

暗地里抵制，公室的军队围攻成邑失利。定公十二年（公元前498年）十二月，鲁定公亲自出马，率领公室军队包围了成邑，但仍未能攻破成邑，只好无功而返。至此，"堕三都"的计划半途而废。

综观"堕三都"这一事件的整个发展过程，孔子所做的事主要有二：一是孔子向鲁定公提出了"堕三都"的建议，这个建议被鲁定公及"三桓"中的季孙氏、叔孙氏所接受；二是堕费过程中，公山不狃等率费人攻入鲁都曲阜，是孔子派人把他们驱逐出都的。而"堕三都"的事，实际上是季孙氏、叔孙氏慑于邑宰据城叛乱的事实而采取的一种自觉行动。等到"三桓"意识到"堕三都"对自身利益的危害时，孔子所提出的"堕三都"的计划也就不得不宣告失败了。由此可见，孔子只是"堕三都"的策划者，而不是"堕三都"的直接指挥者、组织者，也不是具体的执行者。那种过分夸大孔子在"堕三都"中的作用的提法，实在是一种无视史实的、一味虚饰孔子的表现。

三

"堕三都"事件使"三桓"认识到了孔子内心深处一贯坚持的原则，即强公室、抑私家，意识到了孔子参与鲁国政治的危险性。他们真正的敌人，不是几个叛乱的家臣，而是想从根本上改变鲁国政治格局、裁抑"三桓"的孔子。因此，驱逐孔子出政坛，就成为"三桓"必定要做的、最重要的事情了。

此时，孔子、子路与"三桓"，尤其是与季氏的矛盾纠葛开始了。这其中，不只是季氏意识到了孔子对于"三桓"政治的威胁，而且还有孔门内部叛逆的推波助澜。《论语》曾记有孔子弟子公伯寮在季桓子面前诋毁子路的事：

> 公伯寮愬子路于季孙。子服景伯以告，曰："夫子（季桓子——著者）固有惑志于公伯寮，吾力犹能肆诸市朝。"
>
> 子曰："道之将行也与，命也；道之将废也与，命也。公伯寮其如命何！"①

看来，斗争已很激烈，连鲁国的一位大夫子服景伯也出来打抱不平了，认为公伯寮诽谤子路，蒙蔽了季桓子，他向孔子进言说："以我的力量，便能让公伯寮横尸街头！"其实，子服景伯并没有看出这其中的奥妙，因为公伯寮的这番作为，其目的并不单单在于子路，其真正的目的可能在于讨好季氏，扳倒孔子。只不过孔子表现出了贤哲的态度，执着于自己的理想，不为官位的去留而萦怀，听天由命。

既然鲁国的执政者意识到了孔子的危险性，倒孔活动自然会从隐蔽转向公开。孔子以一介平民而参与国政，其权力实际上是"三桓"之一的季桓子给的。予取之权，自然也归于季桓子。实际上，自"堕三都"事件后，孔子即已被挤出国家的权力中心。对此，孔子并不是没有怨言的，但此时的孔子基本上有了退出鲁国政坛的准备，在日常生活中一再强调"避"，如《论语》中曾记：

> 子曰："贤者辟世，其次辟地，其次辟色，其次辟言。"
> 子曰："作者七人矣。"②

虽然如此，但这时的孔子实则处于一种欲进不得、欲罢不能的境地。他在鲁国，虽仍居大司寇之职，但实际已无政事可做，能够做的，只是教育训导弟子而已。

---

① 《论语·宪问》。
② 《论语·宪问》。

所幸，孔子在成为鲁国政坛上的主要人物之后，并没有放弃招收弟子和教学工作。在他从政期间，教育弟子仍是其生活的一部分。因此，当他在政治上有些失意时，弟子们给了他很大的安慰，尤其是一些年龄大而又理解他的弟子。这些在《论语》中也有所记述。

《论语》中曾记孔子和弟子们在一起谈论各自的志向的片段，具体情况是这样的。一天，孔子的弟子子路、曾皙、冉有、公西华陪孔子聊天。孔子对他们说道："不要因为我比你们大几岁，便在我面前不能畅所欲言。平日里，你们总是说：'没有人了解我呀！'如果真的有君主赏识你，你们又会怎么样呢？"

子路听到孔子的问话，不假思索，立刻回答道："有一千辆战车的国家，被两个大国所威逼，而且有大兵压境，又遇上饥荒，若让我来治理，等到三年后，可以使人民勇敢且懂得道理。"

孔子听到子路的话，有点嘲讽意味地笑了笑，又问冉求道："求，你的志向是怎样的呢？"

冉求回答说："一个国家，疆域长宽各六七十里，或者五六十里，由我来治理，等到三年后，可以使百姓丰衣足食。至于对人民进行礼乐教育的事，只好等待君子贤人来做了。"

孔子又继续问公西华道："赤，你的志向又是怎样的呢？"

公西华回答道："不敢说我能这样做，我只是想学习这些事情：祭祀之时，或者同外国会盟时，我穿着礼服，戴着礼帽，做一个小小的赞礼者也就很好了。"

孔子又问曾点的志向如何，曾点在孔子问其他弟子时，一直在鼓瑟。等到孔子问他时，他正弹到乐曲的结尾，便放下瑟，站起来回答老师的问话，说道："我的志愿和他们几位的不一样。"

孔子便说道："这又有什么关系呢？也不过是各人说说各人的志向罢了。"

曾点便回答说："我的志向是，在暮春的天气里，穿着春天的服装，和五六个成年人、六七个小孩子一起，在沂水中洗洗澡，在舞雩台上吹吹风，一路唱着歌儿回家。"

孔子听了曾点的话，触发了愁肠，联想到自己所处的困境，便长叹一声，说道："我赞成曾点的志趣呵！"[①]

这段师徒间的谈话，大抵发生在这一时期。从子路的"率尔而对"，到孔子赞成曾点的"浴乎沂，风乎舞雩"，都十分合乎这一时期子路的性格和孔子的心境。

鲁定公十三年（公元前497年）春天，齐国为了继续施行对鲁国的怀柔政策，以示修好，从齐国挑选了八十名美女和一百二十匹骏马送给了鲁国。季桓子和鲁定公为了观舞听乐，三日不理朝政，故意冷落孔子。于是，子路便劝孔子离去，孔子仍存有幻想，打算再看一看，认为鲁国即将举行郊祭，如果按照礼制行事，将祭肉分给大夫。孔子想等等看是否分祭肉给自己，再作决定。

关于齐国送给鲁国美女、文马的事，《左传》并无记载，但《论语》《史记》却有记述。《史记》将时间定在鲁定公十四年，具体行文如下：

> 定公十四年，孔子年五十六，由大司寇行摄相事……
> 齐人闻而惧，曰："孔子为政，必霸，霸则吾地近焉，我之

---

① 《论语·先进》："子路、曾皙、冉有、公西华侍坐。子曰：'以吾一日长乎尔，毋吾以也。居，则曰："不吾知也！"如或知尔，则何以哉？'子路率尔而对曰：'千乘之国，摄乎大国之间，加之以师旅，因之以饥馑；由也为之，比及三年，可使有勇，且知方也。'夫子哂之。'求，尔何如？'对曰：'方六七十，如五六十，求也为之，比及三年，可使足民。如其礼乐，以俟君子。''赤，尔何如？'对曰：'非曰能之，愿学焉。宗庙之事，如会同，端章甫，愿为小相焉。''点，尔何如？'鼓瑟希，铿尔，舍瑟而作，对曰：'异乎三子者之撰。'子曰：'何伤乎？亦各言其志也。'曰：'莫春者，春服既成，冠者五六人，童子六七人，浴乎沂，风乎舞雩，咏而归。'夫子喟然叹曰：'吾与点也！'"

为先并矣。盍致地焉？"黎鉏曰："请先尝沮之，沮之而不可则致地，庸迟乎！"于是选齐国中女子好者八十人，皆衣文衣而舞《康乐》，文马三十驷，遗鲁君。陈女乐、文马于鲁城南高门外。季桓子微服往观再三，将受，乃语鲁君为周道游，往观终日，怠于政事。子路曰："夫子可以行矣。"孔子曰："鲁今且郊，如致膰乎大夫，则吾犹可以止。"[①]

司马迁的这段记述，夸饰成分很大，为抬高孔子，便妄言因孔子治鲁，鲁国将称霸于诸侯，吓得齐国几乎要割地赂鲁，最后决定试探性地先送美女、文马，让鲁君和季氏耽于淫乐而疏远孔子。考之史实，孔子参与鲁国政治时间很短，且因多方掣肘，并没有什么使鲁国大治的作为。即便是孔子使鲁国大治，以鲁国的国力（尤其是土地和人民）也无法与齐、晋、楚等大国相抗衡，更不用说称霸了。但是，齐国送给鲁国美女、文马是史实，目的只有一个，即拉拢鲁国做自己的附庸。而且这件事有史实作背景：一是鲁定公十年（公元前 500 年）夏，鲁国叔懿子出使齐国；二是定公十一年（公元前 499 年）冬天，鲁国与郑国结盟而叛晋。鲁国自晋文公称霸后，一直依附于晋国，虽然偶尔也依楚、依齐，但从来没有敢公然背叛晋国。这次明目张胆地叛晋，在齐国看来，自然是有机可乘的，趁鲁国未依附楚国之时，拉拢鲁国，故有送鲁国美女、文马之事。而季桓子本已因"堕三都"之事而疏远孔子，此时更借美女、文马之事，躲避孔子，好让孔子知趣而退。

结果是孔子仍不自觉，直到这年春祭，应该分给孔子的祭肉没有送来，孔子才明白，自己绝不会见用于季氏了，于是，才下定决心退出鲁国政坛。

----

① 《史记·孔子世家》。

关于整个事件的过程，《论语》的记述则极为简单：

> 齐人归女乐，季桓子受之，三日不朝，孔子行。[①]

其实，孔子的政治生命在"堕三都"失败时即已结束，此后，只是在其位而不得谋其政罢了。

---

① 《论语·微子》。

第十三章

去国适卫

灵公问阵　鲁哀公二年（公元前493年），孔子在卫国。卫灵公问孔子如何排兵布阵。孔子讲求仁礼、反对战争，因此回答说，礼仪之事学过，军旅之事没有学过。

一

鲁定公十三年（公元前 497 年）春天，孔子离开了鲁国。他把自己的妻儿，连同他从政的失意，对鲁国政治的失望和愤懑都留在了鲁国。而随行的，只有部分弟子，如子路、颜渊、冉有等人。

关于孔子离开鲁国的时间，历来说法各异，大致说来有三种意见。一是孔子离开鲁国是在鲁定公十二年（公元前 498 年）。《史记·鲁周公世家》便有这样的记述。清代著名学者崔述在其《洙泗考信录》卷之二中也有所考辨，认为孔子离开鲁国，大致在鲁定公十二年秋冬之间。二是孔子离开鲁国的时间是在鲁定公十四年（公元前 496 年）。司马迁的《史记·孔子世家》记为这一年。胡仔的《孔子编年》也坚持这一说法。三是孔子离开鲁国的时间是在鲁定公十三年（公元前 497 年）春天。司马迁的《史记·卫康叔世家》又记为此年。江永、钱穆等人力主此说。以上三种说法，以鲁定公十三年春更为合理，今从此说。

至于孔子离开鲁国的具体情形，《孟子》《史记》等书都有记述。据说，孔子离开鲁都曲阜时是极为匆忙的。孔子参加完鲁国的春祭后，见没有祭肉送来，连参加祭祀时戴的冠冕都没有脱下来便匆匆离去了。对此，《孟子》中有一段记述，对孔子离去的原因也作了说明：

> 孔子为鲁司寇，不用，从而祭，燔肉不至，不税（脱）冕而行。不知者以为为肉也，其知者以为为无礼也。孔子则欲以微罪行，不欲为苟去。君子之所为，众人固不识也。[①]

听到孔子要离开鲁国，鲁国一位名字叫师己的乐师赶到了鲁都

_____

① 《孟子·告子下》。

南郊的屯邑为孔子送行，因为屯邑是孔子出走后留宿的第一站。这
位乐师很同情孔子，但孔子对这位追随而来的送行者又能说些什么
呢？毕竟，师己只是一个宫廷乐师而已，于是，孔子便对他说："我
可以为您唱一支歌吗？"没等师己说什么，孔子便唱了起来：

> 彼妇之口，可以出走；
>
> 彼妇之谒，可以死败。
>
> 盖优哉游哉，维以卒岁！

师己告别孔子返回鲁都后，季桓子问他，孔子说了些什么。师
己便将孔子所唱的歌告知季桓子，季桓子长叹一声，说道："老先
生是怪我接受这批美人呵！"[①]

这只是孔子在鲁都曲阜南郊屯邑与乐师师己拜别的场面，其他
关于孔子离鲁的材料就很少了，只有《孟子》一书留下了一些颇有
些说理意味的文字：

> （孔子）去鲁，曰："迟迟吾行也，去父母国之道也。"可
> 以速而速，可以久而久，可以处而处，可以仕而仕，孔子也。[②]

孟子所言大抵是为阐述自己的观点服务，不见得是多么准确的
史实，但是，也为我们提供了孔子离开鲁国前的一些参考。孔子离
开鲁都时，并没有考虑好自己的行止，所以才在国境附近逗留了一
段时间，直到决定去卫国后，才真正离开鲁国。

---

① 《史记·孔子世家》："……郊，又不致膰俎于大夫。孔子遂行，宿乎屯。而
　师己送，曰：'夫子则非罪。'孔子曰：'吾歌可夫？'歌曰：'彼妇之口，
　可以出走；彼妇之谒，可以死败。盖优哉游哉，维以卒岁！'师己反，桓子曰：
　'孔子亦何言？'师己以实告。桓子喟然叹曰：'夫子罪我以群婢故也夫！'"
② 《孟子·万章下》。

　　至于孔子为何去卫国而不去其他国家，后人多有猜度。其实，孔子到卫国去，并没有后人所分析的那么多复杂的原因——卫国与鲁国是兄弟之国，鲁国为周公之后，卫国为康叔之后，周公和康叔是亲兄弟，等等。鲁、卫是兄弟之邦，那是周朝初年封建国家时的事，到孔子时代，已经过了五百余年，这件事对鲁、卫两国的关系并无多少影响了。其实，孔子去卫国的原因很简单：去齐国已不可能，因为孔子在齐国待过两年，并没有得到齐景公的重用。而且夹谷之会时，孔子为了鲁国的利益，对齐国君臣有所冒犯。而去卫国却有许多方便条件：一是孔子为司寇摄相事时，卫国贤大夫蘧伯玉曾派使者拜访过孔子；二是子路的妻兄颜浊聚（邹），早年曾就学于孔子门下，此时已在卫国任大夫之职。有了这两层关系，孔子便希望到卫国去，在政治上有所发展。因此，孔子才带着部分弟子前往卫国。这次随行的弟子主要有子路、颜回、冉求、子羔等人。

　　孔子率弟子们来到了卫国，看到卫国的富庶，一扫在鲁国时的愤懑，心情转而开朗起来。于是，他又开始和弟子们讲学论道了。看到卫国百姓众多，孔子站在车上感叹道："人真多啊！"为孔子赶车的冉有听到孔子的感叹，便问孔子："既然有了这么多的民众，又该对他们做些什么呢？"孔子回答道："让他们富足起来呀！"冉有又问："既已让他们富足了，又该怎么办呢？"孔子回答道："教育他们。"[①]

　　到了卫国国都帝丘（今河南濮阳一带），孔子住进了他从前的弟子颜浊聚家中。据说，颜浊聚是子路的妻兄，但关于颜浊聚其人，众说各异。颜浊聚即颜仇由（亦作颜涿聚、烛邹、浊邹等）。《吕

---

① 《论语·子路》："子适卫，冉有仆。子曰：'庶矣哉！'冉有曰：'既庶矣，又何加焉？'曰：'富之。'曰：'既富矣，又何加焉？'曰：'教之。'"

氏春秋》曾有颜浊聚为大盗的记述："颜涿聚，梁父之大盗也，学于孔子。"[1]到了汉代，赵岐在注《孟子》时，认为颜浊聚为卫之贤大夫了。《孟子》一书曾提到，孔子"于卫，主颜仇由"。赵岐注曰："颜仇由，卫贤大夫，孔子以为主。"

这两种说法，谁是谁非，已很难厘清。或许颜浊聚与颜仇由非一人，或许是同一人，先为盗贼，后学于孔子，回到卫国后为大夫亦有可能。

关于孔子住在颜浊聚家的事，这其中还有一个小小的波折。其时，由于孔子的名声已远播于诸侯各国，因此，许多人便欲借与孔子交往以抬高自己。据《孟子》一书所记，当时卫国的大夫弥子瑕，便极想请孔子住到他家去。似乎这位弥子瑕和子路还是"连襟"，因为《孟子》一书说："弥子之妻与子路之妻，兄弟也。弥子谓子路曰：'孔子主我，卫卿可得也。'子路以告。孔子曰：'有命，君子进以礼，退以义。得之不得，曰有命。'"[2]赵岐注云："弥子，弥子瑕也；因子路欲为孔子主。孔子知弥子幸于灵公，不以正道，不以纳之而归于命。"[3]

不知赵岐所注的依据是什么，但从《孟子》一书原文看，"弥子"在卫国是一位能够左右国君卫灵公的人物，否则，便不会有可以担保孔子当上卫国卿大夫的大话了。但是孔子一直以合乎礼仪作为自己的行为准则，他并没有因为弥子瑕的一番许诺而住在弥子瑕家，而是认为弥子瑕取媚于国君，不屑于靠这样的人引荐而得以为卿，所以仍住在颜浊聚家。

---

① 《吕氏春秋·尊师》。

② 转引自［清］焦循《孟子正义》。

③ 转引自［清］焦循《孟子正义》。

二

孔子的到来是卫国的一件大事，在卫国朝野引起了不小的轰动。

卫国国君卫灵公听说孔子来到了卫国，很快便接见了孔子，并赐给孔子丰厚的俸禄。因为孔子在鲁国为司寇时，俸禄是六万斛粟米，所以卫灵公也给了孔子六万斛粟米的俸禄，把孔子作为公养之士。这样，孔子便在卫国住了下来。

一开始，卫灵公是把孔子当作一位能够帮他理政治军的人才来对待的，至少有让孔子备充顾问之职的想法，如卫灵公曾向孔子询问两军对垒之事：

> 卫灵公问陈（阵）于孔子。孔子对曰："俎豆之事，则尝闻之矣；军旅之事，未之学也。"明日遂行。[1]

孔子认为，君王应以礼治天下，而不应寻求霸道。所以，对卫灵公所提的军旅之事，他的回答是：没有学习过。至于最后一句"明日遂行"，很可能是后人窜入的，因为孔子来到卫国，绝不会因为卫灵公请教军旅之事这样一句话而离开的。从卫灵公所问的问题看，卫灵公对孔子的政治思想还未了解，所以才贸然询问军旅之事。因此，这段对话，当发生在孔子初入卫国之时。

卫灵公的夫人南子也因仰慕孔子而派人送信，欲召见孔子，孔子不得已而前往，结果还引发与子路的一段争论：

> 灵公夫人有南子者，使人谓孔子曰："四方之君子不辱欲与寡君为兄弟者，必见寡小君。寡小君愿见。"孔子辞谢，不得已而见之。夫人在缔帷中。孔子入门，北面稽首，夫人自帷中再拜，

---

[1] 《论语·卫灵公》。

环珮玉声璆然。孔子曰："吾乡（向）为弗见，见之，礼答焉。"
子路不说，孔子矢之曰："予所不（否）者，天厌之! 天厌之!"①

这段孔子见南子的描述，大概有司马迁本人的想象成分在。《论
语》所记便简单多了：

> 子见南子，子路不说。夫子矢之曰："予所否者，天厌之!
> 天厌之!"②

当时的卫国，灵公昏庸，夫人南子左右朝政，而且南子本人生
活淫乱，名声很不好。所以，子路对孔子去见南子很有意见，孔子
便只好发誓自白了。

由于卫灵公并不欣赏孔子仁政德治的主张，因此孔子在卫国一
直未得到实际的官职。但卫灵公对孔子还是优礼有加的。孔子无政
事可做，便再次把精力用于教书育人上。

由于孔子是受到卫灵公礼遇的人，加之他早就在卫国享有大名，
因此，许多士大夫便以与孔子交往为荣，一般的年轻人也纷纷投到
孔子门下求学。比较有名的有子贡、琴牢（子开）、句井疆、奚容
蒧（子晳）等，其中，最为著名的便是子贡。

子贡，姓端木，名赐，字子贡，卫国人，生于公元前 520 年，
比孔子小三十一岁。据说，子贡是一位商人③，他曾在曹国、鲁国
等地做买卖。孔子到卫国后，子贡慕孔子大名，投入其门下。在孔
门弟子中，子贡是以"言语"即善于言辞而著称的。《论语》中曾
有记载："德行：颜渊、闵子骞、冉伯牛、仲弓。言语：宰我、子贡。"④

---

① 《史记·孔子世家》。
② 《论语·雍也》。
③ 《论语·先进》。
④ 《论语·先进》。

而与这一特殊才能相联系的是子贡在外交方面的成绩。

见于《左传》的有关子贡的外交活动即有五次，而且都是很成功的。第一次是在鲁哀公七年（公元前488年），吴国太宰嚭，因鲁国大夫子服景伯拒绝向吴国献百牢之礼，而召执政季康子，欲向季康子问罪，季康子便派子贡前往辞谢，子贡圆满地完成了使命。[①]第二次是在鲁哀公十一年（公元前484年），子贡随叔孙氏跟从鲁哀公与吴国会盟，吴王赐给叔孙氏甲、剑铍，叔孙氏不知如何答礼，幸赖子贡代为答礼，才使叔孙氏不至于当场现丑。第三次是在鲁哀公十二年（公元前483年），鲁哀公与吴国在橐皋会盟，吴王让其太宰嚭出面，请求哀公"寻盟"，即重申并修改前盟。[③]当时子贡在场，认为若已有盟约，便不必再重申或修改前盟；若盟约可修改，那么也可以违背了。太宰嚭无言以对，才不再提"寻盟"之事。第四次是在同年秋天，子贡随叔孙氏陪同鲁哀公、卫出公与吴人会盟，吴人扣留了卫出公，子服景伯便让子贡出面调解。结果，子贡找到吴太宰嚭说，主张卫出公来会盟的卫国人是吴国的朋友，而阻止卫出公来会盟的卫国人便是吴国的仇敌了，吴国为什么要做这种使亲者痛、仇者快的事呢？于是，吴人便释放了卫出公。[④]第五次是在鲁哀公十五年（公元前480年），子贡随鲁国大夫子服景伯出使齐国，说服齐国归还了所占据的鲁国城邑成。[⑤]子贡在外交方面的表现，是孔门弟子中其他人无法相比的。

此外，子贡在经商方面，也是孔门弟子中的翘楚。如《论语》曾记：

---

① 见于《左传·哀公七年》。
③ 见于《左传·鲁哀公十二年》。
④ 见于《左传·鲁哀公十二年》。
⑤ 《左传·哀公十五年》。

子曰："回也其庶乎，屡空；赐不受命，而货殖焉，亿则屡中。"①

这段文字说明，颜回虽然道德学问很好，但经常受穷；而子贡不听从于天命，做买卖时靠推测，却常常被他猜中了。所以，后来子贡做买卖的规模越来越大了。《史记》曾说："子贡结驷连骑，束帛币以聘享诸侯，所至，国君无不分庭与之抗礼。"②虽然子贡是孔门弟子中的著名"商人"，但子贡又是孔门弟子中最讲情义之人。当孔子受到时人的攻讦时，子贡维护孔子最力。孔子死后，其他弟子守墓三年，而子贡却独独守墓六年。

子贡的性格是随和而又心直口快，因为好评议人物，子贡还曾受到孔子的批评。不过，孔子更多的是倚仗子贡的，如孔子在周游列国期间，许多事情都是子贡出面处理的。

子贡是孔子最为倚重的弟子之一，所以后人对子贡的评价也很高，有的甚至给子贡身上加上了许多附会之说。从东汉明帝时起，子贡便在被享之列。唐玄宗开元二十七年（公元 739 年），子贡被追封为"黎侯"；宋真宗大中祥符二年（公元 1009 年），被追封为"黎阳公"，后被改封为"黎公"。

孔子在卫国除了教训弟子外，几乎无其他事可做，于是便致力于卫国人文政治的研究，并对卫国的卿大夫多有议论：

子谓卫公子荆，"善居室。始有，曰：'苟合矣。'少有，曰：'苟完矣。'富有，曰：'苟美矣。'"③

子曰："直哉，史鱼！邦有道，如矢；邦无道，如矢。君子哉，

---

① 《论语·先进》。
② 《史记·货殖列传》。
③ 《论语·子路》。

蘧伯玉！邦有道，则仕；邦无道，则可卷而怀之。"①

卫国的公子荆曾被吴国季札列为卫国的君子，是一位很善于节俭居家的人，故孔子赞美他。史鱼是卫国非常忠直的大夫。《韩诗外传》卷七曾记，史鱼死前曾嘱咐儿子，不要在正室治丧，以此来劝谏卫灵公进用君子蘧伯玉，斥退佞臣弥子瑕。

孔子臧否人物，已令卫国当政者多有不喜。而孔子所做的另一件事，则又使自己见疑于卫灵公，以至于在卫国生活极不安宁了。

卫国有一位贤大夫，叫公叔文子。据说，他死后，他的儿子公叔戍请求卫国国君谥其父。卫君对公叔文子十分赏识，便说道：

> "昔者，卫国凶饥，夫子为粥与国之饿者，是不亦惠乎？昔者，卫国有难，夫子以其死卫寡人，不亦贞乎？夫子听卫国之政，修其班制，以与四邻交。卫国之社稷不辱，不亦文乎？故谓夫子贞惠文子。"②

出于对公叔文子的敬仰，孔子便向一位叫公明贾的人打听公叔文子的为人：

> 子问公叔文子于公明贾曰："信乎，夫子不言，不笑，不取乎？"
> 公明贾对曰："以告者过也。夫子时然后言，人不厌其言；乐然后笑，人不厌其笑；义然后取，人不厌其取。"
> 子曰："其然？岂其然乎？"③

假如孔子只限于仰慕公叔文子而搜求他的传闻轶事，也许还不会有什么问题，但在这些活动中，孔子与公叔文子的儿子公叔戍有

---

① 《论语·卫灵公》。
② 《礼记·檀弓下》。
③ 《论语·宪问》。

了联系。

公叔戍在父亲公叔文子死后便承继了爵位，但他为人骄横，使得卫灵公对他十分憎恶。由于双方矛盾很深，公叔戍便纠结同伙，密谋要杀死卫灵公及其夫人南子。结果事情败露，公叔戍及其同伙逃到了某采邑蒲地（今河南省长垣县一带）。由于孔子和公叔戍曾有过交往，所以卫灵公对孔子起了疑心，便派公孙余假与孔子一同出入，对孔子进行监视。孔子怕因公叔戍获罪，便准备离开卫国。

鲁定公十三年（公元前497年）冬，孔子及其弟子离开卫国都城帝丘，准备南下去陈国。孔子在卫国时招收了一位陈国籍弟子公良孺。《史记》曾记，公良孺"以私车五乘从孔子，其为人长贤，有勇力"①。想来公良孺当是一位贵族子弟，在陈国有一定的政治背景，可以为孔子在陈国上下奔走。加之陈国的宛丘，相传是太昊之墟，存有许多古代典章文物。因此，孔子决定离开卫国，到陈国去。

孔子师徒一行，南行百余里，到了郑国的匡邑（今河南省扶沟西）。匡邑原属于卫国，后被郑国侵占。鲁定公六年（公元前504年），鲁定公率军伐郑，当时阳虎也在军中，曾对匡人有所杀戮。恰好孔子有一位叫颜刻的弟子，当年曾随军攻入匡地。此时，颜刻为孔子赶车，他随手用马鞭指着城墙的破败之处，说："从前攻打匡地时，我就是从那个缺口处进城的！"结果被匡人听到了。匡人看到孔子长得有点像阳虎，便误认为孔子是阳虎，将孔子抓了起来，驱散了孔子的弟子。

《论语》一书中有两段关于孔子师徒在匡被围的记述：

---

① 《史记·孔子世家》。

　　子畏于匡，颜渊后。子曰："吾以女为死矣。"曰："子在，回何敢死？"①

　　子畏于匡，曰："文王既没，文不在兹乎？天之将丧斯文也，后死者不得与于斯文也；天之未丧斯文也，匡人其如予何？"②

　　这两则文字，前者说明了颜渊在危难中对孔子的敬仰之情，后者则说明孔子对自己的道德学问充满了自信。

　　经过交涉，匡人知道了事情的真相，便放孔子师徒远行了。关于孔子师徒解除匡人之围的事，《孔子家语》据《韩诗外传》所记，有所发挥，记为："子路弹琴而歌，孔子和之，曲三终，匡人解甲而罢。"唐代张守节在《史记正义》中，又引用相传为东汉人蔡邕所撰的古琴曲故事集《琴操》的记述，说匡人听了孔子弹奏的琴曲和歌唱，音调哀婉，知道孔子是圣人，因此自行散去：

　　孔子到匡郭外，颜渊举策指匡穿垣曰："往与阳货正从此入。"匡人闻其言，告君曰："往者阳货今复来。"乃率众围孔子数日。乃和琴而歌，音曲甚哀，有暴风击军士僵仆，于是匡人有知孔子圣人，自解也。③

　　这则传说，一是把颜刻改为颜渊，再则是夸大了琴、歌的作用，但也说明了一点，匡人明了真相后，确实放了孔子等人离去。

　　由于这次意外的挫折，孔子决定暂时回到卫国去，但在回程中，途经蒲邑时又遇到了麻烦。

　　蒲邑，在匡邑东北几十里。前面提到的公叔戌，被卫灵公驱逐后，

————————

① 《论语·先进》。
② 《论语·子罕》。
③ 《史记正义》。

逃到蒲邑，因蒲地原为公叔戌的采邑，公叔戌便把这里当作了反抗卫国公室的根据地和大本营。孔子经过这里时，蒲人便强行将孔子师徒扣留，逼迫孔子师徒参与谋乱活动。后来，在公良孺的鼓动和带领下，孔子的弟子与蒲人进行了激烈的争斗：

> 过蒲，会公叔氏以蒲畔，蒲人止孔子。弟子有公良孺者……谓曰："吾昔从夫子遇难于匡，今又遇难于此，命也已。吾与夫子再罹难，宁斗而死。"斗甚疾。[1]

由于孔子弟子子路、公良孺等人拼死相争，蒲人开始害怕起来，便和孔子师徒谈判，提出的条件是，只要孔子师徒不再回到卫国去，他们便让孔子师徒离去。结果，孔子只好按蒲人所提条件与蒲人订盟，才得以从蒲邑的东门出走。但是，孔子还是没有遵守这一盟约，回到了卫国。对此，子贡十分不解，遂向孔子提出质疑：

> "盟可负邪？"孔子曰："要盟也，神不听。"[2]

在孔子看来，他与蒲人的盟约是受到胁迫才订立的，连神灵也不会赞成的，因此可以背弃。

对于孔子的归来，卫灵公十分高兴，主要原因大概是孔子师徒对于蒲人的态度使卫灵公疑虑尽去。因此，卫灵公听说孔子归来后，立刻到郊外去迎接他，并向孔子询问了蒲地的有关情况：

> 卫灵公闻孔子来，喜，郊迎。问曰："蒲可伐乎？"对曰："可。"灵公曰："吾大夫以为不可。今蒲，卫之所以待晋、楚也，以卫伐之，无乃不可乎？"孔子曰："其男子有死之志，妇人有保西河之志。

---

[1] 《史记·孔子世家》。
[2] 《史记·孔子世家》。

吾所伐者，不过四五人。"①

卫灵公确实昏庸至极，居然把蒲地当作了晋、楚可能侵略卫国时的屏障，而不想去讨伐据蒲地作乱的臣子。因此，虽然孔子说伐蒲很容易便能取得成功，卫灵公也赞同孔子的说法，但是最后还是没有攻打蒲地。

于是，孔子又开始在卫国享受"公养之士"的待遇了。这一次，孔子住在了卫国老臣蘧伯玉家。

虽然孔子回到卫国后，享受到了比以前更高的礼遇，但是，孔子离开父母之邦，颠沛流离于异国他乡，并不是为了寻求一个养老之所，而是要实现他关于仁政的理想。他一直渴望寻求一个能够让他实现这一理想的贤君明臣。所以，此时孔子的心情并不轻松，甚至有点抑郁和惆怅。《论语·宪问》中曾记，孔子在卫国击磬的事，很能说明孔子当时的心情：

　　子击磬于卫，有荷蒉而过孔氏之门者，曰："有心哉，击磬乎！"既而曰："鄙哉，硁硁乎！莫己知也，斯己而已矣。深则厉，浅则揭。"
　　子曰："果哉！末之难矣。"

看来，这位挑草筐的汉子也是个非同凡响的人物，他从孔子击磬发出的乐声中便能听出孔子欲救世而志不得遂的心情。所以，这位挑草筐的汉子便劝孔子：不要太固执了，应以随和的心态面对世事，就像过河一样，水浅时，可以撩起衣裳走过去；水深时，再怎么撩衣服也会弄湿的，倒不如索性和衣而过。对此，孔子进行了反驳：果真这样吗？什么事情结局都是难以预料的啊！孔子正是因为有了这种信念，才一直苦撑到耄耋之年，仍在孜孜追求自己的理想。

---

① 《史记·孔子世家》。

也正是在这个时候，晋国的赵简子攻打另一位大夫范氏。范氏的家臣佛肸（一说佛肸为中行氏家臣）为中牟邑的邑宰，于是，佛肸以中牟为根据地来对抗赵简子。佛肸很想让孔子师徒来辅助自己，便派人来请孔子。孔子本欲前往，结果遭到了子路的反对，这对师徒间还发生了一场争论，最终孔子师徒也未能前往：

> 佛肸召，子欲往。
> 　子路曰："昔者，由也闻诸夫子曰：'亲于其身为不善者，君子不入也。'佛肸以中牟畔，子之往也，如之何？"
> 　子曰："然，有是言也。不曰坚乎，磨而不磷；不曰白乎，涅而不缁。吾岂匏瓜也哉？焉能系而不食？"①

毕竟，孔子已经快六十岁了，时不待人。孔子自己也认为，他不能像匏瓜一样，只能让人系在腰间供人泅渡而不能食用。卫灵公用的就是这种办法，把孔子养起来而不让其做事的做法，孔子是深以为憾的。

这时，卫灵公又做了一件很让孔子引以为耻的事。卫灵公出游时，让孔子随行，在卫灵公看来，实际上是对孔子示以恩宠，但卫灵公在安排乘车次序时却让夫人南子与自己同乘一辆车，而让孔子乘后边的一辆车，且让宦者做骖乘，一起招摇过市。对此，孔子非常气愤，直斥卫灵公道："吾未见好德如好色者也。"②后人便将这一事件称为"丑次同车"。

孔子看到卫灵公不过是把自己当成卫国宫廷的食客，甚至有点弄臣的意思，并不想真正重用他，便慨叹道："苟有用我者，期月

①《论语·阳货》。
②《论语·子罕》。

而已可也，三年有成。"①

于是，孔子决定到晋国去，看看能否依靠晋国世卿赵简子的力量，施行自己的政治主张。孔子的这一行动，实际上是不明智的，因为当时卫、晋两国交恶已久，尤其是卫国和晋卿赵简子的矛盾很尖锐，仅在鲁哀公元年（公元前494年）这一年，卫、晋两国便发生了两次战争。这年四月，晋国的范氏、中行氏及其同党赵稷，以邯郸为据点抗拒赵简子。为了解救赵稷，齐、卫两国联合出兵，围攻五鹿。同年秋，赵简子率兵讨伐范氏，齐、卫、鲁、鲜虞四国再次联合出兵晋国，并占领了晋国的棘蒲，事见《左传·哀公元年》。孔子要到晋国去，投奔赵简子，卫国朝野上下对此是十分不满的，但因为卫国君臣本来很礼遇孔子，所以也没有把孔子这位"国际"知名人士怎么样，任其自便了。

关于孔子西行欲见赵简子的事，后来学者也有持异议者，认为其事并不是史实，而是战国时代的伪托之作。清人崔述便是持此说的代表人物。崔述在《洙泗考信录》中对此事作了剖析：

> 赵鞅（赵简子——著者）……弱王室、侮诸侯而叛其君，春秋之大夫，罪未有大于鞅者也！……不知孔子何取于鞅而欲见之？……②

其实，崔述所论纯粹是出于"讳圣"的目的而作的推测，并无实在的根据。虽然赵简子有不臣的行为，但他毕竟是晋国的世卿，一直执掌晋国政柄，他的身份和地位极像鲁国的季桓子。孔子并没有因为季桓子有不臣行为而放弃在季桓子手下从政的机会。孔子之投奔赵简子，正如同当年在季氏手下从政一样，目的只有一个，即

---

① 《论语·子路》。
② 《洙泗考信录》卷之二。

通过一位执政者来实现自己的政治理想。这是十分合情合理的，连公山不狃、佛肸这样的邑宰召之，孔子都打算前往，更何况孔子要投奔的赵简子是晋国的执政。

鲁哀公二年（公元前 493 年），孔子师徒离开卫国都城帝丘，前往晋国，准备从棘津渡过黄河。但他们刚刚抵达黄河边上便听到了晋国内乱的消息，晋国的赵简子杀害了晋国的两位贤大夫窦鸣犊、舜华，于是，孔子临河而叹，只好返回。对这一事情的经过和原因，《史记》作了不乏主观色彩的解释：

> 孔子既不得用于卫，将西见赵简子。至于河而闻窦鸣犊、舜华之死也，临河而叹曰："美哉水，洋洋乎！丘之不济此，命也夫！"子贡趋而进曰："敢问何谓也？"孔子曰："窦鸣犊、舜华，晋国之贤大夫也。赵简子未得志之时，须此两人而后从政，及其已得志，杀之乃从政。丘闻之也，刳胎杀夭则麒麟不至郊，竭泽涸渔则蛟龙不合阴阳，覆巢毁卵则凤皇不翔。何则？君子讳伤其类也。夫鸟兽之于不义也尚知辟之，而况乎丘哉！"①

窦鸣犊、舜华被杀，在精神上给了孔子以沉重的打击，孔子陷入了深深的伤感之中，既为被杀的两位贤大夫，也为自己。传说孔子曾为此作过《陬操》（亦作《槃》《槃操》）以抒怀：

> 干泽而渔，蛟龙不游。
> 覆巢毁卵，凤不翔留。
> 惨予心悲，还辕息陬。②

孔子作《陬操》是可能的，但从这首诗的内容看，似乎是后人

---

① 《史记·孔子世家》。
② 转引自刘振佳：《鲁国文化与孔子·孔子诗作考》，济南：山东友谊书社，1993 年。

从司马迁所言"刳胎杀夭则麒麟不至郊，竭泽涸渔则蛟龙不合阴阳，覆巢毁卵则凤皇不翔"[1]等句演绎而来，而孔子所作的真正的《陬操》则已经失传了。

这样，孔子又回到卫国国都帝丘，住到了蘧伯玉家。

---

[1] 《史记·孔子世家》。

第十四章

颠沛流离

在陈绝粮　鲁哀公六年（公元前489年），楚国派人聘请孔子。陈、蔡两国大夫担心楚国重用孔子会给自己国家带来危险，共同发兵将孔子师徒围困在旷野。粮食吃光了，跟随的人都饿得站不起来，孔子仍然讲诵诗书、抚琴歌咏，没有一点担忧恐惧的样子。孔子后派子贡到楚国请来救兵，才得以解围。

一

孔子回到卫国帝丘，受到了卫国君臣不同程度的冷遇。在卫国人看来，孔子投奔晋国没有结果才又返回卫国，这是一件令人不齿的事情。孔子自己也有一点尴尬在。但是，即使是卫国因他投晋而断绝给他俸禄，孔子的生活也不会成问题，因为他的许多弟子都供职于卫国，而且孔子在卫国期间还招收了一些卫国籍的弟子。因此，假如孔子愿意，他可以在卫国平静地生活下去。但命运之神是不会这样安排孔子的生活的，而且，孔子的性格和追求也不允许孔子这样终此一生。

鲁哀公二年（公元前493年）夏四月，卫灵公在做了四十二年国君后死去。围绕着国君继承权的问题，卫国公室展开了激烈的斗争。

卫灵公死后，按照宗法制的惯例，卫国的君位应由原太子蒯聩继承。但是，这时蒯聩正流亡在外，已失去了继承君位的权利。早在两年前，即鲁定公十四年（公元前496年），蒯聩作为太子，对自己的母亲南子秽乱宫廷的行为十分不满。于是，这对母子间发生了一场骨肉相残的斗争。对此，《左传》有过很明确的叙述：

> 卫侯为夫人南子召宋朝，会于洮。大子蒯聩献盂于齐，过宋野。野人歌之，曰："既定尔娄猪，盍归吾艾豭。"大子羞之，谓戏阳速曰："从我而朝少君，少君见我，我顾，乃杀之。"速曰："诺。"乃朝夫人。夫人见大子，大子三顾，速不进。夫人见其色，啼而走，曰："蒯聩将杀余。"公执其手以登台。大子奔宋，尽逐其党。故公孟驱出奔郑，自郑奔齐。大子告人曰："戏阳速祸余。"戏阳速告人曰："大子则祸余。大子无道，使余杀其母。余不许，将戕于余。

若杀夫人，将以余说。余是故许而弗为，以纾余死。"①

谋杀行动由于戏阳速为自己打算，诺而不行，临事退缩而失败。太子蒯聩只好逃奔宋国，后又托庇于晋，一直在晋国过着流亡生活。

卫灵公去世后，夫人南子宣灵公遗命立另一个儿子郢为太子，继承君位，但郢却不愿做国君，推辞说"亡人（指蒯聩——著者）之子辄在"②。于是，卫人乃立辄为卫君。辄，即卫出公（也称孝公）。同年六月，原太子蒯聩投奔晋国正卿赵简子，赵简子便支持蒯聩回国夺取君位，意在蒯聩做了卫国国君之后，与晋国建立友善关系，使卫为晋所用。结果，阳虎，也就是曾为鲁国季氏家臣的那位，向赵简子自动请缨，护送蒯聩回国。阳虎和蒯聩等人打扮成奔丧者，骗开了卫国的边城戚邑的大门，占领了卫国的戚邑。③但蒯聩夺取君位的事进展不太顺利，因为他的儿子卫出公也有齐国的支持。蒯聩和儿子卫出公争夺君位之事，实际上演化为晋、齐两个大国间的斗争。由于这场争夺君位的斗争一时难分胜负，卫国朝野上下一片混乱。孔子向来是主张危邦不入、乱邦不居的。这种政治形势下，孔子再在卫国待下去也无所作为了。而且，他也不赞成卫出公辄与其父亲争夺君位的行为。《论语》中有一段冉有、子贡询问孔子对卫出公态度的对话，便说明了这点：

> 冉有曰："夫子为卫君（卫出公辄——著者）乎？"子贡曰："诺，吾将问之。"
>
> 入，曰："伯夷、叔齐何人也？"曰："古之贤人也。"曰："怨乎？"

---

① 《左传·定公十四年》。
② 《左传·哀公二年》。
③ 《左传·哀公二年》。

　　曰："求仁而得仁，又何怨？"

　　出，曰："夫子不为也。"①

　　子贡所问也很委婉，只是向孔子提出伯夷、叔齐这两个人是什么人这样一个问题，便摸清了孔子对卫出公的态度。伯夷、叔齐是孤竹国的公子，他们两人互相推让，都不肯做孤竹国的国君。为此，两人都跑到国外去，意在让对方继承君位。最后，两人都放弃了君位。与这两位贤者比起来，卫出公与其父蒯聩便为孔子所不齿了。此时，孔子决定离开卫国到陈国去。

　　鲁哀公二年（公元前 493 年）秋天，孔子准备离开客居四年之久的卫国，前往陈国。虽然这四年多来，孔子没有能够参与卫国的朝政，施行自己的政治主张，但是，他在卫国没有放弃传道解惑的教育事业，招收了一大批弟子。其中，史书上留下姓名的有子夏、琴牢（子开）、句井疆（子疆）、奚容蒇（子晳）、荣旗（子祈）等人。这些弟子对传承和宣传孔子的思想学说都起了很大的作用。孔子到陈国去，当有在卫招收的弟子随行，但惜无记载，无从得知具体是谁。当然，孔子的主要随行者仍是子路、颜回、子贡、冉有等主要弟子，大概还有陈国人公良孺。

　　孔子师徒一行自卫国都城帝丘出发，一路东南行去，到了曹国都城陶丘（今山东定陶一带），然后到了宋国都城商丘（今河南商丘一带）。宋国是孔子祖先生活过的国家，孔子在年轻的时候，曾来宋国学习考察过殷商的礼制。因此，这次故地重游，孔子十分兴奋。但是，宋国君臣却不像卫国君臣那样对孔子的到来表现出极大的热情。而且，孔子好议论政治得失的习惯再次为他召来了灾难。

　　在宋国，孔子听说宋国的司马桓魋为了死后不朽，命令工匠为

────────────

① 《论语·述而》。

自己制作石椁，结果，用了三年的时间还未完成。对此，孔子给予
了批评，认为像桓魋这样的人，奢靡无度，死了还是早一点烂掉的
好（"若是其靡也，死，不如速朽之愈也！"）。[①] 桓魋听说后，十
分愤怒，便要教训一下孔子。因孔子师徒经常在一棵大树下演习礼
仪，桓魋便派人把大树拔掉，而且扬言要杀死孔子。孔子却十分自信，
说道："天生德于予，桓魋其如予何？"[②] 但说归说，最后孔子还是
改装易服，与弟子们分别逃出宋国国境。在这种形势下，孔子师徒
只好改变去陈国的南行路线，拐了个大弯向西边的郑国进发。

　　终于，孔子到达了郑国的都城新郑（今河南新郑）。他们师徒
因在宋国落荒而走，彼此失散，孔子便在新郑城的东门等待弟子们
的到来。这时，发生了颇具幽默意味的一幕。

　　子贡在城内遍寻孔子不着，于是四处打听，便有人告诉子贡："东
门有人，其颡似尧，其项类皋陶，其肩类子产，然自要以下不及禹
三寸，累累然若丧家之狗。"[③]

　　子贡按照那人的指点找到了孔子，并把这段话告诉了孔子。或
许是师徒相见的欢欣，一扫孔子心头的阴霾和忧郁，孔子笑着说道：
"形状，末也。而谓似丧家之狗，然哉！然哉！"[④] 孔子和弟子们
会齐后，不久便取道东南，前往陈国，以图寻求新的机遇。

二

　　鲁哀公三年（公元前492年），孔子师徒几经周折终于到达陈国。

---

① 《礼记·檀弓上》。
② 《史记·孔子世家》。
③ 《史记·孔子世家》。
④ 《史记·孔子世家》。

对于孔子的到来，陈湣公十分高兴，立刻召见了他，孔子便在其仰慕者司城贞子家安顿下来。

关于孔子在陈国的具体情形，所见资料不多，只有《孟子》中有一段十分简单的记载：

> 是时，孔子当阨，主司城贞子，为陈侯周臣。[①]

这里的陈侯周，赵岐《孟子章句》说："陈侯周，为楚所灭，无谥。"但从《史记·陈世家》的记载和时间上推算，应为陈侯越，而不是陈侯周，因为据《史记·陈世家》的记载，陈怀公之子为陈湣公，名越。

另外，《孟子》中只提到孔子为臣，但未说具体情况，想来只是一般意义上的臣，并无实际官职，很可能是备充顾问而已。

鲁哀公三年（公元前492年），孔子六十岁了，用他自己的话说是"六十而耳顺"，即听到任何事情都能分辨出是非来了。

这年五月，鲁国都城发生火灾。孔子远在陈国，听到这个消息后，推测道："一定是鲁桓公和鲁僖公的庙遭了火灾吧？"不久，从鲁国传来了确切的消息，真的是桓公、僖公的庙被火烧毁。因为这件事，陈国人对孔子更加敬仰了。

但是，孔子在陈国能够流布于竹帛的大概也只有几件小事。

孔子在陈国时，恰好有一隼鸟落在陈国宫中，鸟被箭射中，死在地上。那射中鸟的箭非中原所有，于是，陈湣公便派人去请教孔子，孔子作出了正确的回答。此事见于《史记·孔子世家》：

> 有隼集于陈廷而死，楛矢贯之，石砮，矢长尺有咫。陈湣公使使问仲尼。仲尼曰："隼来远矣，此肃慎之矢也。昔武王克商，

---

① 《孟子·万章上》。

通道九夷、百蛮，使各以其方贿来贡，使无忘职业。于是肃慎贡
楛矢石砮，长尺有咫。先王欲昭其令德，以肃慎矢分大姬，配虞
胡公而封诸陈。分同姓以珍玉，展亲；分异姓以远方职，使无忘服。
故分陈以肃慎矢。"

　　试求之于故府，果得之。

此事不见于《左传》《论语》等书，但《国语·鲁语下》作了
很详细的记载，与《史记》所记基本相同：

　　昔武王克商，通道于九夷、百蛮，使各以其方贿来贡，使无
忘职业。于是肃慎氏贡楛矢、石砮，其长尺有咫。先王欲昭其令
德之致远也，以系后人，使永监焉，故铭其栝曰"肃慎氏之贡矢"，
以分大姬，配虞胡公而封诸陈。古者，分同姓以珍玉，展亲也；
分异姓以远方之职贡，使无忘服也。故分陈以肃慎氏之贡。君若
使有司求诸故府，其可得也。

司马迁大概是取材于《国语》而演绎成这段"故事"的。《国语》
一书，传为春秋时左丘明撰，系我国春秋时期分国叙述的记言史书，
因其可与《左传》相互参证，故又被称为"春秋外传"，其记叙应
当可信。但此说也有令人怀疑的地方，孔子所说的肃慎氏，也称息
慎、稷慎，是后来满族人的祖先，当时居住在长白山、兴安岭一带，
他们确实是善于射箭的民族。但是当时的陈国，在今河南淮阳和安
徽亳县一带。虽然隼是一种凶猛的大鸟，但是，一只被长箭穿透了
的鸟能够飞行这样远的距离是不可能的。因此，这段故事的真实性
便有些靠不住了。

孔子六十岁这年秋天，鲁国执政季桓子大病，临终前嘱其子季
康子召孔子回鲁。桓子死后，季康子为执政，欲召孔子，但由于公
之鱼的阻挠而改召孔子的弟子冉求回鲁。此事《史记》记之甚详：

秋，季桓子病，辇而见鲁城，喟然叹曰："昔此国几兴矣，以吾获罪于孔子，故不兴也。"顾谓其嗣康子曰："我即死，若必相鲁；相鲁，必召仲尼。"后数日，桓子卒，康子代立。已葬，欲召仲尼。公之鱼曰："昔吾先君用之不终，终为诸侯笑。今又用之，不能终，是再为诸侯笑。"

康子曰："则谁召而可？"曰："必召冉求。"于是使使召冉求。冉求将行，孔子曰："鲁人召求，非小用之，将大用之也。"①

果然，冉求回到鲁国后即当了季氏家的总管。冉求回国，勾起了孔子的一腔思乡之情。毕竟，他已经是六十多岁的人了，离开鲁国也有十几年了，那儿有他的妻室儿女，有他的弟子，所以《论语》记道：

子在陈，曰："归与！归与！吾党之小子狂简，斐然成章，不知所以裁之。"②

然而，孔子暂时还不能回去，命运还要让他继续在异邦流浪。

孔子在陈国并不是安居于一个固定的地方，而是时而去另一个小国蔡（今河南上蔡），时而又回到陈国。孔子往返于两国之间，虽然没有得到什么重用，但生活还算平静。直到鲁哀公六年（公元前489年），孔子六十三岁时，吴、陈、楚之间爆发了一场战争，才使得孔子师徒又不得不踏上颠沛流离的路途。

这年，吴国出兵入侵陈国，楚昭王认为其先君与陈国有盟约，不可以不救陈，于是楚国便派出军队救陈。楚昭王率军亲征，七月，楚昭王驻军在城父，临战前，巫师作占卜，结果是进攻、撒退都不吉利。楚昭王便说道："那么只有死路一条了？再说了，楚师溃败，

① 《史记·孔子世家》。
② 《论语·公冶长》。

则不如死；背弃盟约逃避敌人，也不如死；总而言之得死，那就不如死在和敌人的作战中。"① 于是，楚昭王便挥师前进，攻到了陈国都城宛丘（今河南周口淮阳一带）西北的大冥。楚昭王病重，死于军中，楚军只好撤退。吴军便乘机大举西进，一直攻到了陈国都城宛丘城下。于是，孔子师徒只好仓皇逃离陈国都城。

据说，早在此之前，楚国的天空中接连三天出现了像一群红色鸟的云彩，围绕着太阳飞。楚昭王便派人向周天子的太史官请教，周天子的太史官对来人说："这一征兆将应在楚昭王身上，若是以巫术解之，可以将祸移到大臣令尹和司马身上。"楚昭王便说道："解除腹心之疾，却把它转移到股肱上，有什么益处呢？我没有什么大的过错，难道天还要我早死吗？（假如）我有罪应当受罚，又何必移之他人呢？"另外，楚昭王原先就有疾病，巫师说是河在作祟，让楚昭王祭河。楚昭王认为自己虽没有很高的德行，但生病并不是获罪于河的缘故，没有祭河。对于楚昭王的上述言行，孔子很是赞赏，认为："楚昭王知大道矣。其不失国也，宜哉！"②

孔子的这般评语，当是后来所言，因为此时的孔子正忙于逃难，难以知晓楚昭王军中之事。

孔子师徒逃出陈国宛丘之后，一直南行，沿途正是吴、楚两军杀伐的战场，百姓们都已逃散。孔子师徒疲、病、饥交加，甚至在弟子们中间，对孔子学说的信仰也产生了危机。这一情形，《论语》中有所记载：

在陈绝粮，从者病，莫能兴。子路愠见曰："君子亦有穷乎？"

① 事见《左传·哀公六年》。
② 事见《左传·哀公六年》。

子曰："君子固穷，小人穷斯滥矣。"①

《荀子》一书，对此也有类似的记述：

> 孔子南适楚，厄于陈、蔡之间，七日不伙食，藜羹不糁，弟子皆有饥色。子路进问之曰："由闻之：为善者，天报之以福；为不善者，天报之以祸。今夫子累德、积义、怀美，行之日久矣。奚居之隐也？"孔子曰："由不识，吾语女。女以知者为必用邪？王子比干不见剖心乎！女以忠者为必用邪？关龙逢不见刑乎！女以谏者为必用邪？吴子胥（伍子胥——著者）不磔姑苏东门外乎！夫遇不遇者，时也；贤不肖者，材也；君子博学深谋，不遇时者多矣。……君子之学，非为通也；为穷而不困，忧而意不衰也，知祸福终始而心不惑也。夫贤不肖者，材也；为不为者，人也；遇不遇者，时也；死生者，命也。今有其人不遇其时，虽贤，其能行乎？苟遇其时，何难之有？故君子博学、深谋、修身、端行以俟其时。"②

这段记述，实则是荀子在以孔子师徒之事说荀子之理，但也多少给我们提供了两方面的"消息"：一是孔子师徒南行是要去楚国的，二是孔子的弟子们由于现实的困境而对孔子学说产生了疑惑。

但是，司马迁的说法颇启人疑窦：

> 孔子迁于蔡三岁，吴伐陈。楚救陈，军于城父。闻孔子在陈、蔡之间，楚使人聘孔子。孔子将往拜礼，陈、蔡大夫谋曰："孔子贤者，所刺讥皆中诸侯之疾。今者久留陈、蔡之间，诸大夫所设行皆非仲尼之意。今楚，大国也，来聘孔子。孔子用于楚，则陈、蔡用事大夫危矣。"于是乃相与发徒役围孔子于野。不得行，绝粮。

① 《论语·卫灵公》。
② 《荀子·宥坐》。

从者病，莫能兴。孔子讲诵弦歌不衰。

　　子路愠见曰："君子亦有穷乎？"孔子曰："君子固穷，小人穷斯滥矣。"①

　　似乎孔子在蔡国也住了三年，难怪钱穆说道："《史记·孔子世家》最芜杂无条理。其他若'年表'，若鲁、卫、陈、蔡诸'世家'，凡及孔子，几于无事不抵牾，无语不舛违。"②他认为这一情形"盖出后人之移易增窜"③。不过，这段记述，事实似还可信，只是在居蔡问题上有些武断。实际上，孔子居于陈、蔡之间三年的记述，可能是行文中有所夺脱所致。而且《史记》所记子贡、颜渊等人的性格及日常表现也与《论语》所记相同，当系可信之事：

　　子路出，子贡入见。孔子曰："赐，诗云：'匪兕匪虎，率彼旷野。'吾道非邪？吾何为于此？"子贡曰："夫子之道至大也，故天下莫能容乎夫子。夫子盖少贬焉？"孔子曰："赐，良农能稼而不能为穑，良工能巧而不能为顺。君子能修其道，纲而纪之，统而理之，而不能为容。今尔不修尔道，而求为容。赐，而志不远矣！"④

　　子贡为人善于变通，虽然他认为孔子之道确乎伟大而崇高，但难以见容于现世，所以他劝孔子降低一下标准，以为世所容、所用，结果受到一顿批评。而颜渊则不同，他对孔子学说的崇拜几近于迷信的程度。孔子便曾说过："回也，非助我者也，于吾言无所不说。"⑤

---

① 《史记·孔子世家》。
② 钱穆：《先秦诸子系年考辨》，上海：上海书店，1992年。
③ 钱穆：《先秦诸子系年考辨》，上海：上海书店，1992年。
④ 《史记·孔子世家》。
⑤ 《论语·先进》。

而颜渊对孔子的学问道德也曾叹赏之至：

> 颜渊喟然叹曰："仰之弥高，钻之弥坚。瞻之在前，忽焉在后。夫子循循然善诱人，博我以文，约我以礼，欲罢不能。既竭吾才，如有所立卓尔。虽若从之，未由也已。"①

所以，只有颜回能够理解孔子，司马迁记道：

> 子贡出，颜回入见。……颜回曰："夫子之道至大，故天下莫能容。虽然夫子推而行之，不容何病，不容然后见君子！夫道之不修也，是吾丑也。夫道既已大修而不用，是有国者之丑也。不容何病，不容然后见君子！"孔子欣然而笑曰："有是哉颜氏之子！使尔多财，吾为尔宰。"②

司马迁以上的记述应该是符合历史真实的，但是，接下来的记述却是大错特错了——

> 于是，使子贡至楚。楚昭王兴师迎孔子，然后得免。③

是时，楚昭王早已去世，哪里还能兴师迎孔子呢！

孔子为什么南行，最终至楚，这里有一个最重要的原因，早在吴、楚争战于陈国之时，孔子即与楚国有过联络，所以《史记·孔子世家》记述了楚昭王以书社七百里封孔子的事：

> 昭王将以书社地七百里而封孔子。楚令尹子西曰："王之使使诸侯有如子贡者乎？"曰："无有。""王之辅相有如颜回者乎？"曰："无有。""王之将率有如子路者乎？"曰："无有。""王

---

① 《论语·子罕》。
② 《史记·孔子世家》。
③ 《史记·孔子世家》。

之宫尹有如宰予者乎？"曰："无有。""且楚之祖封于周，号
为子男五十里。今孔丘述三王之法，明周召之业，王若用之，则
楚安得世世堂堂方数千里乎？夫文王在丰，武王在镐，百里之君，
卒王天下。今孔丘得据土壤，贤弟子为佐，非楚之福也。"昭王乃止。
其秋，楚昭王卒于城父。[①]

　　一般学者往往把孔子困于陈、蔡之间系之于吴、楚交战于陈之
后，即鲁哀公六年（公元前 489 年）秋天，但又把楚昭王欲封孔子
系于孔子被困于陈、蔡之后。而楚昭王是死在吴、楚交战的军中的，
即便如匡亚明先生，也在"孔子年谱"中把楚王欲封孔子一事记之
于吴、楚交战，孔子已至负函见叶公之后。一个死了的君主，又怎
么会再欲封孔子呢？实际的情形可能是，在吴、楚交战的前夕，楚
昭王曾有召孔子的动议。

　　虽然《史记·孔子世家》关于孔子的这一段活动记载芜乱，但
提出了比较可信的事实：

　　　　孔子迁于蔡三岁，吴伐陈。楚救陈，军于城父。闻孔子在陈、
　　蔡之间，楚使人聘孔子。[②]

　　联系这段话看，楚昭王在军中便有了此提议，因为令尹子西的
阻拦而作罢，否则，楚昭王根本没有机会再欲封孔子了。

三

　　孔子师徒在解决了这场"怀疑争论"之后，继续南行，到达了

---

① 《史记·孔子世家》。
② 《史记·孔子世家》。

负函（今河南信阳一带）。

负函，原为蔡国城邑，后被楚国侵夺。蔡国被迫迁都下蔡（今安徽凤台）。楚国逼迫蔡国的一部分人民聚居于负函，授命沈诸梁治理。

沈诸梁，字子高，因其采邑在叶，故被称为叶公。据传说，他十分喜欢龙，所以，人们编了一个"叶公好龙"的故事。这个故事成为中国著名的寓言故事，被选入了中学课本：

> 叶公子高好龙，钩以写龙，凿以写龙，屋室雕文以写龙。于是夫龙闻而下之，窥头于牖，施尾如堂。叶公见之，弃而还走，失其魂魄，五色无主。是叶公非好龙也，好夫似龙而非龙者也。

这个故事见于汉刘向的《新序·杂事五》。大概是叶公很出名，所以，后人编了这样一个故事，附会到叶公身上。

叶公沈诸梁早就对孔子仰慕已久，因此，对孔子的到来表示了欢迎礼敬之意。孔子师徒因赏识他们的昭王已死，楚已无用孔子之意，便暂时在负函安顿下来。

叶公的采邑在叶，即今河南省叶县，位于负函西北，距负函大约四百里路左右，叶公沈诸梁经常往来于负函和叶之间。有时，他也向孔子请教一些问题，《论语》中三次记述了叶公的行事：

> 叶公问政。子曰："近者说，远者来。"[1]

这是关于"政治"方面的问题。有时，叶公也会坐下来和孔子闲话一些街头巷尾的故事。如有一次，叶公便告诉孔子，其乡里有一件父亲偷羊、儿子告发的事。叶公认为，这个儿子是坦白直率的人，

---

[1] 《论语·子路》。

但孔子却提出了相反的结论：

> 叶公语孔子曰："吾党有直躬者，其父攘羊，而子证之。"
> 孔子曰："吾党之直者异于是：父为子隐，子为父隐——直在其
> 中矣。"①

孔子是一个讲求孝道的人，因此，他认为，父子相互隐藏对方
的缺点和错误，才是真正的"直率"。

大概叶公有时对孔子的某些言行也难以理解，便向子路问孔子
是怎样的一个人：

> 叶公问孔子于子路，子路不对。子曰："女奚不曰，其为人也，
> 发愤忘食，乐以忘忧，不知老之将至云尔。"②

当然，孔子师徒居负函期间，更多的是到处游历。在这里，他
们遇到了许多性格各异的隐者。《论语》和《史记》都曾记述了孔
子师徒与他们的交往情形：

> 长沮、桀溺耦而耕，孔子过之，使子路问津焉。
> 长沮曰："夫执舆者为谁？"
> 子路曰："为孔丘。"
> 曰："是鲁孔丘与？"
> 曰："是也。"
> 曰："是知津矣。"
> 问于桀溺。
> 桀溺曰："子为谁？"
> 曰："为仲由。"

---

① 《论语·子路》。
② 《论语·述而》。

曰：“是鲁孔丘之徒与？”

对曰：“然。”

曰：“滔滔者天下皆是也，而谁以易之？且而与其从辟人之士也，其若从辟世之士哉？”耰而不辍。

子路行以告。

夫子怃然曰：“鸟兽不可与同群，吾非斯人之徒与而谁与？天下有道，丘不与易也。”①

孔子认为，鸟和兽是不同群的，两种政治思想主张的人是难以相与的，假如天下太平，自己也就不会和弟子们一道来试图改革政治了。

还有一次，子路随从孔子外出，因师徒走散，便问一位老人是否见过孔子，结果受到这位老人的讥讽，但后来见天色已晚，便留子路食宿，并让其两个儿子与子路相见。第二天，子路找到孔子后再回来探视时，老人与其子均已不见，于是引来了子路的一篇宏论：

子路从而后，遇丈人，以杖荷蓧。

子路问曰：“子见夫子乎？”

丈人曰：“四体不勤，五谷不分。孰为夫子？”植其杖而芸。

子路拱而立。

止子路宿，杀鸡为黍而食之，见其二子焉。

明日，子路行以告。

子曰：“隐者也。”使子路反（返）见之。至，则行矣。

子路曰：“不仕无义。长幼之节，不可废也；君臣之义，如之何其废之？欲洁其身，而乱大伦。君子之仕也，行其义也。道之不行，已知之矣。”②

---

① 《论语·微子》。

② 《论语·微子》。

当然，这些隐者的言行，虽然给了孔子以思想上的触动，使孔子对自己的政治思想进行重新审视，但并未动摇孔子实现自己的政治理想的决心。而最能触动孔子灵魂的是楚狂接舆。据《论语》的记述，楚狂接舆曾用歌吟来劝谏孔子：

> 楚狂接舆歌而过孔子曰："凤兮凤兮！何德之衰？往者不可谏，来者犹可追。已而，已而！今之从政者殆而！"
>
> 孔子下，欲与之言。趋而辟之，不得与之言。①

看来，接舆才是真正理解孔子，欣赏孔子而又怜惜、同情孔子的人，是孔子的知音。但是他又不太赞成孔子过于执着的态度，因此，他用歌来劝解孔子，告诉孔子，算了吧，算了吧！现在的执政者自身已很危险了。孔子也看出接舆对自己是十分理解的，他也很想下车来和这位知音交谈一番，但接舆却赶紧避开了，因为他劝孔子的话已说完，又何必再啰唆下去呢！

接舆的出现才真正使孔子有了归去的念头，毕竟现实政治并未给他提供什么机会，而且，他已经六十三岁了。

---

① 《论语·微子》。

第十五章

倦　鸟
知　返

作歌丘陵　鲁哀公十一年（公元前 484 年），孔子六十八岁，在卫国。鲁国执政大夫季康子派人携带礼物请孔子回国。孔子归国，结束了十四年的周游列国生活，作丘陵之歌，抒发感慨。

一

虽然孔子在负函的生活十分安宁，但是，他所能依靠的只是叶公这样一个地方长官而已，根本不可能在政治上有所作为，孔子便萌生了离开负函另图发展的想法。这时，孔子的弟子中有许多仕于卫国，纷纷请求孔子回卫国来。于是，孔子接受了在卫国的弟子们的建议，率领随行的弟子们于鲁哀公十年（公元前485年）再次回到了卫国。

孔子师徒回卫国的具体路线是，从负函到陈国，自陈国北上，经宋国的仪邑，抵达卫国蒲邑，由蒲邑回到了卫国都城帝丘。

此时的卫国仍然没有消除围绕着君权争夺而产生的政治危机。八年前，卫太子蒯聩与其子卫出公争夺君位，结果没有战胜自己的儿子卫出公，只好再次流亡国外。鲁哀公五年（公元前490年）和鲁哀公七年（公元前488年），晋国又两次侵犯卫国，仍试图支持蒯聩回国谋取君位，但都没有成功。鲁哀公十年（公元前485年），即孔子回到卫国的这一年，蒯聩为太子时的主要支持者和追随者公孟驱回到了卫国，这在卫国人心中罩上了一层阴影。蒯聩父子争权的余悸仍弥漫于卫国朝野。在这样一种形势面前，卫出公很想得到孔子的支持，因此，对孔子的归来表现出极大的热情，孔子师徒也以为孔子将会得到卫出公的重用，这给了孔子一线从政的希望。在孔子和子路之间便有了下面一段对话：

> 子路曰："卫君待子而为政，子将奚先？"
> 子曰："必也正名乎！"
> 子路曰："有是哉，子之迂也！奚其正？"
> 子曰："野哉，由也！君子于其所不知，盖阙如也。名不正，

则言不顺；言不顺，则事不成；事不成，则礼乐不兴；礼乐不兴，则刑罚不中；刑罚不中，则民无所错（措）手足。故君子名之必可言也，言之必可行也。君子于其言，无所苟而已矣。"①

子路反问孔子的话是有道理的，因为此时的卫出公并不需要孔子来"正名"。孔子主张"君君、臣臣、父父、子子"，但卫国当时的情况是父子为争夺君位，互相视为寇仇，恰好是君不君、臣不臣、父不父、子不子。从宗法制的观点出发，似乎卫出公是合法的王位继承者，虽然绕的圈子大了些。而蒯聩未得先王遗命，却想做国君，自然不合于为君之道。但是，卫出公即位后，拒绝其父亲回国，从父子名分上又不合于父慈子孝的礼法。因此，他们父子的行为从公从私都与义理不合。所以，假如用孔子当政的话，孔子便想从名分上先确立君臣、父子的关系，即君臣是君臣、父子是父子，使两者区别开来，又各符其应有名分，即：从君臣关系来讲，君是儿子卫出公辄，臣是父亲蒯聩；而从父子关系来讲，蒯聩是父亲，卫出公虽贵为国君但仍旧是儿子。这样的区分从道理上来讲是不错的，但事实上又行不通，因为对君权的欲望已经使这对父子失去了人性，成为不共戴天的敌人了。

卫出公欢迎孔子归来，真正的目的是利用孔子的威望。孔子作为弟子们的精神领袖，自然有非同凡响的号召力。留孔子在卫国，示以尊崇，孔子在卫国的弟子自然效命于卫国；而滞留他国的弟子也可能来归，为卫所用。所以，卫出公并没有让孔子执政的想法，只是把孔子"公养"起来，并不授以实际的官职。对于孔子一生的仕宦，孟子曾给予归纳、总结：

_____

① 《论语·子路》。

　　　孔子有见行可之仕，有际可之仕，有公养之仕。于季桓子，
　　见行可之仕也；于卫灵公，际可之仕也；于卫孝（出）公，公养
　　之仕也。①

　　孔子已过了知天命之年，又过了"六十而耳顺"之年，对于世
间的一切是非得失早已明察秋毫。卫出公对孔子采取的是养起来的
政策，既不让孔子"为政"，也不向孔子"问政"，使孔子明白再
也不会有君王重用自己了，自己的政治理想已经不可能实现。这对
孔子来说是一个很大的打击。但是，此时的孔子已经到了迟暮之年，
似乎对一切都看开了，没有了怨怼，没有了自伤，只是平静地接受
了这一切。这一时期，孔子在卫国安定下来后，集中精力做了一些
教学和治学工作。这类事情没有记载、流传下来，但是，从其弟子
入学受教的情况来分析的话，可以得到一些佐证。

二

　　孔子居卫期间，又招收了一些弟子，能够留下姓名的有惠淑兰、
子夏等人。此外，还有孔子至楚时收录的弟子子游。
　　子游，姓言，名偃，春秋末年吴国人，生于公元前 506 年，比
孔子小四十五岁。大概是在孔子流连于楚之负函时，子游慕名投入
其门下。孔子北还时，子游随之到了卫国。子游在孔子门下，以熟
知文学（指古代文献）著称，《论语》中曾记："文学：子游，子
夏。"② 因而《尸子》有言："礼不习，子游侍；辞不辩，宰我侍。"
子游的性格是果决，不拘小节，反对言行烦琐。如《论语》中曾记

①《孟子·万章下》。
②《论语·先进》。

子游的言论："子游曰：'事君数，斯辱矣；朋友数，斯疏矣。'"①
后来子游随孔子回到了鲁国，曾为武城宰，发现了贤者即后来也大
大有名的孔门弟子澹台子羽。子游死后，被列为七十二弟子之一，
与其他孔门弟子一样享受祭祀。唐玄宗开元二十七年（公元739年）
子游被封为"吴侯"；宋真宗大中祥符二年（公元1009年），被
封为"丹阳公"，后被改封为"吴公"。

　　孔子在鲁国的另一位弟子为惠淑兰，严格说来，惠淑兰不一定
是孔子登堂入室的弟子，只是经常请教孔子的一位将军而已。惠淑
兰曾为司寇之职，不可能整日追随孔子左右，受到孔子系统的教育。
《礼记·檀弓上》曾记："司寇惠子之丧，子游为之麻衰。"而《孔
子家语》则记述了子兰师从孔子的经过：

　　　　子游尝从孔子适卫，与将军子兰相善，使之受学于夫子。②

　　这说明，惠淑兰是经由子游引荐而就学于孔子的，而且死于子
游之前。

　　这一时期，孔子还招收了后来独成一家的著名弟子子夏。

　　子夏，姓卜，名商，字子夏，生于公元前507年，比孔子小
四十四岁。至于子夏的国籍，说法颇多，一说卫国，一说晋国。对此，
李启谦先生在其《孔门弟子研究》中作过详尽考辨。参之各家说法，
子夏应为卫国人。

　　子夏出身于贫寒之家，《荀子·大略》曾记其窘境：

　　　　子夏家贫，衣若县鹑。人曰："子何不仕？"曰："诸侯之
骄我者，吾不为臣；大夫之骄我者，吾不复见。柳下惠与后门者

① 《论语·里仁》。
② 《孔子家语·七十二弟子解》。

同衣而不见疑,非一日之闻也。……"①

但是,子夏在孔门弟子中却是一个十分难得的文武全才。他的勇毅性格不大见之于《论语》,在先秦以前的古籍中却有许多记叙,如《孟子·公孙丑上》便提到子夏之勇。此外,后来的《韩诗外传》还记载了一个关于子夏的故事,说子夏与卫国的一位勇士曾随同卫灵公一起去会见晋君,在卫君受到羞辱的情况下,子夏挺身而出,威逼赵简子,他对赵简子说道:"君不朝服,行人卜商将以颈血溅君之服矣。"②于是,赵简子不得不以礼与卫君相见。

子夏这种勇武的性格在其他古籍中也得到了印证。《尸子》一书曾记:"子夏曰:'君子渐于饥寒,而志不僻;钤于五兵,而辞不慑。临大事,不忘昔席之言。'"这番话确乎有着一种贫贱不能移、威武不能屈的英雄气概。

然而,在孔子门下,子夏还是以"文学"而显名。对于古代文献,子夏可以说是众弟子中的专家,孔子常常和子夏谈论古代典籍中的有关问题。对此,《论语》中多有记载:

> 子夏问曰:"'巧笑倩兮,美目盼兮,素以为绚兮。'何谓也?"
> 子曰:"绘事后素。"
> 曰:"礼后乎?"子曰:"起予者商也!始可与言《诗》已矣。"③

另外,《韩诗外传》《孔子家语》等书也有孔子与子夏谈论《诗》《易》《春秋》的记述。《史记·孔子世家》也提到,孔子为《春秋》,笔则笔,削则削,子夏之徒不能赞一辞。这里单独点出子夏,可见子夏在《春秋》方面也有优于众弟子之处。后来,子夏传《春秋》

---

① 《荀子·大略》。
② 《韩诗外传》卷六。
③ 《论语·八佾》。

于公羊高、榖梁赤，因而才有了《春秋公羊传》《春秋榖梁传》。[①]
而子夏对传播和整理古代文献的贡献，孔子之后可谓第一人，故《后
汉书》论道："《诗》《书》《礼》《乐》定自孔子，发明章句始
于子夏。"[②] 子夏不仅熟知古代文献，勇毅敢为，其思想也有自己
的独到之处。孔子死后，他至"西河讲学"为魏文侯师[③]，其势与
后来的"儒家八派"平分秋色。《论语》中关于子夏的言论记述较多，
由此可以看出子夏在孔门弟子中的影响。如：

> 子夏曰："博学而笃志，切问而近思，仁在其中矣。"[④]

> 子夏曰："百工居肆以成其事，君子学以致其道。"[⑤]

> 子夏曰："君子有三变：望之俨然，即之也温，听其言也厉。"[⑥]

> 子夏曰："君子信而后劳其民；未信，则以为厉己也。信而后谏；
> 未信，则以为谤己也。"[⑦]

> 子夏曰："大德不逾闲，小德出入可也。"[⑧]

> 子夏曰："虽小道，必有可观者焉；致远恐泥，是以君子不
> 为也。"[⑨]

子夏后来随孔子去了鲁国，曾为莒父宰，死后被列为七十二弟

---

① 详见[清]朱彝尊《孔子门人考》。
② 《后汉书·邓张徐张胡列传》。
③ 《史记·仲尼弟子列传》。
④ 《论语·子张》。
⑤ 《论语·子张》。
⑥ 《论语·子张》。
⑦ 《论语·子张》。
⑧ 《论语·子张》。
⑨ 《论语·子张》。

子之一。唐玄宗开元二十七年（公元739年），子夏被封为"卫侯"；宋真宗大中祥符二年（公元1009年），被谥为"东阿公"（或作河东公），后又改为"魏公"。

虽然孔子在卫国有许多弟子随侍左右，也有众多弟子任职于卫，孔子的物质生活、精神生活都不至于太过窘迫，但是，孔子已经离开鲁国十几年了，前些年孔子热衷于追求自己仁政理想的实现，能够自觉地抑制对故国、家人的思念，此时孔子既已明了这一理想的缥缈，淹留异国他乡也就没有什么实际意义了。因此，迟暮之年的孔子，内心被思乡的情绪所占据，恰好这时，孔子的夫人亓官氏去世了，这从根本上促使孔子下了归国的决心。孔子抛妻别子十四年，颠沛流离于卫、陈、曹、宋、郑、蔡等国，却终不被当权者所用，所剩的唯一选择便是回到家乡颐养天年了。

亓官氏死于鲁哀公十年（公元前485年），这一年，孔子已六十七岁了。作为一个女人，亓官氏的一生是不幸的，丈夫离家十四年，她一人孤守家园，其凄凉寂寞是可以想见的。对此，孔子也是怀有很深的歉疚和愧悔的，这直接促成了孔子归国为妻亓官氏卜墓营葬的事。

亓官氏去世时，孔子尚在卫国，未能参加妻子的葬礼。但是，《阙里述闻》一书却认为孔子曾归鲁葬妻，并为其行"稽颡"之礼。所谓"稽颡"，即以头触地，示以极度哀痛的重礼。关于这一说法，《阙里述闻》已道出了依据：

> 考周时丧妻之礼，父母在，不杖不稽颡。圣父母早卒，以是知圣人之杖而稽颡也。葬于鲁北泗水之南，洙水之北，新茔也。

原来，孔子为妻行稽颡之礼的说法，是依据周礼推测出来的。不过，《阙里述闻》的考证也有一定的道理。或许是在亓官氏去世后的第二年，孔子归鲁后才为亓官氏重新选择了墓地，并举行了葬礼。亓官氏所葬之地，也就是今天的孔林了。

三

当然，孔子归鲁不仅仅是因为妻子的去世，亓官氏去世是在鲁哀公十年（公元前 485 年），而孔子是在第二年回鲁的。孔子回鲁有着更为深层的原因。

早在孔子周游列国的途中，孔子的弟子们便有陆续回鲁国者，如冉求、子贡、子张等。

鲁哀公三年（公元前 492 年），孔子与弟子们羁留陈国时，孔子的弟子冉求便奉召回国，为季氏宰。此时，子贡也已回到鲁国，并且为鲁国做了很多外事工作。如鲁哀公七年（公元前 488 年），哀公会吴于鄫，吴向鲁国征百牢之礼，理由是：宋国以百牢待吴，鲁以百牢输晋。迫于吴国的压力，鲁国最后还是以百牢之礼馈吴。其后，吴太宰伯嚭派人召季康子，季康子不愿前往，便派子贡到鄫辞谢，太宰嚭便责问："国君道长，而大夫不出门，此何礼也？"[1] 子贡针锋相对地作了回答："岂以为礼，畏大国也。大国不以礼命于诸侯，苟不以礼，岂可量也？"[2] 子贡认为季康子这样做是有原因的，原因就是吴国不守周礼。这一次子贡不辱使命而归。鲁哀公十一年（公元前 484 年），孔子回鲁前夕，子贡又辅佐叔孙氏，在吴、鲁联合攻齐中做过一些与外交有关的事情。[3]

---

[1] 《左传·哀公七年》。

[2] 《左传·哀公七年》。

[3] 事见《左传·哀公十一年》。

孔子的另一位弟子子张，此时也在鲁国，当时子张大概还未列入孔氏门墙，但他对孔子崇拜有加，可能是在孔子归鲁后投入孔门。子张小孔子四十八岁，为陈国人，孔子在陈时，子张不过十二三岁，不可能随孔子流离于陈、蔡之间。此外，《新序》一书为我们提供了一些材料：

> 子张见鲁哀公，七日而哀公不礼，托仆夫而去，曰："臣闻君好士，故不远千里之外，犯霜露，冒尘垢，百舍重趼，不敢休息以见君，七日而君不礼。君之好士也，有似叶公子高之好龙也。"

看来，子张是为干谒鲁哀公而来鲁国的，而且不久即开始参与鲁国政事。《左传》中曾记哀公八年吴国伐鲁，子张曾参与商讨御吴之事。等孔子回国后，子张才师从孔子，道德学问得以精进。孔子去世后，儒家分为八派，子张便是其中的一派。一直到东汉时，人们还念念不忘子张之德，认为子张有"亚圣之德"①。子张与其他弟子一样，受到历代帝王的推崇，东汉明帝祠之，将其列为七十二弟子之一。唐玄宗开元二十七年（公元739年），子张被封为"陈伯"；宋真宗大中祥符二年（公元1009年），被封为"宛邱候"，后又被尊为"陈公"。

此外，孔子的弟子有若、樊迟等，此时也都供职于鲁国，这些人都希望自己的老师孔子回到鲁国来。季康子作为执政，深知孔子的分量，让一位蜚声于"国际"的贤者长久漂泊在外，对自己在国内外的声誉都是一种损害。此外，孔门多才，若不为鲁国所用，当为他国所用，倒不如请孔子归鲁，孔氏门下弟子自然来归，自然也为鲁所用，加之孔子已年近七十，垂垂老矣，不会在政治上对季康

① 见《三国志》，转引自李启谦：《孔门弟子研究》，济南：齐鲁书社，1987年。

子有所掣肘，所以季康子也希望孔子归鲁。

鲁哀公十一年（公元前 484 年）春天，齐、鲁之间又发生了一
场战争。齐国贵族国书等人率军攻打鲁国，到达清（今山东长清东
南），季孙氏（康子）问计于冉求，冉求极力主张季康子亲征，叔孙氏、
孟孙氏从征，但叔孙氏、孟孙氏持异议。冉求分析了当时的情势，
劝诫季康子："二子（指叔孙氏和孟孙氏）之不欲战也，宜。政在
季氏，当子之身，齐人伐鲁而不能战，子之耻也，大不列于诸侯矣。"①

季孙氏便让冉求随他入朝，经过争议，最后结果是让孟孺子率
右师，颜羽驾车，邴洩为右乘；让冉求率左师，管周父驾车，孔子
的另一位弟子樊迟为右乘。在冉求的指挥下，鲁军大败齐军。对此，
孔子十分赞赏，认为"能执干戈以卫社稷，可无殇也"。冉有用矛
于齐师，故能入其军，孔子说："这是义呵。"②

在这场战争中，孔子的另一位弟子有若参加了战斗。可以说，
这次战争的中坚人物均出于孔门。战争结束之后，季康子问冉求的
军事指挥才能是哪里来的，冉求告诉季康子，是从孔子那儿学来的，
于是，季康子决定迎孔子回鲁：

> 季康子曰："子（指冉求——著者）之于军旅，学之乎？性
> 之乎？"冉有曰："学之于孔子。"季康子曰："孔子何如人哉？"
> 对曰："用之有名，播之百姓，质诸鬼神而无憾。求之至于此道，
> 虽累千社，夫子不利也。"康子曰："我欲召之，可乎？"对曰：
> "欲召之，则毋以小人固之，则可矣。"……季康子逐公华、公宾、
> 公林，以币迎孔子，孔子归鲁。③

---

① 《左传·哀公十一年》。
② 《左传·哀公十一年》。
③ 《史记·孔子世家》。

据说孔子归鲁还有一个更为直接的原因，那就是卫国的大夫孔文子要攻打另一位大夫太叔疾，向孔子请教策略，孔子以不熟知军事为由拒绝回答。孔子从孔文子处回来后，便叫人整理车子，准备离开。孔文子听说后，便坚决请求孔子留下来。孔子正在犹豫之际，恰好鲁国派人带着礼物来请孔子归国。传说孔子作歌丘陵后，便带领部分弟子，如子路、颜渊等，回到了鲁国。对此事件，《左传》一书记之甚详：

> 孔文子之将攻大叔也，访于仲尼。仲尼曰："胡簋之事，则尝学之矣。甲兵之事，未之闻也。"退，命驾而行。曰："鸟则择木，木岂能择鸟？"文子遽止之，曰："圉岂敢度其私，访卫国之难也。"将止，鲁人以币召之，乃归。[1]

怀着对妻儿的歉疚，孔子归鲁后的第一件事便是为妻子选择墓地，并为之举行了隆重的葬礼。这也勾起了孔子的儿子孔鲤的满腹辛酸。《礼记》记述了这样一件事：

> 伯鱼之母死，期而犹哭，夫子闻之，曰："谁与哭者？"门人曰："鲤也。"夫子曰："嘻，其甚也。"伯鱼闻之，遂除之。[2]

亓官氏死了一年，伯鱼还在哭泣，从时间上看，正是孔子归鲁时。但在孔子看来，伯鱼之母已死去一年，伯鱼再哭，是有违礼仪的，所以，孔子才批评孔鲤。

孔子归鲁的时间是鲁哀公十一年（公元前484年）。这一年，孔子已经六十八岁了，像一只倦飞的鸟儿，孔子终于回到了他的故国。孔子的归来，在鲁国是一件大事，鲁国君臣对此表现出极大的

---

[1] 《史记·孔子世家》。
[2] 《礼记·檀弓上》。

热情。遵从当时各国尊贤、养贤之风，鲁国给了孔子极大的尊荣，尊孔子为"国老"。这一职位是清贵而无实际事权的，主要是备充顾问而已。从后来孔子的言行、鲁哀公和季康子与孔子的交往来看，实际情况也是如此。孔子毕竟是一位进入迟暮之年的老人了，其体力、精力已难以胜任具体的政事了。孔子是"孔氏集团"的领袖人物，安排给他这样一个又体面又无实际任务的职务，是再恰当不过的了。自此，孔子进入他生命中的另一个时期，即顾问政治时期。

第十六章

顾 问
政 治

删述六经 孔子回到鲁国，整理古代文献，叙《书》、传《礼》、删《诗》、正《乐》、序《易》、修《春秋》，以诗书礼乐教育弟子，弟子三千，身通六艺者有七十二人。

一

　　孔子归鲁后，虽然处于一个闲散的职位，但以孔子在国人心目中的地位，执政的季康子不得不示以尊崇，在许多大事上，也多征询孔子的意见。

　　孔子归鲁当年的冬天，季孙氏拟实行新的田赋政策，即在"丘赋"（每一丘出一定数量的赋）的基础上，对贡赋作了调整，把贡赋分为家财赋和田赋，实则是在旧赋之上再加新赋，等于征收双份的赋。为使这一政策顺利实施，季孙氏希望能在舆论上得到孔子的支持。于是，他派自己的管家也是孔子学生的冉求去征求孔子的意见，结果，孔子推说不了解田赋的情况，拒绝发表任何意见，但私下里又对冉求表示了反对态度。对此，《左传》有较为详细的记述：

　　　　季孙欲以田赋，使冉有访诸仲尼。仲尼曰："丘不识也。"三发，卒曰："子为国老，待子而行，若之何子之不言也？"仲尼不对，而私于冉有曰："君子之行也，度于礼，施取其厚，事举其中，敛从其薄。如是则以丘（指丘赋——著者）亦足矣。若不度于礼，而贪冒无厌，则虽以田赋，将又不足。且子季孙若欲行而法，则周公之典在；若欲苟而行，又何访焉？"弗听。[①]

　　孔子明白自己在鲁国和季康子面前的地位，对田赋之事以不了解情况回避回答，很有些置身事外的意思。而季孙氏也很会取巧，见孔子并不明确反对，也就不十分重视这位"国老"的意见。第二年，即鲁哀公十二年（公元前483年）正月，季孙氏实行了新的田赋制度。

　　对此，孔子很不以为然。冉求不仅没有阻止这种新的田赋政策的实行，反而帮着季康子大力推行。孔子对冉求很失望，气愤之余，

_____

[①]《左传·哀公十一年》。

便让弟子们诛伐冉求。《论语》曾记及此事：

> 季氏富于周公，而求也为之聚敛而附益之。子曰："非吾徒也。
> 小子鸣鼓而攻之，可也。"[1]

当然，这只是孔子一时的气话，他们的师生关系并没有因此而恶化。

鲁哀公十二年（公元前483年）五月，鲁国前任君主鲁昭公的夫人吴孟子去世了。《春秋》一书的记载是："夏五月甲辰，孟子卒。"[2]吴孟子是吴国人，吴为太伯之后，姬姓；而鲁国系周公之后，也是姬姓。按周朝的礼法，同姓不婚。所以，《春秋》只记其名，而不写其国名，是为鲁昭公讳的缘故。吴孟子死后，孔子也前往参加吊唁活动，在孔子的思想深处，君的地位是至上的。虽然吴孟子因与鲁昭公同姓而婚，在典籍中不得书姓，不得称夫人，在葬礼上不能称葬小君，但她仍是国君的夫人，鲁国的君臣还是给了她应有的礼遇，作为"国老"的孔子也不例外。

孔子在晚年是相当不幸的。先是妻子死于孔子归国前一年。孔子归国后的第二年，即鲁哀公十三年（公元前482年），孔子唯一的儿子孔鲤又先孔子而逝。这对孔子是一个巨大的打击。所幸，在此之前，孔鲤已生子孔伋，这多少给了孔子一些慰藉。

孔鲤早年师从于父亲孔子，孔子周游列国时，孔鲤在家奉养其母亓官氏。详细情况，史书未有记载。据《曲阜县志》《阙里文献考》等书所记，鲁哀公曾以币召孔鲤，但孔鲤却因世道无常而"高尚不仕"。这一说法究竟可信度有多大，已很难厘清。孔鲤死后，

---

① 《论语·先进》。
② 《春秋·哀公十二年》。

孔子虽然十分哀痛，但仍然依礼葬子，只用内棺而不用椁（外棺），葬在其母亓官氏的墓地旁边。

在此前后，孔子很钟爱的一位弟子冉伯牛病了。孔子与弟子们之间的感情十分深厚。冉伯牛是孔子十分得意的弟子，孔子办学初期，即师从于孔子。孟子曾说："子夏、子游、子张，皆有圣人之一体；冉牛、闵子、颜渊，则具体而微。"① 也就是说，子夏等人只是继承了孔子的某一个方面，而冉伯牛等三人则与孔子大体接近，与孔子的差别很小了。因此，在冉伯牛患了恶疾之后，孔子不顾自己年老体衰，前去看望冉伯牛：

> 伯牛有疾，子问之，自牖执其手，曰："亡之，命矣夫！斯人也而有斯疾也！斯人也而有斯疾也！"②

其后不久，冉伯牛便去世了。

二

精神上的打击并没有打倒孔子，孔子以自己高尚的道德修养克制自己的感情。这期间，孔子对鲁国的政事仍然保持着应有的热情。孔子真正起到了顾问政治的作用，不时地回答鲁哀公或季康子的垂询，申述自己的主张，试图影响哀公和季康子，进而影响鲁国的政治。这类事情，《论语》中记述得较多：

> 哀公问曰："何为则民服？"孔子对曰："举直错（措）诸枉，

① 《孟子·公孙丑上》。
② 《论语·雍也》。

则民服；举枉错（措）诸直，则民不服。"①

当然，由于哀公并不掌握国政，像这段文字记述的，君臣之间谈论政事的时候并不多。更多的时候，哀公请孔子来谈谈话，以解其深宫之寂寞，但孔子从来不放过任何劝谏哀公的机会。据说，有一次，孔子陪鲁哀公吃桃，孔子先吃掉了用以洗桃的黍子，然后才吃桃。鲁哀公左右的人便笑孔子不懂得怎样吃桃。鲁哀公也告诉孔子黍子是用来洗桃的，不是吃的。孔子却对鲁哀公讲了一番大道理，他认为黍贵而桃贱，黍为祭祀时的上品，而桃却不得入于庙，若用黍子洗桃，便有乖于大义：

> 孔子侍坐于鲁哀公，哀公赐之桃与黍。哀公曰："请用。"仲尼先饭黍而后啖桃，左右皆掩口而笑。哀公曰："黍者，非饭之也，以雪桃也。"仲尼对曰："丘知之矣。夫黍者，五谷之长也，祭先王为上盛。果蓏有六，而桃为下，祭先王不得入庙。丘之闻也，君子以贱雪贵，不闻以贵雪贱。今以五谷之长雪果蓏之下，是以上雪下也。丘以为妨义，故不敢以先于宗庙之盛也。"②

此事的真实性如何，实在值得怀疑，但从一个侧面反映了孔子这一时期的生活，说明孔子之于哀公，只是一个陪侍左右、亦师亦友的人物而已。

由于鲁国政权掌握在季康子手里，因此，孔子的所谓顾问政治，更多的是和季康子打交道。对此，《论语》中有更多的记述：

> 季康子问："使民敬、忠以劝，如之何？"子曰："临之以庄，

---

① 《论语·为政》。
② 《韩非子·外储说左下》。

则敬；孝慈，则忠；举善而教不能，则劝。"①

　　季康子向孔子咨询如何使百姓勤敬其事，孔子便回答说："如果你对待百姓的态度是庄重的，百姓也会认真听命；如果你孝顺父母，爱护幼弱，百姓也会忠心于你；如果你提拔好的人，老百姓也就勤勉了。"

　　　季康子问政于孔子。孔子对曰："政者，正也。子帅以正，孰敢不正？"②

　　季康子问如何行政，孔子便回答说："行政，就是要做到公正。如果您以身作则，率先垂范，下边的人谁还敢不公正从事呢？"

　　　季康子问政于孔子曰："如杀无道，以就有道，何如？"孔子对曰："子为政，焉用杀？子欲善而民善矣。君子之德风，小人之德草。草上之风，必偃。"③

　　这一次，季康子问的是从政是不是诛杀无道之人，以使百姓遵从有道。孔子却回答道："您执政，何必用杀伐呢？您要是从善，那么百姓也会善；君子的德行是风，那么百姓的德行便是草，风在草上行，草必定是顺风而倒的。"

　　　季康子患盗，问于孔子。孔子对曰："苟子之不欲，虽赏之不窃。"④

　　季康子因为忧虑盗贼太多，向孔子问计。孔子便直截了当地回

---

① 《论语·为政》。
② 《论语·颜渊》。
③ 《论语·颜渊》。
④ 《论语·颜渊》。

答道："如果不是您有那么大的欲求，您就是奖赏盗贼，也不会有人去行窃的！"

从上面这些记叙可以看出孔子对季康子的态度，不卑不亢，甚而有时直斥其非。当然，他们之间有时也谈论一些其他事情，如孔子曾对季康子讲已经去世了的卫灵公的事：

> 子言卫灵公之无道也，康子曰："夫如是，奚而不丧？"孔子曰："仲叔圉治宾客，祝鮀治宗庙，王孙贾治军旅。夫如是，奚其丧？"①

有时，他们也谈论孔门弟子：

> 季康子问："仲由可使从政也与？"子曰："由也果，于从政乎何有？"
> 曰："赐也可使从政也与？"曰："赐也达，于从政乎何有？"
> 曰："求也可使从政也与？"曰："求也艺，于从政乎何有？"②

孔门的三个弟子各有其优点，因此，孔子的回答是：子路果敢决断，子贡为人通达，冉求多才多艺，他们处理政事是没有什么困难的。

从《论语》等书的记载看，季康子与孔子的私人关系还是很好的，甚至季康子还常常派人送东西给孔子：

> 康子馈药，拜而受之。曰："丘未达，不敢尝。"③

鲁哀公也时不时地让人送食物给孔子，或让孔子来陪他进餐：

> 君赐食，必正席先尝之。君赐腥，必熟而荐之。君赐生，必畜之。

① 《论语·宪问》。
② 《论语·雍也》。
③ 《论语·乡党》。

侍食于君，君祭，先饭。①

当然，孔子顾问政治，不仅仅限于和鲁哀公、季康子等高层人物，他还对在鲁地做官的弟子进行教诲，并对他们所从事的政务提出自己的意见：

子贡问政。子曰："足食，足兵，民信之矣。"
子贡曰："必不得已而去，于斯三者何先？"曰："去兵。"
子贡曰："必不得已而去，于斯二者何先？"曰："去食。自古皆有死，民无信不立。"②

子张问政。子曰："居之无倦，行之以忠。"③

仲弓为季氏宰，问政。子曰："先有司，赦小过，举贤才。"曰："焉知贤才而举之？"子曰："举尔所知；尔所不知，人其舍诸？"④

冉子退朝。子曰："何晏也？"对曰："有政。"子曰："其事也。如有政，虽不吾以，吾其与闻之。"⑤

子夏为莒父宰，问政。子曰："无欲速，无见小利。欲速，则不达；见小利，则大事不成。"⑥

这一时期，子贡在主持鲁国的祭祀事宜。孔子与子贡之间曾有过一段争议，即是关于祭祀的。

① 《论语·乡党》。
② 《论语·颜渊》。
③ 《论语·颜渊》。
④ 《论语·子路》。
⑤ 《论语·子路》。
⑥ 《论语·子路》。

当初，周朝定鼎天下后，每年秋冬之际，将周朝的历书颁赐给各国诸侯，各国诸侯接受历书后把它藏在祖庙中，每月的初一，杀一只活羊在祖庙举行祭仪，祭仪由国君亲自主持，这叫"告朔"。到春秋时代，各国所用历法已不同，许多诸侯国已不用周历。鲁国虽然每到初一便杀一只羊来祭庙，但自鲁文公起，国君即不再参加祭庙了，均由他人代为行祭。因此，子贡便想废除这一"虚应故事"的礼仪，不再杀羊祭庙，结果遭到了孔子的反对。孔子说道："赐呀！你可惜的是一只羊，而我爱惜的是这种祭礼！"①

上述事件，考之史实，均发生在孔子归鲁后。

当然，孔子之顾问政治，也不只限于此。有时，他也会到弟子们任职的地方转一转，了解一些情况，并提出自己的意见：

> 子之武城，闻弦歌之声。夫子莞尔而笑，曰："割鸡焉用牛刀？"
>
> 子游对曰："昔者，偃也闻诸夫子曰：'君子学道则爱人，小人学道则易使也。'"
>
> 子曰："二三子！偃之言是也。前言戏之耳。"②

子游做武城宰，用音乐教化人民，孔子说是小题大做。子游以孔子从前的言论作答，孔子才严肃地承认子游的做法是对的，自己刚才所言是开玩笑。

在武城，孔子通过武城宰子游招收了一位后来得享大名的弟子澹台灭明：

> 子游为武城宰。子曰："女得人焉耳乎？"曰："有澹台灭明者，

---

① 《论语·八佾》："子贡欲去告朔之饩羊。子曰：'赐也！尔爱其羊，我爱其礼。'"
② 《论语·阳货》。

行不由径，非公事，未尝至于偃之室也。"①

澹台灭明，字子羽，春秋末年武城（今山东平邑县南）人，因孔子弟子武城宰子游的引荐，得入孔子门下。据说，孔子曾有"以言取人，失之宰予；以貌取人，失之子羽"②的话。澹台灭明虽然相貌丑陋，但德才很高。事实也证明确实如此，孔子去世后，澹台灭明"南游至江，从弟子三百人，设取予去就，名施乎诸侯"③。澹台灭明为孔子七十二弟子之一，唐玄宗开元二十七年（公元739年）被封为"江伯"；宋真宗大中祥符二年（公元1009年），被封为"金乡侯"。

孔子还与任单父宰的宓子贱谈论过治理民众的问题：

> 子贱治单父，其民附。孔子曰："告丘之所以治之者。"对曰："不齐时发仓廪，振困穷，补不足。"孔子曰："是小人附耳，未也。"对曰："赏有能，招贤才，退不肖。"孔子曰："是士之附耳，未也。"对曰："所父事者三人，所兄事者五人，所友者十有二人，所师者一人。"孔子曰："所父者三人，足以教孝矣。所兄事者五人，足以教弟（悌）矣。所友者十有二人，足以祛壅蔽矣。所师者一人，足以虑无失策，举无败功矣。"④

孔子对宓子贱是十分赏识的，所以他才称赞宓子贱："君子哉若人！鲁无君子者，斯焉取斯？"⑤

孔子顾问政治本身是一项闲差，所以也就有许多时间做其他的

---

① 《论语·雍也》。
② 《史记·仲尼弟子列传》。
③ 《史记·仲尼弟子列传》。
④ 《韩诗外传·卷八》。
⑤ 《论语·公冶长》。

事情。这一时期，孔子保持了与宫廷乐师的日常交往，这在《论语》
一书中留下了记述：

> 师冕见，及阶，子曰："阶也。"及席，子曰："席也。"皆坐，
> 子告之曰："某在斯，某在斯。"
> 师冕出。子张问曰："与师言之道与？"子曰："然，固相
> 师之道也。"①

古代宫廷乐官一般由盲人充当。乐师师冕是个盲人，孔子接待
他时，遇见台阶便告知其台阶；到了席位时便告诉其席位；等大家
坐定后，又告诉他某某某在哪儿。孔子如此不厌其烦地帮助师冕，
弟子子张便请教孔子：这就是与乐师（盲者）交谈的方法吧？孔子
回答说："是的，这就是帮助乐师（盲者）的方法！"至于孔子和
师冕谈了些什么，《论语》未作记载。或许是师冕向孔子请教一些
乐理方面的问题；或许是两人互相切磋，共同研讨有关乐的问题。

三

孔子在顾问政治的同时，还着力把自己的思想学说传授给新一
代年轻弟子。这一时期，在孔子门下受教的主要有：从陈国来鲁国
的子张，从卫国跟随而来的子夏，从吴国来的子游和鲁人樊迟，等等。

樊迟，名须，字子迟，春秋末年鲁国人。他是孔子自卫归鲁后
招收的弟子，年龄也较小，投入孔子门下后，当面聆听孔子教诲的
机会也较多。《论语》中关于樊迟请教孔子或陪侍孔子的记述也较多，
其中，最为人们所熟知的是"樊迟学稼"的事：

---

① 《论语·卫灵公》。

> 樊迟请学稼。子曰："吾不如老农。"请学为圃。曰："吾
> 不如老圃。"
>
> 樊迟出。子曰："小人哉，樊须也！上好礼，则民莫敢不敬；
> 上好义，则民莫敢不服；上好信，则民莫敢不用情。夫如是，则
> 四方之民襁负其子而至矣，焉用稼？"①

樊迟向孔子请教如何种庄稼、如何种菜，实在问错了对象，因
为孔子并不懂得农事，而且也轻视这些事情。在孔子看来，樊迟真
是个小民百姓。因为统治者只要讲求礼、义、信，老百姓便会带着
子女前来投奔，统治者又何必亲自种地呢？

当然，樊迟并不是一味地挨批评，他还向孔子请教了许多不是
小人（细民）会问的关于仁、义、礼等方面的大问题：

> 樊迟问仁。子曰："爱人。"问知。子曰："知人。"
> 樊迟未达。子曰："举直错（措）诸枉，能使枉者直。"②

樊迟还经常陪侍孔子，并不时地向孔子请益一些问题，而孔子
也总是对樊迟尽心指教：

> 樊迟从游于舞雩之下，曰："敢问崇德、修慝、辨惑。"子曰：
> "善哉问！先事后得，非崇德与？攻其恶，无攻人之恶，非修慝与？
> 一朝之忿，忘其身，以及其亲，非惑与？"③

> 孟懿子问孝。子曰："无违。"
> 樊迟御，子告之曰："孟孙问孝于我，我对曰：'无违。'"
> 樊迟曰："何谓也？"子曰："生，事之以礼；死，葬之以礼，

① 《论语·子路》。
② 《论语·颜渊》。
③ 《论语·颜渊》。

祭之以礼。"①

当然，孔子还在立身处世、修德从政等方面，对其他弟子如子张、子游、子夏等进行教诲：

> 子张问善人之道。子曰："不践迹，亦不入于室。"②

> 子张学干禄。子曰："多闻阙疑，慎言其余，则寡尤；多见阙殆，慎行其余，则寡悔。言寡尤，行寡悔，禄在其中矣。"③

> 子张问仁于孔子。孔子曰："能行五者于天下，为仁矣。"
> "请问之。"曰："恭、宽、信、敏、惠。恭则不悔，宽则得众，信则人任焉，敏则有功，惠则足以使人。"④

> 子张问行。子曰："言忠信，行笃敬，虽蛮貊之邦，行矣。言不忠信，行不笃敬，虽州里，行乎哉？立则见其参于前也，在舆则见其倚于衡也，夫然后行。"子张书诸绅。⑤

> 子夏问孝。子曰："色难。有事，弟子服其劳；有酒食，先生馔，曾是以为孝乎？"⑥

> 子游问孝。子曰："今之孝者，是谓能养。至于犬马，皆能有养；不敬，何以别乎？"⑦

这一时期，孔子的生活相对来说还是较为优裕的。作为"国老"，

---

① 《论语·为政》。
② 《论语·先进》。
③ 《论语·为政》。
④ 《论语·阳货》。
⑤ 《论语·卫灵公》。
⑥ 《论语·为政》。
⑦ 《论语·为政》。

他没有实际、具体的政务要处理，但是又享受一定的俸禄，家政又有他的弟子可以为他料理。《论语》中有一段文字，很能说明这一问题：

> 原思为之宰，与之粟九百，辞。子曰："毋！以与尔邻里乡党乎！"①

原思为孔子做管家，孔子给了原思一些粟米，原思便表示不要，孔子却要原思不要推辞，让他散给乡邻。但是，历代以来，学者们都说原思为孔子家宰，是在孔子为鲁司寇时。原思生于公元前515年，比孔子小三十六岁。孔子为鲁司寇时是在其五十一岁至五十四岁之间，原思其时应为十五岁至十八岁之间，这个年龄，入孔门求学还可以，当管家似乎不太可能。因此，从年龄上来推算，原思为孔子家宰，更大的可能是在孔子自卫返鲁后为"国老"的时期。

作为"国老"，孔子也有权力向其他诸侯国派出自己的使者。如《论语》记载，孔子曾派公西华出使齐国的事，便是明证：

> 子华使于齐，冉子为其母请粟。子曰："与之釜。"
> 请益。曰："与之庾。"
> 冉子与之粟五秉。
> 子曰："赤之适齐也，乘肥马，衣轻裘。吾闻之也，君子周急不继富。"②

孔子是一个永远也不会忘怀政治的人，他"忠君尊王"的思想是根深蒂固的。

鲁哀公十四年（公元前481年）四月，齐国发生了一场内乱，齐国贵族陈恒杀死了齐简公，并拥立齐简公的弟弟骜为国君。

---

① 《论语·雍也》。
② 《论语·雍也》。

陈恒，也叫田成子，其祖先陈完原为陈国贵族，逃到齐国后，一度改姓田，故陈氏也称田氏。当时，陈恒已在齐国形成了强大的社会势力。对群臣，陈恒替他们向国君请求爵禄；对下属百姓，陈恒则开仓借粮，采用大斗借、小斗还的方式收买民心。所以，在齐国，流传着这样一句民谣："妪乎采芑，归乎田成子。"即连采摘芑菜的老婆婆也心向田成子（陈恒）了。但齐简公上台后，却信用另一位大臣阚止，这引起了陈恒的不满。于是，一场内乱在齐简公四年爆发了。正与妇人饮酒于檀台的齐简公慌忙逃往舒州（今山东东平，当时属齐国），结果，被陈恒的人追上，陈恒害怕"简公复立而诛己，遂杀简公"①。此后，陈恒拥立简公之弟鳌为君，是为齐平公。陈恒因拥戴新君有功，为齐相。这就是陈恒弑君事件。

对于陈恒弑君，一贯维护礼制的孔子十分愤慨，认为鲁国应出兵讨伐齐国的乱臣贼子。于是，孔子如同出席大典一般，沐浴斋戒了三天后，才上朝请求哀公发兵讨伐齐国。结果，哀公把孔子推托给了"三桓"，让孔子向"三桓"请示发兵之事。"三桓"认为此事不可行，孔子只好作罢。对于此事，《论语》一书记载得较为详细：

> 陈成子弑简公。孔子沐浴而朝，告于哀公曰："陈恒弑其君，请讨之。"公曰："告夫三子！"
>
> 孔子曰："以吾从大夫之后，不敢不告也。君曰：'告夫三子'者！"之三子告，不可。孔子曰："以吾从大夫之后，不敢不告也。"②

这段记载，十分形象地反映出孔子的无奈和愚执。

关于此事，《左传》的记述，理性色彩较浓：

---

① 《史记·田完世家》。
② 《论语·宪问》。

　　齐陈恒弑其君壬于舒州。孔某三日齐（同"斋"）而请伐齐
三。公曰："鲁为齐弱久矣。子之伐之，将若之何？"对曰："陈
恒弑其君，民之不与者半。以鲁之众，加齐之半，可克也。"公曰："子
告季孙。"孔子辞，退而告人曰："吾以从大夫之后也，故不敢不言。"[①]

　　其实，齐简公是一个平庸而贪图享乐的国君，加之其在位仅四
年，国人对他并无多大的感念之心。陈恒杀齐简公后，即拥立齐简
公之弟骜为国君。以陈恒在齐国的威信和恩惠，其统治已颇为稳固，
齐国的形势也较为稳定。以鲁国的实力，齐国不来进犯，鲁国君臣
已是求之不得，又哪里敢去捋虎须，主动讨伐强大的齐国呢？孔子
拘于君臣名分和礼义而强烈要求鲁国出兵讨伐齐国，其实是愚执的，
不过，这也是孔子顾问政治生涯中最后一次过问政事。

----

① 《左传·哀公十四年》。

第十七章

春秋
绝笔

西狩获麟　鲁哀公十四年（公元前 481 年）春，鲁国人行猎，打死一头异兽，孔子认为是麒麟，哭泣着说：麒麟是仁兽，天下有道才会出现；现在天下无道，麒麟出而被杀，"吾道穷矣！"于是他停止了《春秋》的编写。

一

晚年的孔子，除"顾问政治"外，还致力于古代典籍《易》的传释工作，并以鲁国的编年史为基本材料开始编纂《春秋》一书。这两部书，前者是一部哲学巨著，后者是一部政治历史著作，是孔子对于中国的哲学、历史，乃至政治思想方面的卓越贡献，有着开风气之先的意义。

《易》本是周代的一部卜筮之书，但其中的语句包含着深刻的哲学思想。孔子之前，《易》只有卦辞和爻辞，即后人称之为"经"的部分；孔子之后，才有了"传"的部分。经、传合而为一，才成为我们今天所见到的《周易》。依据传统的说法，《易传》（汉代人称之为《易大传》），是孔子所作。

关于孔子与《易》的关系，《论语》曾给我们提供了两条材料。

　　子曰："加我数年，五十以学《易》，可以无大过矣。"①

这是说，孔子早年即对《易》很感兴趣，他曾慨叹，如果让他多活几年，到五十岁的时候再学习《易》，也就不会有大的过错了。

而《论语》的另一段记载则说明孔子对《易》有着不同于常人的理解。在孔子看来，《易》是一部说明义理的哲学著作，而不仅仅是一部卜筮之书：

　　子曰："南人有言曰：'人而无恒，不可以作巫医。'善夫！"
　　"不恒其德，或承之羞。"子曰："不占而已矣。"②

"不恒其德，或承之羞"是出于《易》恒卦中的爻辞，意思是：

————————————

① 《论语·述而》。
② 《论语·子路》。

一个人没有坚持始终的德行，总会招致羞辱。孔子对这句话的理解是要劝诫没有恒心的人不要去占卜。

说孔子研究《易》并对《易》作传释工作的，首属司马迁。司马迁在《史记》中记道：

> 孔子晚而喜《易》，序《彖》《系》《象》《说卦》《文言》。读《易》，韦编三绝。曰："假我数年，若是，我于《易》则彬彬矣。"①

司马迁的这段文字，至少说明了两点：一是孔子晚年研读《易》非常刻苦，以至于把串联竹简的牛皮绳都翻断了许多次；二是孔子曾对《易》中的许多篇章作过编排整理和评判解释工作。

到了《汉书》，则直接指明是孔子为《易》作"传"。《汉书》曾记：

> （孔子）盖晚而好《易》，读之韦编三绝，而为之"传"。②

> 孔氏为之《彖》《象》《系辞》《文言》《序卦》之属十篇。③

从《汉书》所记看，是沿袭了司马迁《史记》的说法的。司马迁的说法不是空穴来风，而是有着实实在在的依据的，因为司马迁的父亲司马谈便是孔门《易》学的第九代传人。

《史记·仲尼弟子列传》曾记：

> 孔子传《易》于瞿（商瞿，鲁人）。瞿传楚人馯臂子弘，弘传江东人矫子庸疵，疵传燕人周子家竖，竖传淳于人光子乘羽，羽传齐人田子庄何，何传东武人王子中同，同传菑川人杨何。

---

① 《史记·孔子世家》。

② 《汉书·儒林传》。

③ 《汉书·艺文志》。

司马迁之父司马谈就"受易于杨何"①，所以司马迁所言当颇可信。

另外，1973年长沙马王堆汉墓出土的汉文帝初年的手抄帛书《周易》，其中《要》篇也有一段材料，虽未直指孔子作《易传》，但也较为明了地说明了孔子晚年喜《易》的情况和研究《易》的主旨：

> 夫子老而好《易》，居则在席，行则在橐。（曰）："有古之遗言焉，予非安其用，而乐其辞。后世之士，疑丘者或以《易》乎！"（子贡问）："夫子亦信其筮乎？"（子曰）："我观其义耳，吾与史巫同途而殊归。"

这说明孔子研究《易》不是学习它的用途——卜筮，而是喜欢其中的言辞，目的是学习其言辞中所含的思想。这段材料可以作为孔子作《易传》的一个佐证。

孔子作《易传》，《易传》内容本身也能说明这一点，如《易传》文辞所表述的内容都明显属于孔子思想，而有的内容则基本上是孔子自陈：

> 子曰："夫《易》，何为者也。夫《易》，开物成务，冒天下之道，如斯而已者也。是故圣人以通天下之志，以定天下之业，以断天下之疑。是故蓍之德圆而神；卦之德方以知；六爻之义易以贡。圣人以此洗心退藏于密，吉凶与民同患。神以知来，知以藏往，其孰能与于此哉？古之聪明睿知神武而不杀者夫！是以明于天下之道而察于民之故，是兴神物，以前民用。圣人以此斋戒，以神明其德夫。"②

---

① 《史记·太史公自序》。
② 《易·系辞传上》。

　　当然，我们现在见到的《易传》部分，并不全是孔子所为，其中一部分为后人窜入，其组成是较为复杂的。据金景芳等先生分析，"《易传》有孔子自传、弟子记录孔子语、采用前言旧说、后世人窜入"[①]四种成分在，但是，不能因此而否认孔子晚年专注于《易》而为《易》作"传"的真实性，这是孔子对中国哲学思想的巨大贡献。

　　研究传释《易》的同时，孔子还日夜不辍地编纂一部编年体政治历史典籍《春秋》。

　　《春秋》一书上起鲁隐公元年，下迄鲁哀公十四年，全书只有一万六千五百字，言简意赅地记叙了二百四十二年的历史。当时，社会上流传着许多史书，如晋之《乘》、楚之《梼杌》、鲁之《春秋》等，但都是记载各诸侯国杀伐会盟争霸之事，只是一种史的实录，并没有特别的意义。到了孔子，出于对弟子灌输自己"忠君尊王"思想的目的考虑，更是为了垂宪后世，孔子才在鲁之《春秋》等史书所提供的史料的基础上，依据自己的政治观点，重新编写了这部新的政治性很强的史书，即我们现在见到的《春秋》。

　　首先，《春秋》的编写是有自己的原则的，即司马迁概括的"据鲁、亲周、故殷"[②]。其次，还有用字的变化，即什么地方该用什么字、词都有其特定的意义和用法，正像《公羊传》说的那样，"所见异辞、所闻异辞、所传闻异辞"[③]。而且《春秋》采取了"内其国而外诸夏，内诸夏而外夷狄"[④]的写法，目的只是尊王攘夷、倡导礼法、实行德治。我们从《春秋》的记事方法和遣词上都能看出这一点，如闵公元年发生了晋侯灭耿、魏、霍的事，三个诸侯国被灭，是历史上的重大

---

① 金景芳等：《孔子新传·孔学流传述评》，长沙：湖南出版社，1991年。
② 《史记·孔子世家》。
③ 《春秋公羊传·哀公十四年》。
④ 《春秋公羊传·成公十五年》。

事件，但《春秋》并无记述，因为作者认为此事不合于义礼，故不书。相反的，有些如"陨石于宋五"①、"六鹢退飞过宋都"②等事，作者却记载了下来，作者认为这是怪异之事，且发生在宋地。至于"一词之用，褒贬之意尽显"的事例，在《春秋》中比比皆是。在这点上孔子并不乏知音，庄子曾说："《易》以道阴阳，《春秋》以道名分。"③司马迁也曾指出："《易》以道化，《春秋》以道义。"④

关于孔子作《春秋》和为什么作《春秋》，古人解释得十分清楚。《孟子》一书曾多次谈到这个问题：

> 世衰道微，邪说暴行有作。臣弑其君者有之，子弑其父者有之。孔子惧，作《春秋》。《春秋》，天子之事也。是故孔子曰："知我者，其惟《春秋》乎！罪我者，其惟《春秋》乎！"⑤

> 昔者，禹抑洪水而天下平，周公兼夷狄、驱猛兽而百姓宁，孔子成《春秋》而乱臣贼子惧。⑥

孟子是孔子之孙子思的弟子，距孔子生时甚近，其言当不谬。且孟子把孔子作《春秋》一事，同禹治洪水及周公平夷狄、驱猛兽等历史功绩相提并论，可见孟子对孔子作《春秋》一事是极为推崇的。

关于孔子作《春秋》的目的，司马迁说得更为清楚，也更为全面：

> 上大夫壶遂曰："昔孔子何为而作《春秋》哉？"太史公曰："余闻董生曰：'周道衰废，孔子为鲁司寇，诸侯害之，大夫壅之。

① 《春秋·僖公十六年》。
② 《春秋·僖公十六年》。
③ 《庄子·天下篇》。
④ 《史记·太史公自序》。
⑤ 《孟子·滕文公下》。
⑥ 《孟子·滕文公下》。

孔子知言之不用，道之不行也，是非二百四十二年之中，以为天下仪表，贬天子，退诸侯，讨大夫，以达王事而已矣。'子曰：'我欲载之空言，不如见之于行事之深切著明也。'夫《春秋》，上明三王之道，下辨人事之纪，别嫌疑，明是非，定犹豫，善善恶恶，贤贤贱不肖，存亡国，继绝世，补敝起废，王道之大者也。"①

孔子因为其政治主张不得实现，只好将自己的思想表述出来，以申明正道、辨别是非、补弊救时，给天下人树立一个标准。但是，孔子认为用理论性的语言表现出来，不如用事实说明更为鲜明、深刻、准确，所以才将自己的政治思想贯穿于《春秋》这一记述史实的书中。

当然，后世也有人疑《春秋》为孔子所作，但所提证据多偏颇不当，已受到不同时代学者的驳难，在此不再赘言。

《易》和《春秋》这两部带有理论性的哲学和政治历史著作，在当时是属于文学（文献）方面的。孔子除了作《易传》、编纂《春秋》外，还致力于教育弟子。年迈的孔子意识到了自己生命的短暂，便想在尽可能短的时间内把自己的政治思想、道德观念传授给弟子，传授给他们专门的学问，如传文学（文献）于子游，传《诗》《春秋》于子夏，传《易》于商瞿，等等。这些在有关典籍中都留下了记载：

子夏问曰："'巧笑倩兮，美目盼兮，素以为绚兮'，何谓也？"子曰："绘事后素。"

曰："礼后乎？"子曰："起予者商也！始可与言《诗》矣。"②

子夏确乎是深得孔子教学精髓的。他问"巧笑倩兮"等诗句是

① 《史记·太史公自序》。
② 《论语·八佾》。

什么意思时，孔子说："先有洁白的底子，才能再绘画。"子夏便引申一步，再问："礼仪是在仁德之后产生的吗？"于是得到了孔子的赞许。

另外，《韩诗外传》也曾记子夏的言论："大哉《关雎》！乃天地之基也。"①这说明作为孔门弟子，子夏是向孔子专门学习过《诗经》的。

孔子还把《春秋》传授给子夏。《史记》曾记："至于（孔子）为《春秋》，笔则笔，削则削，子夏之徒不能赞一辞。"②

这里虽然是说孔子作《春秋》时，该存录的便存录，该删除的便删除，子夏等人却不能提出任何建议，但也说明，孔子作《春秋》时，子夏是参与其事的。这里单单提子夏而未提他人，说明孔子在作《春秋》的同时，已考虑将《春秋》传给子夏。

从子夏所传学问来看，孔子是把《春秋》传于子夏了。据说，为《春秋》作传的公羊高和穀梁赤都是子夏的学生。"春秋三传"，除《左传》外，《公羊传》《穀梁传》均出自子夏弟子之手，由此也可以证明，子夏是继承孔子《春秋》衣钵的了。

孔子把《易》传给了商瞿。商瞿，名瞿，字子木，春秋末年鲁国人，比孔子小二十九岁。《史记》曾记："孔子传《易》于瞿，瞿传楚人馯臂子弘。"③

孔子的思想除保存在《论语》中外，主要存在于《易传》和《春秋》两部书中，因此，孔子在晚年著书目的即很明确，传之于弟子的愿望更著。孔子所传"六艺"——《诗》《书》《礼》《乐》《易》《春秋》，被后人奉为"六经"，对中国文化产生了广泛而深远的影响。

---

① 《韩诗外传·卷五》。
② 《史记·孔子世家》。
③ 《史记·仲尼弟子列传》。

二

孔子一生命运坎坷，晚年也颇为不幸，一个个打击接踵而至。

虽然年迈的孔子已不会对任何参政者构成威胁，但是仍有人对这位老人进行诽谤和攻击。如"三桓"之一的叔孙氏即叔孙州仇，便是其中的代表。孔门弟子，尤其是子贡，毫不退让地维护了孔子：

> 叔孙武叔毁仲尼。子贡曰："无以为也！仲尼不可毁也。他人之贤者，丘陵也，犹可踰也；仲尼，日月也，无得而逾焉。人虽欲自绝，其何伤于日月乎？多见其不知量也。"[①]

子贡维护老师最力，叔孙氏便又想出分化瓦解的办法，说子贡比孔子更贤德，以此贬损孔子，结果仍然遭到子贡的驳斥：

> 叔孙武叔语大夫于朝曰："子贡贤于仲尼。"

> 子服景伯以告子贡。

> 子贡曰："譬之宫墙，赐之墙也及肩，窥见室家之好。夫子之墙数仞，不得其门而入，不见宗庙之美，百官之富。得其门者或寡矣。夫子之云，不亦宜乎！"[②]

子贡的话，既褒扬了孔子，又讽刺了叔孙州仇。因为能够理解孔子学问的人很少，所以，叔孙州仇说这样的话就是很自然的了，言外之意是叔孙州仇也不能理解孔子的道德学问。

此外，有一部分人有组织地反对孔子。《论语》中记有一个叫陈子禽的人，也在诋毁孔子：

---

① 《论语·子张》。
② 《论语·子张》。

陈子禽谓子贡曰："子为恭也，仲尼岂贤于子乎？"

子贡曰："君子一言以为知，一言以为不知，言不可不慎也。夫子之不可及也，犹天之不可阶而升也。夫子之得邦家者，所谓立之斯立，道之斯行，绥之斯来，动之斯和。其生也荣，其死也哀，如之何其可及也？"①

从这段话看，大概是这场风波持续时间较长，以至于孔子死后还有人在传播子贡贤于孔子的话。

晚年的孔子，还经历了一场大病，时间上应该是在子路离开鲁国去卫国之前，即鲁哀公十四年（公元前481年）之前。《论语》一书较为详细地记述了这件事：

子疾病，子路请祷。子曰："有诸？"子路对曰："有之，《诔》曰：'祷尔于上下神祇。'"子曰："丘之祷久矣。"②

孔子生病初期，子路向孔子请求替孔子作祈祷。不久，孔子病得更加厉害了，子路便准备让师兄弟们扮作家臣，准备为孔子治丧：

子疾病，子路使门人为臣。病间，曰："久矣哉，由之行诈也！无臣而为有臣。吾谁欺？欺天乎！且予与其死于臣之手也，无宁死于二三子之手乎！且予纵不得大葬，予死于道路乎？"③

后来孔子病好后，对子路进行了批评，表示与其死于治丧的"家臣"手里，倒不如死于弟子们手里。

孔子这次大病，还惊动了鲁国国君，国君也来看望这位生病的"国老"：

---

① 《论语·子张》。
② 《论语·述而》。
③ 《论语·子罕》。

疾，君视之，东首，加朝服，拖绅。①

即便病卧在床，孔子也要坚守礼。古人的卧榻设在南窗的西边，国君来时，要从东边台阶上来（东阶为阼阶，是主人位），所以孔子便让弟子们给他披上朝服，头向东，表示拜见国君。

所幸，孔子这场大病，过了一段时间即告愈。但是，年迈的孔子却不得不承受其他的打击。

鲁哀公十四年（公元前481年），孔子一生中一件十分重大的事情发生了，那就是西狩获麟事件。其实，这件事情在今天看来并没有什么实际的意义，但在当时，对孔子来说却具有非同寻常的意义。

这年春天，鲁国在大野（今山东巨野县一带）围猎，为叔孙氏管理车子的钼商，捕获了一头怪兽，认为不吉利，便把这头怪兽送给了管理山林的虞人。孔子看到后，认为这是传说中的神兽麟。他认为，麟是祥瑞之兽，天下有道，它才出现；现在天下无道，麟却出现了，并被微贱之人猎获。这使孔子十分伤感，由麟之被获联想到自己和自己的政治理想，遂感叹道："吾道穷矣！"于是，停止了《春秋》一书的编写，就这样，《春秋》绝笔于获麟。

关于西狩获麟和绝笔《春秋》的事，《春秋》和《左传》都记述得很简单。《春秋》只有短短的五个字："春，西狩获麟。"②而《左传》也不过用了四十余字：

十四年，春，西狩于大野，叔孙氏之车子钼商获麟。以为不祥，以赐虞人。仲尼观之，曰："麟也。"然后取之。③

----

① 《论语·乡党》。
② 《春秋·哀公十四年》。
③ 《左传·哀公十四年》。

《左传》并没有特意说明麟为何兽，也未交代孔子对获麟的态度。《公羊传》则对麟这种兽加以定义，并对孔子关于获麟的表现加以渲染：

> 麟者；仁兽也。有王者则至，无王者则不至。有以告者曰："有麕而角者。"孔子曰："孰为来者？孰为来者？"反袂拭面，涕沾袍。[①]

而司马迁作《史记》，也未明言孔子因获麟而停止作《春秋》：

> 鲁哀公十四年春，狩大野。叔孙氏车子锄商获兽，以为不祥。仲尼视之，曰："麟也。"取之。曰："河不出图，雒不出书，吾已矣夫！"……及西狩见麟，曰："吾道穷矣！"喟然叹曰："莫知我夫！"子贡曰："何为莫知子？"子曰："不怨天，不尤人，下学而上达，知我者其天乎！"[②]

只有胡仔言之凿凿地说，孔子因获麟而停止作《春秋》：

> 春，西狩于大野。叔孙氏之车子锄商，获麟，折其前左足，载以归。叔孙氏以为不详，以赐虞人。孔子观之，曰："麟也！胡为来哉！胡为来哉！"乃反袂拭面，涕泣沾襟。叔孙闻之，然后取之。子贡问曰："夫子何泣尔？"孔子曰："麟之至，为明王也，出非其时而见害，吾是以伤焉！"先是，孔子因《鲁史记》作《春秋》。……及是西狩获麟。孔子伤周道之不兴，感嘉瑞之无应，遂以此绝笔焉。[③]

麟究竟是一种什么样的兽呢？唐人孔颖达对此作了汇集，引了京房《易传》的一段解释：

---

① 《春秋公羊传·哀公十四年》。
② 《史记·孔子世家》。
③ 《孔子编年》卷五。

> 麟，麕（獐）身、牛尾、狼额、马蹄，有五采，腹下黄，高丈二。①

这是关于麟的形体的描述。他还引用了《广雅》的解释，将麟描绘成了一种不可能存在的仁兽：

> 麒麟，狼头、肉角，含仁怀义，音中钟吕，行步中规，折旋中矩，游必择土，翔必有处，不履生虫，不折生草，不群不旅，不入陷阱，不入罗网，文章斌斌。②

其实，据著名学者蔡尚思先生考证，所谓西狩捕获的麟，只不过是如今仍可见到的麋鹿（俗称"四不像"）。

依此推测，当时鲁国捕获了一头中原不常见的四不像，孔子便将其幻化为传说中的王者之兽——麟了。

孔子作《春秋》，固然在时间上是绝笔于获麟，但其绝笔不写，却不见得就是因为麟这一吉兽出非其时且被捕获。因为此后不久，孔子的弟子颜回死去，对孔子打击太大，年迈体弱的孔子已无力再继续做《春秋》的工作。这两种可能都是存在的。

鲁哀公十四年（公元前481年），对于孔子来说是一个极为不幸的年头。西狩获麟不久，孔子一生中最钟爱的弟子颜回又去世了。这一年，颜回才四十一岁。对于颜回的英年早逝，孔子哀痛欲绝，《论语》多次记述了这样的场面：

> 颜渊死。子曰："噫！天丧予！天丧予！"③

> 颜渊死，子哭之恸。从者曰："子恸矣！"曰："有恸乎？非夫人之为恸，而谁为？"④

---

① 见《春秋·经·哀公十四年》孔颖达"疏"。
② 见《春秋·经·哀公十四年》孔颖达"疏"。
③ 《论语·先进》。
④ 《论语·先进》。

哀痛归哀痛，但在对待颜回的丧葬问题上，孔子仍坚持宁愿悲戚俭约而不愿奢侈浪费。

颜渊死后，颜渊的父亲颜路请求孔子，让孔子卖掉车子为颜回做外椁，但孔子还是回绝了：

> 颜渊死，颜路请子之车以为之椁。子曰："才不才，亦各言其子也。鲤也死，有棺而无椁。吾不徒行以为之椁，以吾从大夫之后，不可徒行也。"①

当门人弟子要厚葬颜渊时，孔子表示反对，但弟子们还是厚葬了颜渊。孔子说："颜回把我当父亲，我却无法把他当儿子对待，不是我想这样做，是那些弟子们坚持要厚葬他的。"②

颜回死后，孔子一直不能释怀，所以每每与他人谈话，总提起颜回的好处。如哀公、季康子问到孔门弟子时，孔子都以颜渊作答：

> 哀公问："弟子孰为好学？"孔子对曰："有颜回者好学，不迁怒，不贰过。不幸短命死矣，今也则亡，未闻好学者也。"③

> 季康子问："弟子孰为好学？"孔子对曰："有颜回者好学，不幸短命死矣，今也则亡。"④

有时，孔子也常常自己念叨颜回：

> 子曰："语之而不惰者，其回也与！"⑤

---

① 《论语·先进》。
② 《论语·先进》："颜渊死，门人欲厚葬之。子曰：'不可。'门人厚葬之。子曰：'回也视予犹父也，予不得视犹子也。非我也，夫二三子也。'"
③ 《论语·雍也》。
④ 《论语·先进》。
⑤ 《论语·子罕》。

子谓颜渊，曰："惜乎！吾见其进也，未见其止也。"①

一年后，又一沉重的打击降临到孔子头上，那就是孔子最忠实的弟子子路的死亡。

子路跟随孔子自卫归鲁，并曾在季孙氏那儿做事，但在鲁哀公十四年（公元前481年）又回到了卫国。子路随孔子居卫时，曾为卫国大夫孔文子的家宰。当时，执政的孔文子年迈体衰，行将去世，而且卫国国内局势动荡不安，前文所提卫出公的父亲蒯聩又欲归国夺取君位。孔文子派人请子路前来卫国，辅佐自己的儿子孔悝，子路便又前往卫国，做了孔文子的私邑蒲的长官，即蒲大夫。子路到卫国后不久，孔文子即病死，其子孔悝继承其父职位为执政。

孔悝虽辅佐卫出公，但孔悝的母亲（孔文子之妻）孔姬却是蒯聩的姐姐，即卫出公的姑姑。孔姬在丈夫死后，与孔家的一个小厮浑良夫私通。这时，蒯聩居住在戚地，孔姬和浑良夫怕因私通而获罪，孔姬便派浑良夫前去联络，蒯聩便答应，如若孔姬和浑良夫助其归国夺取君位，便让他们"服冕乘轩"，并且饶他们三次死罪。于是，蒯聩在孔姬、浑良夫的帮助下，回到都城，并把孔悝堵在了厕所里，强迫孔悝与他们结盟，后又劫持孔悝登上了高台，意欲袭击卫出公。失去了执政的支持，卫出公仓皇逃出了卫国。

孔悝的家宰栾宁见政局有变，便赶紧派人通知了正在孔悝采邑平阳（今河南滑县东南）驻守的子路。子路闻讯，便急忙前来救难。到达都城帝丘时，子路恰好遇见孔子的另一位弟子高柴（字子羔）从城内逃出。原来子羔也任职于卫，为卫大夫，见卫国有乱，便逃了出来，准备归鲁。子羔劝子路不要进去自寻死路，子路却说："食人家的俸禄，就要救人家于灾难。"这时，恰好又有使者从城门出

---

① 《论语·子罕》。

来，子路乘机入城，攻到孔悝被围困的台下，准备用火烧孔氏之台
以救孔悝。蒯聩十分惧怕，便派手下两位猛士石乞和孟黡，下台来
攻击子路。结果，子路寡不敌众，被戈击断了帽带子。子路看情势
自己非死不可了，从容地捡起帽子说："君子死，冠不免。"[1] 之后，
子路被蜂拥而来的蒯聩党徒杀死了。此事发生在鲁哀公十五年冬天，
时年子路六十三岁。

　　孔子是十分了解自己的弟子的，当他听说卫国发生政变时，便
说："高柴一定会逃回来，而子路一定是死于难的。"果然，高柴
逃回了鲁国，子路被杀。

　　听到子路被杀的凶信后，孔子十分悲伤，哭于中庭。[2]《公羊传》
曾有这样的记述：

　　　　颜回死，子曰："噫！天丧予！"
　　　　子路死，子曰："噫！天祝（断）予！"[3]

　　子路的死，算是给了孔子老弱的生命最后的也是最致命的一击。
此后，孔子在衰病中度过了几个月。到鲁哀公十六年春天，孔子便
预感到自己将不久于人世了。因此，在死前七天的早上，孔子拖着
手杖，站在门口，十分逍遥地低吟着一首歌：

　　　　泰山其颓乎！
　　　　梁木其坏乎！
　　　　哲人其萎乎！[4]

---

① 《左传·哀公十五年》。
② 《礼记·檀弓上》："孔子哭子路于中庭，有人吊者而夫子拜之。既哭，进使
　者而问故。使者曰：'醢之矣。'遂命复（覆）醢。"
③ 《春秋公羊传·哀公十四年》。
④ 《礼记·檀弓上》。

歌罢，孔子便回到屋里，当户而坐。子贡听到孔子所唱之歌，便急忙去探望他。孔子十分坦然地与子贡谈论各个朝代的丧葬仪礼和死亡。也许此时的他早已勘破了生死：

> 赐，尔来何迟也。夏后氏殡于东阶之上，则犹在阼也；殷人殡于两楹之间，则与宾主夹之也；周人殡于西阶之上，则犹宾之也。而丘也，殷人也。予畴昔之夜梦，坐奠于两楹之间，夫明王不兴而天下孰能宗予。予殆将死也。①

七天后，孔子病逝，时间是鲁哀公十六年（公元前479年）夏历二月十一日、周历四月十一日，享年七十三岁。

鲁哀公听说孔子逝世后，十分哀痛，亲自作诔文悼念这位对自己来说亦师亦友的老人。其诔文如下：

> 旻天不吊，不慭遗一老，俾屏余一人以在位，茕茕余在疚。呜呼，哀哉！尼父，无自律！②

---

① 《礼记·檀弓上》。
② 《左传·哀公十六年》。

第十八章

身　后
荣　辱

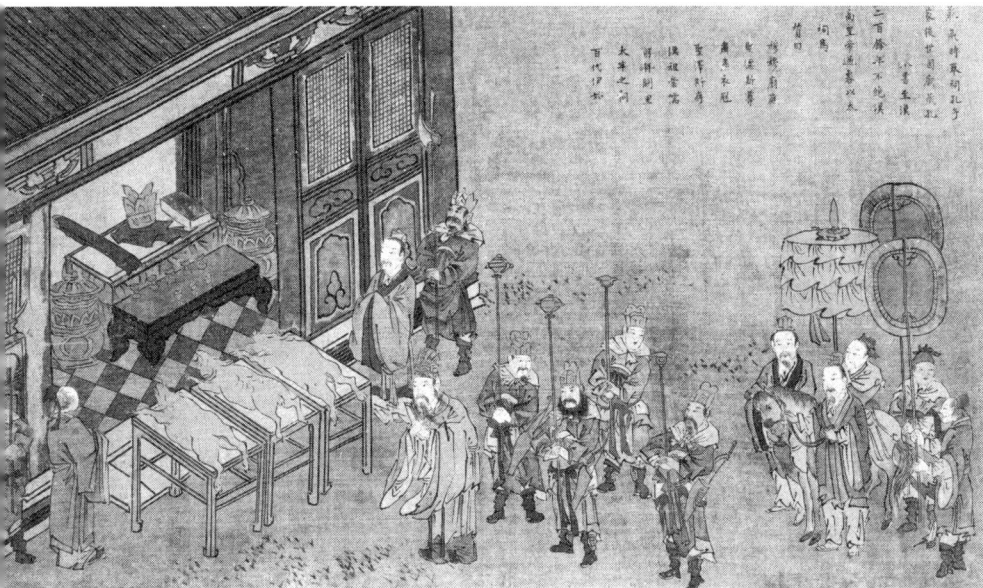

汉高祀鲁　孔子死后，后人按时祭祀孔子墓。孔子故居被改作庙宇，保存孔子生前使用过的衣、冠、琴、车、书。汉高祖刘邦经过曲阜，以太牢（猪、羊、牛三牲）祭祀孔子。

一

孔子死后，葬于鲁城北泗上。弟子们皆结庐服丧三年，只有子贡在冢上结庐服丧六年才离去。有弟子和鲁国百姓从墓而居，有百余家，因此那里又名为孔里。弟子们还将孔子故居改为庙堂，把孔子生前所用衣、冠、琴、书等陈列其中，按时奉祀。曲阜"三孔"创始于此。

孔子之后，孔门弟子对孔子的思想、道德、学说各有所得，孔门弟子之间也互相辩难批评。《论语》中这方面的记述较多。此外，《礼记》一书也有相同的记载。由于思想观点不一致，孔门弟子遂分裂为许多派别，战国时代的韩非指出：

> 自孔子之死也，有子张之儒，有子思之儒，有颜氏之儒，有孟氏之儒，有漆雕氏之儒，有仲良氏之儒，有孙氏之儒，有乐正氏之儒。[1]

这就是后人所谓的"儒家八派"，这还不算荀子曾非难指责过的子夏氏之贱儒、子游氏之贱儒。

孔门弟子中，有些在孔子健在之时即已开山立派，招收徒众；有的则是在孔子去世后才自立门户。如子夏、澹台灭明等，在孔子去世后，以讲学在社会上形成了很大的声势。"子夏居西河，教授，为魏文侯师。"[2]而澹台灭明则"南游至江，从弟子三百人，设取予去就，名施乎诸侯"[3]。另外，据《吕氏春秋》记载，战国时代许多卓有成就的人物都是孔子弟子的学生，如田子方学于子贡，段

---

[1] 《韩非子·显学》。

[2] 《史记·仲尼弟子列传》。

[3] 《史记·仲尼弟子列传》。

干木学于子夏，吴起学于曾子，等等。

但是，真正将孔子思想传承发展下来而又在当时及后来影响巨大的，当属孟氏之儒（孟子）和孙氏之儒（孙卿，即荀子）。

孟子，传为孔子之孙孔伋即子思的学生，子思曾受学于曾子。从《论语》一书的记载来看，曾子的思想与孔子的思想几乎没有什么分别。从某种意义上来说，曾子之学可谓孔子学说的正传。孟子继承和发展了孔子关于仁政的思想，以及"民贵、君轻"的理论，主张"民为贵，社稷次之，君为轻"①。在君臣关系上，孟子主张君臣之间应该建立一种相对来说有"对等"成分的关系，即："君之视臣如手足，则臣视君如腹心；君之视臣如犬马，则臣视君如国人；君之视臣如土芥，则臣视君如寇仇。"②尤其是其"仁义高于富贵，道德高于王权，王者以大人为师的观点，对中国政治史产生了极大的影响"③。从后来的历史看，这一观点在中国文人的思想中根深蒂固。但是，孟子的学说，在列国争强的战国时代，是不会受到各国统治者推崇的，反而被认为是难以施行于现世政治的学说。与孔子相同，孟子虽不见用于当世，但对后世产生了深远的影响，所以后人称之为"亚圣"。人们提到孔子，自然便会联想到孟子，将他们的学说称为"孔孟之道"。

荀子主要继承发展了孔子的礼乐学说，杂取道家和前期法家人物的某些理论观点，形成了自己的一套理论。荀子认为："《礼》者，法之大分,类之纲纪也。故学至乎《礼》而止矣。夫是之谓道德之极。"④在荀子看来，礼是最最重要的东西，是一切的根本，也是治国成败

---

① 《孟子·尽心下》。

② 《孟子·离娄下》。

③ 匡亚明：《孔子评传·生平概略》，南京：南京大学出版社，1990 年。

④ 《荀子·劝学》。

的关键。"礼者,治辨之极也,强固之本也,威行之道也,功名之总也。王公由之所以得天下也,不由,所以陨社稷也。"①

但是,荀子已走得离孔子稍远一些了。虽然他主张以礼来区分贵贱、约束臣民,但又认为礼仪是衡量一切的标准:按礼,可以把王公、士大夫降为庶人,庶人子孙守礼亦可为士大夫。

自汉代始,儒学即以经学的形式出现,其形态是对儒家经典著作《诗》《书》《礼》《易》《春秋》等的诠释和解说。当时,经学分为古文经学派和今文经学派。今文经学派的大师董仲舒结合治《公羊传》的心得,吸收阴阳五行学说,对孔子的"君君、臣臣、父父、子子"思想进行了阉割,提出了"君为臣纲、父为子纲、夫为妻纲",主张臣子要绝对服从于君,"善皆归于君,恶皆归于臣"②,使儒学走上了为专制主义服务的道路。董仲舒还宣扬殷周时代的崇天神学,使儒家学说宗教化。为了适应中央集权的封建统治,董仲舒还向汉武帝提出了"罢黜百家,独尊儒术"的建议,使儒家思想成为封建社会的正统。正如匡亚明先生所指出的那样,董仲舒既改变了儒学的内容,也改变了儒学的地位。

儒学的发展并非"一帆风顺",它是在与道家、释家学说的颉颃、融合中而发展、变异的。儒学发展到宋代,完成了其哲学化过程,成为理学,重新占据了中国思想界的统治地位。理学的代表人物是程颐和朱熹,尤其是朱熹,以程颐的学说为基础,吸收各家学说建立了统治中国数百年的思想体系——程朱理学。理学的特点基本上是托孔子之名、立自己之学,也就是借用孔子的名义,发挥自己的理论学说。如对仁的解释,朱熹之理解便与孔子相异;朱熹的"存

---

① 《荀子·议兵》。
② 《春秋繁露·阳尊阴卑》。

天理、去人欲"观，也与孔子思想相矛盾。

朱熹对儒家经典的传注，从南宋末至清代，一直是科举考试的"标准答案"。对于人们来说，孔子只是一个偶像，而真正的权威却是朱熹。

明朝覆亡之后，许多文人意识到理学的误国，开始批判理学，其代表人物是黄宗羲、顾炎武、颜元等，他们标举的便是孔孟学说。但是，他们并未真正继承孔孟之学，而是在提倡实学的口号下抛弃理学，转向经学，因此，这些文人所提倡的也被称为新汉学或新经学。到乾嘉时期，由于文字狱的兴起，新经学转而走向了考据。到了近代，康有为等人的尊孔，只是把孔子当旗号，宣传自己的政治主张罢了。

汉代以后，孔子受到了无比的尊崇，但其学说并未得到彰明。孔子作为一个招牌、一个偶像，为后世的腐儒和专制君王所利用而已，其荣的背后便是辱。

当然，也不尽然是颂歌，如东汉时代的王充、明代的李贽，都曾抨击过孔子。到了五四时期，胡适提出"打倒孔家店"的口号，孔子受到了有史以来最为猛烈的攻讦，但是真正的思想家又有自己的一番高见，李大钊便指出：

> 孔子于其生存时代之社会，确足为其社会之中枢，确足为其时代之圣哲，其说亦确足以代表其时代、其社会之道德。[1]
> 自从实在的孔子死去的那一天，便已活现于吾人的想象中，潜藏于吾人记忆中，今尚生存于人类历史中，将经历万劫而不灭。[2]

李大钊对孔子的评价是十分客观、正确的，他之所以抨击孔子是因为孔子成了保护君主政治的偶像，对此他曾作过深刻而又

[1] 《李大钊文集》，北京：人民出版社，1984年。
[2] 《李大钊文集》，北京：人民出版社，1984年。

精到的说明：

> 故余之掊击孔子……乃掊击专制政治之灵魂也。[①]

从李大钊的几段论述看，五四运动时期批判孔子，实则是批判假孔子之名的儒家学说，尤其是为历代封建专制帝王服务的儒家理论。所以这样看来，孔子虽辱犹荣。

其实，关于孔子的道德学问，司马迁的论断最为公允，司马迁在《史记》中写道：

> ……天下君王至于圣人众矣，当时则荣，没则已焉。孔子布衣，传十余世，学者宗之。自天子王侯，中国言"六艺"者折中于夫子，可谓至圣矣！[②]

二

由于孔子学说对于维护封建统治有着积极的作用，加之后世儒家学派的揄扬，孔子成了维护封建统治的"神圣人物"。历代帝王给孔子以各种各样的礼遇，对孔子及其后人也多加褒奖。孔子死后所享受的尊荣，确实是后无来者的。

鲁哀公十六年（公元前479年），孔子去世时，鲁哀公称其为"尼父"——虽然不是什么正式封号，但其推尊之情，表露无遗。

鲁哀公十七年（公元前478年），鲁哀公命祭祀孔子，孔子故居被辟为孔庙。对此，《史记》曾记："故所居堂，弟子内，后世

---

① 《李大钊文集》，北京：人民出版社，1984年。
② 《史记·孔子世家》。

因庙，藏孔子衣、冠、琴、车、书，至于汉，二百余年不绝。"①

第一位至曲阜祭孔的皇帝是汉高祖刘邦。这位"无赖天子"，当年以儒冠当溺器，但在儒者叔孙通制礼之后，享受到了作为皇帝的尊贵，意识到儒家学说对维持其统治的巨大作用，于是在汉高祖十二年（公元前 195 年）十一月经过鲁国时，以太牢祀孔子。②刘邦开了帝王祭祀孔子的风气之先，以后的历代帝王多有仿效。

西汉元帝初元元年（公元前 48 年），元帝下诏，让孔子的第十三代孙孔霸以所食邑祀孔子，命孔霸为太师，赐爵关内侯，食邑八百户，并赐给孔霸黄金二百斤，宅一区。这是孔子后人世袭爵位奉祀孔子的开端。

西汉平帝元始元年（公元 1 年），汉平帝诏封孔子为"褒成宣尼公"，封孔子十六代孙孔均为"褒成侯"，爵由关内侯升为通侯，食邑二千户。

居摄二年（公元 7 年），孔均因不肯与王莽合作，坚辞王莽所荐太尉之职，返回故乡，封号被夺。

东汉建武五年（公元 29 年）十月，光武帝刘秀幸鲁，使大司空祀孔子。

东汉建武十四年（公元 38 年）四月，光武帝刘秀命孔子十七代孙孔志袭封"褒成侯"，恢复孔氏中断的爵位。

东汉明帝永平十五年（公元 72 年）三月，明帝"幸孔子宅，祠仲尼及七十二弟子。亲御讲堂，命皇太子、诸王说经"③。

章帝元和二年（公元 85 年）三月，章帝"祠孔子于阙里及

① 《史记·孔子世家》。

② 《史记·孔子世家》《汉书·高帝纪》均记其事。

③ 《后汉书·明帝纪》。

七十二弟子，赐褒成侯及诸孔男女帛"①。

安帝延光三年（公元124年）三月，安帝"祀孔子及七十二弟子于阙里，自鲁相、令、丞、尉及孔氏亲属妇女诸生悉会，赐褒成侯以下帛各有差"②。

魏晋南北朝时期，虽然孔孟之道不是思想界的主流，但孔子及其后人仍受到尊崇。

魏文帝黄初二年(公元221年)，文帝曹丕下诏对孔子进行颂扬，封孔子第二十一代孙孔羡为"宗圣侯"，食邑百户，并"令鲁郡修起旧庙，置百户吏卒以守卫之，又于其外广为室屋以居学者"③。

宋孝武帝孝建元年（公元454年），下诏建孔子庙，"制同诸侯之礼"④。

北魏孝文帝延兴三年（公元473年），改封孔子第二十七代孙孔乘为"崇圣大夫"，邑五百户。太和十六年（公元492年），孝文帝在中书省祭孔子，追谥孔子为"文圣尼父"。

北周静帝大象二年（公元580年），下诏封孔子为"邹国公"，并在京师建孔子庙，按时祭享。

隋文帝开皇元年（公元581年），尊孔子为"先师尼父"。

唐高祖武德二年(公元619年)，诏令国子学立周公庙和孔子庙，令皇太子致祭先圣周公、先师孔子。

唐太宗贞观二年（公元628年），停止祭奠周公，改封孔子为"先圣"、颜回为"先师"。

贞观四年（公元630年），诏令全国各州县均要设立孔子庙，

---

① 《后汉书·章帝纪》。
② 《后汉书·安帝纪》。
③ 《三国志·魏书》。
④ 《宋书·孝武帝纪》。

此为首次以行政命令的形式为孔子在全国立庙。

唐高宗乾封元年（公元666年）春，唐高宗李治"幸曲阜，祠孔子，赠太师"[1]。

武则天天授元年（公元690年），追封孔子为"隆道公"。

唐玄宗开元二十七年（公元739年），"追赠孔宣父为文宣王，颜回为兖国公，余十哲皆侯"[2]，封孔子的三十五代孙孔璲之为"文宣公"。孔子称"王"自此始。自此年始，唐朝两京国子监的孔子庙及各州县孔子庙内的孔子塑像皆由面东改为坐北朝南。

宋太祖建隆二年（公元961年），太祖"诏贡举人就国子监谒先师，著为令"[3]。

建隆三年（公元962年），太祖亲幸国子监，诏令祭文宣王用一品礼。

真宗景德四年（公元1007年），还颁释奠仪于天下，令祭孔时执行。

真宗大中祥符元年（公元1008年），宋真宗幸曲阜县，诣文宣王庙，靴袍再拜。幸叔梁纥堂，近臣分奠七十二弟子，遂幸孔林，加谥孔子为"玄圣文宣王"。[4]

真宗大中祥符五年（公元1012年），改"玄圣文宣王曰至圣文宣王"。[5]

到宋真宗时，孔子所受尊荣可谓达到了顶点。后来的帝王很难再在孔子的名号上做文章，于是，他们便把尊荣施于孔子的后人。

---

① 《新唐书·高宗纪》。
② 《旧唐书·玄宗纪》。
③ 《宋史·真宗纪》。
④ 《宋史·真宗纪》。
⑤ 《宋史·真宗纪》。

宋仁宗至和二年（公元 1055 年）三月，仁宗为圣道隆替、圣裔繁衍，改封孔子后代为"衍圣公"。此封号除元祐元年（公元 1086 年）曾改为"奉圣公"外，一直沿用至清朝末年，共八百余年。

自宋真宗始，帝王们不仅给孔子及其子孙封号，还赐给孔子后人许多田产，给他们提供各种优惠和特权。

即便是偏治于北国的金人，也对孔子礼遇甚隆，如金熙宗天眷三年（公元 1140 年），在上京修孔子庙；第二年，熙宗又亲自至孔子庙拜祭，并向侍臣们讲解儒学。

元人入主中原后，对孔子后人也采取笼络政策，资助其修庙庭、增田产。元成宗大德十一年（公元 1307 年），加封孔子为"大成至圣文宣王"。

明代对孔子的尊崇，主要表现为给孔子后人加官晋爵和政治特权。

洪武元年（公元 1368 年），朱元璋在谨身殿召见了孔子第五十代孙孔克坚，同年十一月进衍圣公秩，由三品改为二品。

洪武十年（公元 1377 年），朝廷还为衍圣公规定了属官，如管勾一员、典籍一员、司乐一员，尼山书院和洙泗书院山长各一员，三氏学教授一员、学录一员、掌书一员、知印一员、书写一员。这些属官，皆由衍圣公保举，由吏部除授。

永乐二十二年（公元 1424 年），赐衍圣公孔彦缙正一品服，鹿袍、玉带、银印，朝列文臣之首。

清朝统治者因为深知孔子在中原及南方文化人心目中的地位，故对孔子及其后裔恩赏有加。

清顺治二年（公元 1645 年），加封孔子为"大成至圣文宣先师"。

清顺治七年（公元 1650 年），授孔子六十六代孙衍圣公孔兴燮为太子太保，一年后晋为太子太保兼太子少保，六年后又晋为太子少师。

清康熙二十三年（公元 1684 年），康熙皇帝驾临曲阜，祭孔子、谒庙林，称孔子为"万世师表"。

清雍正五年（公元 1727 年），孔子的五代祖先因沾孔子之光，都被晋封为王。

到曲阜去的次数最多的当数乾隆皇帝。从乾隆十三年（公元 1748 年）到乾隆五十五年（公元 1790 年），乾隆皇帝九次巡幸曲阜，祭拜孔子。时间分别是：乾隆十三年（公元 1748 年）、乾隆二十一年（公元 1756 年）、乾隆二十二年（公元 1757 年）、乾隆二十七年（公元 1762 年）、乾隆三十一年（公元 1766 年）、乾隆三十六年（公元 1771 年）、乾隆四十一年（公元 1776 年）、乾隆四十九年（公元 1784 年）、乾隆五十一年（公元 1786 年）。乾隆致祭时，不以帝王自高，而是对孔子行三跪九叩礼、两跪六叩礼或一跪三叩礼。

袁世凯称帝后，也下过诏令，衍圣公及配祀圣贤后裔，所受前代荣典，仍依旧例，封孔子七十六代孙孔令贻为"衍圣公"，并加封郡王衔。

1935 年，中华民国政府授孔子七十七代孙孔德成为"大成至圣先师奉祀官"，为特任官，享受部长级待遇。

历代执政者尊崇孔子及其后人，目的都是维护自己的统治，但也与孔子后人之见机识趣有很密切的关系。

如明代朱元璋即位后，其北伐军攻至济宁，朱元璋诏见，衍圣公孔克坚托病不去，只是派儿子孔希学前往觐见。对此，朱元璋十分恼火，立即下了一道亲笔谕旨，责备孔克坚的疏慢：

吾闻尔有风病在身，未知实否？然尔孔氏，非常人也，彼祖宗垂教于世，经数十代，每每宾职王家，非胡君运去，独为今日之异也。吾率中土之士，奉天逐胡以安中夏，虽曰庶民，古人由民而称帝者，汉之高宗也。尔无疾称疾，以慢吾，不可也。谕至思之。[①]

孔克坚接到圣谕后，十分惶恐，立刻前往京城。朱元璋见孔克坚到来，也就不再计较，立刻表示宽宥之意，和颜悦色地在谨身殿接见了孔克坚，并赐给孔府两千大顷田地。

与前人相比，清初的孔府传人更懂得见机行事。顺治元年（公元1644年）九月，清军入关后不久，衍圣公孔胤植即上了一道《初进表文》表达臣服之意：

以泰运初享，万国仰维新治，乾纲中正，九重弘更始之仁。率土归诚，普天称庆。恭惟皇帝陛下，承天御极，以德绥民。协瑞图而首出，六宇共戴神君；应名世而肇兴，八荒咸歌圣帝。山河与日月交辉，国祚同乾坤并永。臣等阙里竖儒，章缝微末，曩承列代殊恩，今庆新朝盛治，瞻圣学之崇隆，趋跄恐后，仰皇猷之赫濯，景慕弥深，伏愿玉质发祥，懋膺天心之笃祐，金瓯巩固，式庆社稷之灵长。臣等无任瞻仰忻舞屏营之至。谨奉表上。[②]

清军方问鼎中原，南方甫定，孔府的投诚自然给全国的文人带了个"好头"，清廷自然对之施予优渥，以成盛典了。

由于孔氏所处的特殊地位，历史上许多达官名士均以与孔氏联姻为荣，甚至帝王之家的公主也下嫁孔家。

孔子六十代孙衍圣公孔宏绪原配夫人便是明代华盖殿大学士李

---

① 转引自孟继新：《天下第一家》，济南：山东友谊出版社，1990年。
② 见孔府"对话碑"。

贤的女儿。六十二代孙衍圣公孔闻韶的原配夫人李氏，是明代诗人、书法家、吏部尚书、华盖殿大学士李东阳的女儿。六十四代孙衍圣公孔尚贤的原配夫人严氏，是明代武英殿大学士、太子太师严嵩的孙女。七十一代孙衍圣公孔昭焕的原配夫人陈氏，是文渊阁大学士、工部尚书陈世倌的孙女。七十三代孙衍圣公孔庆镕的原配夫人毕氏，是湖广总督、著名史学家毕沅的女儿。七十六代孙衍圣公的原配夫人孙氏，系军机大臣、兵部尚书孙毓汶的女儿。就连最后一位衍圣公孔德成，其夫人孙琪芳，也是清咸丰状元、工部尚书、吏部尚书、礼部尚书、毓庆宫行走的孙家鼐的孙女。

而孔氏七十二代孙衍圣公孔宪培的夫人于氏，据说是乾隆帝的女儿，为孝圣贤皇后所生，她脸上有块黑痣，术士说黑痣主灾，破灾的办法是将她嫁给比王公大臣更显贵的人家，而这样的人家只有孔府。于是，乾隆帝决定将公主下嫁孔府。但鉴于清代满汉不能通婚，乾隆帝便只好把公主寄养于大学士兼户部尚书于敏中家，以于家女儿身份嫁于衍圣公孔宪培。

孔氏的声望不只在帝王、大臣、名士间存在，即便在民间乃至盗匪中，"孔圣人"的感召力也是十分大的。

据说，民国初年发生了一件盗匪劫孔府银两后又送回的事。当时孔子七十五代孙孔祥珂的夫人彭氏还在世。有一次，府里没钱，便派车队去山东省府借银元，当押运银元的车队回府时，虽有保镖护卫，但仍被"响马"劫去。但是，不几天，曲阜城里突然来了一队大汉，推着独轮车送银元来了。原来，这群大盗抢得银子后，知道是孔府的，便说：圣人家的钱不能抢！大家一商量，便将银两全数送回了。

孔子影响所及，不仅仅是中国，也包括朝鲜、日本、越南及东南亚各国。因此，有些学者便把中国同这些国家视为"孔子文化圈"。十八世纪后，孔子思想开始传入欧洲，对欧洲人文科学的发展，如法国启蒙运动等，都产生过一定的影响。直到今天，人们还从孔子那里寻求解救现代人精神危机的处方。世界诺贝尔奖获得者在巴黎集会的宣言中曾称："如果人类要在二十一世纪生存下去，就必须回头两千五百年，去吸收孔子的智慧。"孔子，确为当今人类的导师之一。

附录一   孔子年谱

一岁　公元前551年（鲁襄公二十二年、周灵王二十一年），孔子诞生于鲁国陬邑昌平乡（今山东省曲阜市南尼山，山上有"坤灵洞"遗迹，传为孔子诞生地），因父母祷于尼山而生孔了，故为其取名丘，字仲尼。

关于孔子的出生年月日，历来众说不一。《春秋穀梁传》云："冬十月庚子，孔子生。"据此推算，孔子当生于公元前551年9月22日。现普遍采用孔子诞辰为9月28日。

二岁　公元前550年（鲁襄公二十三年、周灵王二十二年），孔子在鲁之陬邑故里（传为今曲阜市鲁源村）。

三岁　公元前549年（鲁襄公二十四年、周灵王二十三年），孔子在鲁之陬邑故里。

是年，孔子之父叔梁纥去世，葬于防（今曲阜防山，俗称"梁公林"）。

同年，孔子之母颜徵在携孔子至鲁都阙里，依母族而居。

四岁　公元前548年（鲁襄公二十五年、周灵王二十四年），孔子在鲁都阙里。

五岁　公元前547年（鲁襄公二十六年、周灵王二十五年），孔子在鲁都阙里。

六岁　公元前546年（鲁襄公二十七年、周灵王二十六年），孔子在鲁都阙里。

大致在本年前后一段时间里，孔子在玩耍时便常常模仿各种礼仪活动。《史记·孔子世家》记云："为儿嬉戏，常陈俎豆，设礼容。"

七岁 公元前545年（鲁襄公二十八年、周灵王二十七年），孔子在鲁都阙里。

八岁 公元前544年（鲁襄公二十九年、周景王元年），孔子在鲁都阙里。

是年，吴公子季札来鲁国观礼。鲁为周公封地，其子伯禽代父就封。周公死后，周天子念周公勋劳，许鲁国用天子礼乐，鲁国保存了较为完备的周礼，故季札来鲁观礼。对此，《春秋左氏传》曾有详细记叙。

九岁 公元前543年（鲁襄公三十年、周景王二年），孔子在鲁都阙里。

是年，郑国子产执政。

十岁 公元前542年（鲁襄公三十一年、周景王三年），孔子在鲁都阙里。

是年六月，鲁襄公薨于楚宫。九月，太子子野卒，齐国送归襄公之子裯，鲁人立之为君，是为昭公。

十一岁 公元前541年（鲁昭公元年、周景王四年），孔子在鲁都阙里。

是年正月，昭公即国君位。

十二岁 公元前540年（鲁昭公二年、周景王五年），孔子在鲁都阙里。

是年春，晋国韩宣子使于鲁，在鲁国观书于太史氏，见《易象》《鲁春秋》等书，为之叹赏，可见鲁之藏书丰于他国。或许，日后孔子有某种机会得以阅读过这些藏书。

十三岁 公元前539年（鲁昭公三年、周景王六年），孔子在鲁都阙里。

是年，齐相晏婴使于晋。

十四岁 公元前 538 年（鲁昭公四年、周景王七年），孔子在鲁都阙里。

十五岁 公元前 537 年（鲁昭公五年、周景王八年），孔子在鲁都阙里。

《论语·为政》载，孔子自云"吾十有五而志于学"。本年当为孔子接受正规教育（以其父荫，可能进入鲁贵族学校）的开始。

是年，鲁国发生了历史上的"四分公室"事件。鲁国在三军（三分公室）的基础上，改三军为四军：季氏自领二军，叔孙氏、孟孙氏各领一军。因当时实行的是军、赋统一的制度，分军的实质便是重新分配赋，故《左传》称之为"四分公室"。

十六岁 公元前 536 年（鲁昭公六年、周景王九年），孔子在鲁都阙里。

十七岁 公元前 535 年（鲁昭公七年、周景王十年），孔子在鲁。

是年，孔子之母颜徵在去世。孔子戴孝前往参加季氏宴请士一级贵族的宴会，被季氏家臣阳虎拒之门外。

是年十一月，鲁国执政季武子卒，其子季平子开始执政。

十八岁 公元前 534 年（鲁昭公八年、周景王十一年），孔子在鲁。

在本年前后，孔子开始担任一些社会公职，如乘田、委吏等。按照传统的说法，孔子任乘田、委吏，当在二十岁后（见《阙里志·年谱》），但笔者不敢苟同，详细分析见本书第三章。且在这段时间内，孔子依靠个人的努力获得了一定的声名和收入。

十九岁 公元前 533 年（鲁昭公九年、周景王十二年），孔子在鲁。

是年，孔子娶妻亓官氏。

二十岁 公元前532年(鲁昭公十年、周景王十三年),孔子在鲁。

是年,孔子之子孔鲤生。孔子得子,鲁昭公赐之以鲤鱼祝贺,孔子感到十分荣宠,故为儿子取名鲤,字伯鱼。

是年秋七月,季平子率三家之兵讨伐莒国。

二十一岁 公元前531年(鲁昭公十一年、周景王十四年),孔子在鲁。

是年秋,季平子至晋,与晋、齐、宋国盟,定救蔡事。

据《阙里志》所云,孔子在二十岁时始为委吏(管理仓库的小官),二十一岁由委吏改为乘田(管理牛羊的小官)。该书只说明其任职和改任时间,至于乘田一职至何时结束,未作交代。而史籍对此二职并无明确任止时间。大概孔子自婚前始任委吏,不久任乘田,在相当长的一段时间里靠做这种职吏维持生计。

二十二岁 公元前530年(鲁昭公十二年、周景王十五年),孔子在鲁。

是年三月,鲁昭公至晋,晋以晋平公之丧辞之,昭公至黄河而返。

是年冬十月,季平子家臣南蒯与公子憖谋除季平子,事败露,公子憖逃至晋。

二十三岁 公元前529年(鲁昭公十三年、周景王十六年),孔子在鲁。

是年春,叔弓率师围费,为南蒯所败。季平子欲亲征,被劝阻。费人叛南蒯,南氏被逐奔齐。

是年八月,鲁昭公与晋侯、齐侯等在平丘结盟,因昭公不参与结盟,晋人将季平子掳至晋,昭公只好亲自结盟。冬,昭公至晋国请求放归季平子,至黄河被辞归。

此次会盟,郑国子产也随郑伯一起与会。"及盟,子产争承(争辩应减少郑国的贡奉）。……自日中以争，至于昏，晋人许之。"对此，孔子曾有过评议："子产于是行也，足以为国基矣。"（《左传·昭公十三年》）

二十四岁　公元前 528 年（鲁昭公十四年、周景王十七年），孔子在鲁。

是年春，季平子从晋国归来。

二十五岁　公元前 527 年（鲁昭公十五年、周景王十八年），孔子在鲁。

是年冬，鲁昭公前往晋国拜会晋侯。

二十六岁　公元前 526 年（鲁昭公十六年、周景王十九年），孔子在鲁。

是年夏，昭公再次至晋。

是年九月，季平子前往晋国参加晋昭公葬礼。

二十七岁　公元前 525 年（鲁昭公十七年、周景王二十年），孔子在鲁。

是年秋天，郯子朝鲁。郯子在与叔孙昭子谈话时，谈论到郯氏先祖以鸟名官的制度。孔子即前去拜见郯子，并向他请教。之后，孔子告诉他人："吾闻之，天子失官，学在四夷，犹信。"（《左传·昭公十七年》）

二十八岁　公元前 524 年（鲁昭公十八年、周景王二十一年），孔子在鲁。

二十九岁　公元前 523 年（鲁昭公十九年、周景王二十二年），孔子在鲁。

据清人孔继汾《阙里文献考》云，孔子于是年向鲁国乐官师襄学琴，还有人认为是鲁昭公十七年即孔子二十七岁时的事。其实，孔子学琴于师襄子并不是什么重大的政治事件，所以史书没有记载，而《孔子家语》记述甚详，但也无确切时间，因而其具体时间便难以确定了，依照孔子当时的情形推断，此事当在其二十九岁以前。

三十岁　公元前522年（鲁昭公二十年、周景王二十三年），孔子在鲁都阙里。

孔子自认为"三十而立"（《论语·为政》），即一个人从思想观念到行为能力都已具备了自立于社会的条件。

是年前后，孔子开始收徒讲学，平民教育开始真正为社会所接受。在早期弟子中，有颜路、曾点、子路等人。

是年，齐景公与其相晏婴，借田猎之机，访问鲁国。据司马迁《史记》载，齐景公曾向孔子请问秦穆公何以称霸的问题，孔子回答，秦人国小志大，善于用人，"以此取之，虽王可也，其霸小矣"。此事不见于《春秋》《左传》。

是年，郑国贤相子产卒。《左传》载："仲尼（孔子）闻之，为之出涕，曰：'古之遗爱也。'"（《左传·昭公二十年》）子产一直是孔子最为景仰的人物。在孔子看来，子产是一位真正的君子。孔子曾这样评价子产："有君子之道四焉：其行己也恭，其事上也敬，其养民也惠，其使民也义。"（《论语·公冶长》）

三十一岁　公元前521年（鲁昭公二十一年、周景王二十四年），孔子在鲁都阙里。

三十二岁　公元前520年（鲁昭公二十二年、周景王二十五年），孔子在鲁都阙里。

是年四月，周景王卒，景王子猛继位，是为悼王。王子朝杀悼王自立，晋人攻之，拥立景王子匄，是为周敬王。

三十三岁　公元前519年（鲁昭公二十三年、周敬王元年），孔子在鲁都阙里。

三十四岁　公元前 518 年（鲁昭公二十四年、周敬王二年），孔子在鲁都阙里，后适周问礼。

是年，孟僖子将死，嘱其子孟懿子、南宫敬叔向孔子学礼（事见《左传·昭公七年》）。南宫敬叔向鲁君请求，赞助孔子适周问礼。后人以南宫敬叔年幼不可能随行否定孔子适周事，史实可能是，南宫敬叔并未随行，孔子得鲁君支持适周（详见本书有关章节）。

孔子至周，观周朝文物制度，问礼于老子，收获很大。

三十五岁　公元前 517 年（鲁昭公二十五年、周敬王三年），孔子在鲁，后适齐。

是年，鲁昭公率师攻季氏。季孙氏、叔孙氏、孟孙氏三家联合反击昭公，昭公兵败奔齐，次于阳州，齐侯致问于野井。后，齐攻取郓（鲁地），欲供昭公居之。

孔子因避鲁乱而适齐，经泰山，遇一妇人哭诉公爹、丈夫、儿子被虎咬死，但仍不离开此地，原因是此地无苛政。于是，孔子发出了"苛政猛于虎也"的慨叹。

孔子至齐，为齐国贵族高昭子家臣，借以进见齐景公。

三十六岁　公元前 516 年（鲁昭公二十六年、周敬王四年），孔子在齐。

齐景公问政于孔子，孔子答曰："君君、臣臣、父父、子子。"景公曰："善哉！信如君不君，臣不臣，父不父，子不子，虽有粟，吾岂得而食诸！"（《论语·颜渊》）

景公欲以尼谿田封孔子，因晏婴劝阻，未果。（《史记·孔子世家》）

孔子与齐太师论乐，听到《韶》（传说为舜时乐），三月不知肉味，赞叹道："不图为乐之至于斯也！"（《论语·述而》）

是年，鲁昭公自齐居于郓（原为鲁地，齐攻取之）。

三十七岁　公元前 515 年（鲁昭公二十七年、周敬王五年），孔子在齐，后归鲁。

孔子在齐，因议论国政和卷入贵族间的斗争，齐国大夫欲害孔子。齐景公对孔子说：“吾老矣，弗能用也。”于是，孔子自齐返回鲁国，离开齐国时形势颇为窘急，“孔子之去齐，接淅而行”。(《孟子·万章下》)

是年，孔子归鲁后大概未及时回阙里，而是在鲁之边邑。时，吴公子季札聘齐，其子死，葬于嬴、博（齐地，临鲁境）之间，孔子前往观礼。（《礼记·檀弓下》）

是年，孟懿子、阳虎率兵伐郓，鲁昭公使子家子至晋，联系到晋国避难事。

三十八岁　公元前 514 年（鲁昭公二十八年、周敬王六年），孔子在鲁授徒。

是年，鲁昭公至晋，请求庇护，晋君欲纳之。季氏赂晋之六卿，六卿谏，晋君始不纳昭公，使其居晋之边邑乾侯。

是年，晋魏献子执政，灭祁氏、羊舌氏，分其田为十县，选贤能之士治之，所举之人有亲有疏。对此，孔子大为激赏，认为魏献子这一举措是“近不失亲，远不失举，可谓义矣”。（《左传·昭公二十八年》）

三十九岁　公元前 513 年（鲁昭公二十九年、周敬王七年），孔子在鲁授徒。

是年冬，晋铸刑鼎，孔子闻之，认为这样一来，法在鼎而不在人，会使贵贱无序，所以孔子批评道：“晋其亡乎，失其度矣！”

是年冬十月，由于鲁昭公已去，郓人溃散而背叛昭公。

四十岁　公元前 512 年（鲁昭公三十年、周敬王八年），孔子在鲁授徒。

孔子认为"四十而不惑"，大意是指到了四十岁左右，思想道德观念已确立，对任何是非问题都有自己的主见。

四十一岁　公元前 512 年（鲁昭公三十一年、周敬王九年），孔子在鲁授徒。

是年，鲁昭公在乾侯，晋侯欲以师送昭公归鲁，后接纳了范献子的谏言，范献子召季氏，季氏来晋，迎昭公归鲁，昭公未敢归。

四十二岁　公元前 510 年（鲁昭公三十二年、周敬王十年），孔子在鲁授徒。

是年十二月，鲁昭公卒于乾侯。鲁立昭公弟公子宋为君，是为鲁定公。

四十三岁　公元前 509 年（鲁定公元年、周敬王十一年），孔子在鲁授徒。

是年夏，鲁昭公灵柩自乾侯归鲁，定公即位。

有人问孔子为何不去从政，孔子答曰："《书》云：'孝乎惟孝，友于兄弟，施于有政。'是亦为政，奚其为为政！"（《论语·为政》）

四十四岁　公元前 508 年（鲁定公二年、周敬王十二年），孔子在鲁授徒。

是年五月，都城雉门及两观发生火灾；十月，重建之。

四十五岁　公元前 507 年（鲁定公三年、周敬王十三年），孔子在鲁授徒。

是年，邾庄公卒，邾隐公即位，将冠，使人向孔子请教冠礼。

四十六岁　公元前 506 年（鲁定公四年、周敬王十四年），孔子在鲁授徒。

孔子与弟子观鲁桓公庙，见宥坐之欹器，对弟子们讲"满则覆，中则正"的道理。

四十七岁 公元前505年（鲁定公五年、周敬王十五年），孔子在鲁授徒。

是年六月，鲁国执政季平子（季孙意如）卒，季氏家臣阳虎囚其子季桓子（季孙斯）等，与季桓子盟于稷门之内，而后释放之，开始专鲁政。

阳虎欲见孔子，馈孔子豚，欲使孔子前来拜谢以见之。孔子不想见阳虎，便在阳虎不在家中时前去拜谢，恰好在途中相遇。阳虎对孔子讲了一番道理后，孔子答应将出仕，但因世道浊乱，终未出仕，退而修《诗》《书》《礼》《乐》，作为教授弟子的教材。

四十八岁 公元前504年（鲁定公六年、周敬王十六年），孔子在鲁授徒。

是年二月，定公率军侵犯郑国，夺取匡地。夏，季桓子至晋，献郑俘。

阳虎与定公及"三桓"盟于周社（鲁国祭土地神的所在，因鲁系周公之后，故名周社）。

阳虎同国人在亳社盟誓，意在笼络民心。亳为商的旧都，鲁系商奄之地，故为殷商遗民立亳社。

阳虎还在五父之衢祭神，以加祸于不守盟誓者。

四十九岁 公元前503年（鲁定公七年、周敬王十七年），孔子在鲁授徒。

是年春二月，齐人归郓、阳关，阳虎据为己有。因此，齐又伐鲁，夺走郓。

五十岁 公元前502年（鲁定公八年、周敬王十八年），孔子在鲁授徒。

孔子云"五十而知天命"，意谓到了五十岁已掌握了事物发展的必然规律。

是年正月、二月、三月，定公率师屡犯齐境。夏，齐犯鲁之西北境，晋派赵鞅救鲁，定公前往慰问晋军。

是年九月，受晋所使，季桓子和仲孙何忌率师伐卫。

是年，阳虎欲去"三桓"之嫡子而代之以庶子，谋杀季桓子，季桓子用计逃脱。"三桓"联合攻打阳虎，阳虎抢走了鲁国的宝玉大弓，逃到讙（今山东宁阳县西北）、阳关（今山东泰安东南），据之。

是年，公山不狃使人召孔子，孔子欲往，因子路反对而未成行。

五十一岁　公元前 501 年（鲁定公九年、周敬王十九年），孔子在鲁。

是年，定公任孔子为中都宰。中都，在今山东汶上县一带。孔子治中都，政绩卓著，一年的时间，便令四方诸侯学习之。(《史记·孔子世家》)

孔子任中都宰，定棺为四寸、椁为五寸之制。

是年六月，鲁攻打阳关，阳关破，阳虎出奔齐，不久又由齐奔宋，由宋奔晋，投奔了晋国的赵简子。孔子曾论及此事，认为赵氏怕是要出乱子了。

五十二岁　公元前 500 年（鲁定公十年、周敬王二十年），孔子在鲁。

是年，孔子由中都宰升司空（小司空），由司空升大司寇。

是年夏，鲁定公与齐景公会于夹谷（今山东莱芜南）。孔子以大司寇身份为定公相礼。行前，孔子认为，"虽有文事，必有武备"，于是具左、右司马。会上，齐欲劫持定公，孔子以礼斥之。齐君敬惧，乃与鲁盟。

是年，齐将原来侵占的鲁地郓、灌、龟阴等归鲁。一般的说法是，因孔子在夹谷之会上以礼相争，齐君自觉有愧，所以“归田谢过”。其实，这次归田，与孔子在夹谷之会上的表现并无太大关系。归田是齐国对鲁国采取的怀柔政策，因为齐、晋两国都希望鲁国依附于自己，以壮大势力。

五十三岁　公元前 499 年（鲁定公十一年、周敬王二十一年），孔子在鲁。

是年，孔子为大司寇的同时，可能摄相事，即代执政季桓子处理国政。

孔子为司寇，原宪为其家宰，这是较为传统的说法。其实，考之原宪生平，原宪为孔子家宰，当在孔子周游列国归鲁后，为鲁国“国老”时期。

孔子从政，一开始，国人尚疑其才，至此时见政化盛行，于是国人赞颂之。（《吕氏春秋·乐成》）

《论语》载，孔子与定公论政事，当在这一时期。

是年冬，鲁国与郑国盟而背晋盟。

五十四岁　公元前 498 年（鲁定公十二年、周敬王二十二年），孔子在鲁。

至此时，孔子在鲁国政治中占有重要的地位，孔子为大司寇摄相事，弟子子路为季氏宰，其他弟子也有从政为官者。

是年，孔子开始实行自己最主要的政治主张，即抑私家、强公室。孔子向定公建议：“家不藏甲，邑无百雉之城，古之制也。今三家过制，请皆损之。”（《孔子家语·相鲁》）遂议“堕三都”，即堕郈邑、费邑、成邑。因当时叔孙氏、季孙氏之家臣侯犯、南蒯各据其邑叛，叔孙氏和季孙氏吃尽了邑宰叛乱的苦头，也支持孔子的这一主张。于是，叔孙州仇率军堕郈成功。而堕费时，却遇到了顽强的抵抗。其间，费宰公山不狃乘机反攻鲁都，定公和"三桓"被迫躲上季武子台，幸赖孔子指挥若定，令申句须、乐颀率兵反攻，在姑蔑（今山东泗水县东）打败了公山不狃，公山不狃逃往齐国，费得堕。等再去堕成时，却受到了孟孙氏和其成邑宰公敛处父的联合抵制。因为公敛处父一直对孟孙氏忠心耿耿，成邑在，是孟孙氏之助也。此时，季孙氏、叔孙氏亦明白孔子"堕三都"的真正目的，他们认识到堕费、郈对自己是不利的，费、郈不堕，对他们是一种保障，关键是得其人守之。于是，季孙氏、叔孙氏、孟孙氏对堕成事采取不闻不问的态度。至此，"堕三都"失败，孔子的政治命运也将结束。

五十五岁　公元前 497 年（鲁定公十三年，周敬王二十三年），孔子在鲁，后至卫。

是年，齐国选美女八十人，衣文衣，选文马三十驷以赠鲁。季桓子受之，将之陈列于鲁城南高门外，季桓子和鲁君多日不听政。传统的说法是，齐国送美女、文马，是因为孔子为鲁政，鲁国大治，齐国惧，欲败其政。其实不然，齐国的这一行动，本身便是归还郓、谨、龟阴之田怀柔行动的继续。

是年春，鲁国举行春祭，按礼应分送膰肉给大夫，但未送给孔子，孔子认为于礼不合，愤而离鲁。

是年，孔子至卫，到达卫国都城帝丘（今河南濮阳），住于子路妻兄颜浊邹家。

孔子受到卫国大夫们的欢迎，并得以拜会卫灵公。卫灵公给予孔子的俸禄等同于孔子在鲁国为司寇时的俸禄。

孔子在卫曾收集公叔文子的传闻而跟公叔文子之子公叔戌有了

联系，此时，公叔戌因谋杀卫灵公及其夫人南子的密谋败露，逃到了其采邑蒲。于是，卫灵公派人监视孔子，孔子遂于十月去卫适陈。

孔子与弟子至匡（今河南长垣境）时，匡人误认孔子为阳虎，而围攻孔子。后匡人知为孔子，乃放孔子师徒离去。

孔子因去陈受挫而欲回卫国，途经蒲，被蒲人围困，与蒲人盟誓不回卫国，方得行。孔子回卫，因不与蒲人（实则主要是公叔戌之部众）合作而大受卫灵公的欢迎。孔子回卫国后，住于卫大夫蘧伯玉家。

五十六岁 公元前 496 年（鲁定公十四年、周敬王二十四年），孔子在卫授徒。

是年，卫灵公夫人南子召见孔子，子路不悦。灵公与夫人南子出游，让孔子为次乘，孔子以之为耻。

五十七岁 公元前 495 年（鲁定公十五年、周敬王二十五年），孔子在卫授徒。

是年，鲁定公卒，其子蒋（将）被立为国君，是为哀公。

五十八岁 公元前 494 年（鲁哀公元年、周敬王二十六年），孔子在卫授徒。

五十九岁 公元前 493 年（鲁哀公二年、周敬王二十七年），孔子在卫，由卫至宋，由宋至郑、至陈。

孔子在卫，卫灵公不能用。孔子决计由卫去晋，投奔晋之赵简子。孔子至黄河边上，听说赵简子杀害了窦鸣犊、舜华两位贤者，遂临河而叹，作《陬操》，返回卫国。

是年夏四月，卫灵公卒，卫立太子蒯聩之子辄为君，是为卫出公。逃亡在晋的蒯聩，在赵简子的支持下回国夺取君位，齐国则支持蒯聩之子卫出公。卫国的君位之争演化为两个大国之间的斗争，卫国朝野一片混乱。孔子向来主张"危邦不入、乱邦不居",于是离开卫国前往陈国。

孔子由卫至宋,在宋国,得罪于宋司马桓魋,结果被围攻。孔子师徒只好微服过宋,逃往郑国,由郑至陈。

六十岁 公元前 492 年(鲁哀公三年、周敬王二十八年),孔子在陈。

孔子在陈,住在其仰慕者司城贞子家。陈湣公曾召见孔子,向孔子请教肃慎氏之矢事。

是年五月,桓、僖两庙发生火灾,孔子未见使者即已知之。

是年秋七月,季桓子卒,死前嘱其子季康子召孔子相鲁。季康子欲召孔子,公之鱼劝阻之,改召孔子弟子冉求。对此,孔子判断道:"鲁人召求,非小用之,将大用之也。"(《史记·孔子世家》)

孔子云"六十而耳顺",意谓,到了六十岁,听到任何事情,都能明辨其是非。

六十一岁 公元前 491 年(鲁哀公四年、周敬王二十九年),孔子在陈。

是年六月,鲁城内殷民之亳社发生火灾。

六十二岁 公元前 490 年(鲁哀公五年、周敬王三十年),孔子往来于陈、卫、蔡等国。

是年秋九月,齐景公卒。

六十三岁 公元前 489 年(鲁哀公六年、周敬王三十一年),孔子在陈。

是年,吴伐陈,楚昭王率军来救陈,闻孔子在陈,议召孔子重用之,将以书社地七百里封孔子。令尹子西加以谏阻。七月,楚昭王卒于城父军中。

由于吴、楚大战于陈，孔子率弟子离陈过蔡，准备去负函，投奔楚国有名的贤大夫沈诸梁（叶公）。在陈、蔡间，孔子师徒被困七日，弟子饥饿病仆，孔子依旧讲诵、弦歌不止。子路等弟子对孔子之道产生了怀疑，唯有颜渊坚信孔子学说，认为孔子之道大，难为当世所容。这场怀疑论争结束后，孔子师徒又继续南行，终于到达负函，见到了叶公。

在负函，叶公曾向孔子问政。

孔子师徒南下途中和居负函期间，曾接触到一些隐者，如长沮、桀溺、荷蓧丈人、楚狂接舆等。

孔子思念鲁国的弟子，慨叹道："归与、归与！吾党之小子狂简，斐然成章，不知所以裁之。"（《论语·公冶长》）

六十四岁 公元前 488 年（鲁哀公七年、周敬王三十二年），孔子自负函至卫。

孔子弟子仕于卫者较多，应弟子们要求，孔子由负函至卫。

孔子至卫，弟子们认为卫出公将大用孔子，故子路问孔子："卫君待之而为政，子将奚先？"孔子则以"正名"作答。但卫出公并不想重用孔子，只是想利用孔子的威望，笼络住孔门弟子，让他们为卫国效力。

是年夏，鲁哀公与吴王夫差会于缯（今山东省枣庄市峄城区），吴国向鲁国索要百牢（牛、羊、猪各一百头）为祭品。吴太宰嚭召季康子，季康子派子贡辞谢，子贡不辱使命而归。

六十五岁 公元前 487 年（鲁哀公八年、周敬王三十三年），孔子在卫。

是年三月，吴因鲁侵邾故而伐鲁，吴败，孔子弟子有若在作战中立功。

夏，齐人伐鲁，取谶与阐。

冬十二月，齐人归谶及阐。

六十六岁 公元前 486 年（鲁哀公九年、周敬王三十四年），孔子在卫授徒。

六十七岁 公元前 485 年（鲁哀公十年、周敬王三十五年），孔子在卫授徒。

是年，孔子夫人亓官氏卒。

六十八岁 公元前 484 年（鲁哀公十一年、周敬王三十六年），孔子由卫返鲁。

是年春，齐师伐鲁，孔子弟子冉求主战，冉求将左师，樊迟亦参战，鲁军获胜。季康子问冉求的军事才能是天生的还是学的，冉求答以学之于孔子。于是，季康子派员以币迎孔子，孔子归鲁。鲁国尊孔子为"国老"，孔子开始了他"顾问政治"的时期。

鲁哀公问政于孔子，孔子答之以"政在选臣"。（《论语·为政》）

季康子问政于孔子，孔子答之以"政者正也，子帅以正，孰敢不正？"（《论语·颜渊》）

季康子欲行田赋，使冉求问于孔子，孔子答之以"不知"，但私下向冉求表示反对的意见。

孔子在此时期，精研《周易》，并开始作《易传》，并为讲学之用而作《春秋》。

六十九岁 公元前 483 年（鲁哀公十二年、周敬王三十七年），孔子在鲁授徒，作《易传》《春秋》。

是年春，鲁开始实行田赋。

是年夏，鲁昭公夫人吴孟子卒，孔子往吊之。

是年，孔子之子孔鲤卒，孙孔伋生。

七十岁 公元前482年（鲁哀公十三年、周敬王三十八年），孔子在鲁授徒，作《易传》《春秋》。

孔子云："七十而从心所欲，不逾矩。"（《论语·为政》）意谓七十岁后，任何念头、行为都不会超出礼和仁的规范了。

七十一岁 公元前481年（鲁哀公十四年、周敬王三十九年），孔子在鲁。

春，鲁人西狩于"大野"（今山东巨野县一带），获一怪兽，孔子看后，认为是麟。麟乃仁兽，太平盛世方出现，今出非其时，孔子认为"吾道穷矣！"于是停止了写《春秋》的工作。

是年六月，齐陈恒（田成子）弑齐简公，孔子沐浴而朝鲁哀公，劝其发兵讨之。哀公让孔子去找"三桓"，"三桓"置之不理，孔子无可奈何，只好说："吾以从大夫之后也，故不敢不言。"（《左传·哀公十四年》）

是年，颜回死，年四十一岁。孔子十分悲恸，曰："噫！天丧予！天丧予！"（《论语·先进》）

七十二岁 公元前480年（鲁哀公十五年、周敬王四十年），孔子在鲁。

是年，卫国发生政变，蒉聩劫持了卫国执政孔悝，驱逐了其子辄，是为卫庄公。政变中，子路为救孔悝（时子路为孔悝之邑宰）而被蒉聩党羽剁成了肉酱。孔子听说后，令人立刻把准备食用的肉酱倒掉了，并说："天祝（断）予！"（《公羊传·哀公十五年》）子路之死，算是给了孔子这位老人的生命以最后一击。

七十三岁 公元前479年（鲁哀公十六年、周敬王四十一年），孔子在鲁。

是年夏历二月十一日，孔子去世。去世前七天，孔子曳杖逍遥而歌："泰山其颓乎！梁木其坏乎！哲人其萎乎！"

孔子死后葬鲁城北泗上，鲁哀公亲自作诔以悼之。弟子庐墓守丧三年而去，唯子贡守丧六年方去。

孔子弟子和鲁人从孔子墓而居者百余室，遂成孔里。

孔子去世后第二年，孔子弟子将孔子旧居改为庙，藏孔子平生所用衣冠、琴、书于堂中，岁时奉祀。

孔林、孔庙等"三孔"自此始。

附录二　　　　孔子先祖世系表

姓名	封号	封赐年代	备注
微子启			周公平管蔡之乱，命微子代殷后奉其先祖，国于宋，为宋国始祖，号宋公
微仲（衍）			微子启之弟，继其兄之位，为宋国国君
宋公稽			微仲之子，袭父位为宋国国君
丁公申			宋公稽之子，袭父位为宋国国君
缗公共			丁公申之子，袭父位为宋国国君
弗父何			缗公共之长子，因让位于弟鲋祀（历公），为宋国大夫
宋父周			弗父何之子，为宋国大夫
世子胜			宋父周之子，为宋国大夫
正考父			世子胜之子，为宋国大夫
孔父嘉			正考父之子，为宋国大司马，为宋华父督所杀。自嘉始，孔氏始有族姓——其后代以其字为姓

姓名	封号	封赐年代	备注
木金父	肇圣王	清雍正元年（公元 1723 年）追封	孔父嘉之子，被降为士，在宋
睪夷（祁父）	裕圣王	清雍正元年（公元 1723 年）追封	木金父之子，在宋
防叔	诒圣王	清雍正元年（公元 1723 年）追封	祁父之子，为避祸而奔鲁，为防大夫
伯夏	昌圣王	清雍正元年（公元 1723 年）追封	防叔之子
叔梁纥	齐国公	金大定二十四年（公元 1184 年）	伯夏之子，为陬邑大夫，生子孟皮（伯尼）和孔丘（仲尼）
	启圣王	元至顺二年（公元 1331 年）加封	
	启圣王	清雍正元年（公元 1723 年）追封	

孔子封谥表

姓名	封赐年代	备注
褒成宣尼公	汉平帝元始元年（公元 1 年）	鲁哀公十六年（公元前 479 年），孔子卒，哀公有诔文悼念孔子，文中称孔子为"尼父"，系尊称，但非正式敕封。孔子有封号，自公元 1 年始
文圣尼父	北魏孝文帝太和十六年（公元 492 年）	
邹国公	北周静帝大象二年（公元 580 年）	
先师尼父	隋文帝开皇元年（公元 581 年）	
先圣	唐太宗贞观二年（公元 628 元）	
宣父	唐太宗贞观十一年（公元 637 年）	
太师	唐高宗乾封元年（公元 666 年）	
隆道公	武则天天授元年（公元 690 年）	
文宣王	唐玄宗开元二十七年（公元 739 年）	孔子称"王"自此始
玄圣文宣王	宋真宗大中祥符元年（公元 1008 年）	
至圣文宣王	宋真宗大中祥符五年（公元 1012 年）	

姓名	封赐年代	备注
大成至圣文宣王	元武宗大德十一年（公元 1307 年）	
至圣先师	明世宗嘉靖九年(公元 1530 年)	
大成至圣文宣先师	清世祖顺治二年(公元 1645 年)	
至圣先师	清世祖顺治十四年（公元 1657 年）	
大成至圣先师	中华民国	其间"国民政府"派员祭孔，祭文仍称孔子为"大成至圣先师"

孔子嫡系后裔爵位承袭表

世代	名	字	号	封爵	袭封年代	备注
2	鲤	伯鱼		泗水侯	宋徽宗崇宁元年（公元 1102 年）	追谥
3	伋	子思		沂水侯 沂国述圣公	宋徽宗崇宁元年（公元 1102 年） 元文宗至顺元年（公元 1330 年）	追谥
4	白	子上				
5	求	子家				
6	箕	子京				
7	穿	子高				
8	谦	子顺				
9	腾	子襄		奉祠君	西汉高祖十二年（公元前 195 年）	此为祀事封号之始
10	忠	子贞		博士	汉文帝（年代不详）	
11	武	子威		博士	汉文帝（年代不详）	
12	延年			博士	汉文帝（年代不详）	继转太傅，迁大将军

世代	名	字	号	封爵	袭封年代	备注
13	霸	次孺		褒成侯	汉元帝初元元年（公元前48年）	又赠太师，赐爵关内侯，号褒成君，食邑八百户，并赐黄金二百斤，宅一区。此为世袭爵位奉祀之始
14	福			殷绍嘉侯	汉成帝绥和元年（公元前8年）	后又晋爵为公，孔福一作孔吉
15	房			褒成侯	汉哀帝建平二年（公元前5年）	赐九百三十二户
16	均	长平		褒成侯	汉平帝元始元年（公元1年）	赐食邑二千户，爵由关内侯晋升为通侯。孔均原名莽，后因避王莽讳改名为均
17	志			褒成侯	东汉光武帝建武十四年（公元38年）	
18	损	君益		褒亭侯	汉明帝永平十五年（公元72年）	食邑一千户
19	曜	君曜		褒亭侯	汉安帝延光三年（公元124年）	
20	完			褒亭侯	汉灵帝建宁二年（公元169年）	
21	羡	子余		宗圣侯	（曹）魏文帝黄初二年（公元221年）	赐食邑百户，孔羡系孔完弟孔赞之子

世代	名	字	号	封爵	袭封年代	备注
22	震	伯起		奉圣亭侯	西晋武帝泰始三年（公元 267 年）	赐食邑二百户
23	嶷	成功		奉圣亭侯	东晋明帝太宁三年（公元 325 年）	孔嶷，一作孔亭
24	抚			奉圣亭侯		《孔氏家谱》记封奉圣亭侯，史书未载
25	懿			奉圣亭侯		《孔氏家谱》记封奉圣亭侯，史书未载
26	鲜	隐之		奉圣亭侯	（刘）宋文帝元嘉十九年(公元442年)	因孔熙先（孔鲜兄之子）谋反，元嘉二十二年（公元 445 年）鲜被夺爵
27	乘	敬山		崇圣大夫	北魏孝文帝延兴三年(公元 473 年)	食邑五百户，并赐十户以供洒扫。孔乘一作孔秉
28	灵珍			崇圣侯	北魏孝文帝太和十九年(公元495年)	赐食邑一百户
29	文泰			崇圣侯		《孔氏家谱》记封崇圣侯，史书未载
30	渠			崇圣侯		《孔氏家谱》记封崇圣侯，史书未载

世代	名	字	号	封爵	袭封年代	备注
31	长孙			恭圣侯	北齐文宣帝天保元年（公元 550 年）	赐食邑一百户
32	嗣悊			绍圣侯	隋炀帝大业四年（公元 608 年）	赐食邑一百户
33	德伦			褒圣侯	唐高祖武德九年（公元 626 年）	
34	崇基			褒圣侯	武则天证圣元年（公元 695 年）	
35	璲之	藏晖		褒圣侯 文宣公兼兖州长史	唐玄宗开元五年（公元 717 年） 唐玄宗开元二十七年（公元 739 年）	唐玄宗天宝十五年（公元 756 年）避安史之乱，奔宁陵，卒后葬其地
36	萱			文宣公	年代不详	
37	齐卿			文宣公	唐德宗建中三年（公元 782 年）	
38	惟晊			文宣公	唐宪宗元和十三年（公元 818 年）	
39	同			文宣公	唐武宗会昌二年（公元 842 年）	会昌元年（公元 841 年）曾迁尚书博士
40	振	国文		文宣公	唐懿宗咸通四年（公元 863 年）	
41	昭俭			文宣公	年代不详	

世代	名	字	号	封爵	袭封年代	备注
42	光嗣	斋郎		泗水主簿	唐哀宗天佑二年（公元905年）	失封爵，后梁末帝乾化三年（公元913年）为庙户孔末所杀
43	仁玉	温如		曲阜县主簿 文宣公 文宣公兼曲阜县令	后唐明宗长兴元年（公元930年） 后唐明宗长兴三年（公元932年） 宋太祖建隆元年（公元906年）	长兴三年（公元932年）迁龚邱令。孔仁玉被孔氏称为"中兴祖"。卒，赠兵部尚书
44	宜	不疑		曲阜县主簿 赞善大夫、文宣公	宋太祖乾德四年（公元966年） 宋太宗太平兴国三年（公元978年）	
45	延世	茂先		曲阜县令、文宣公	宋太宗至道三年（公元997年）	
46	圣佑 宗愿			文宣公兼知县事 文宣公兼知县事 衍圣公	宋真宗天禧五年（公元1021年） 宋仁宗宝元二年（公元1039年） 宋仁宗至和二年（公元1055年）	此为封衍圣公之始。孔宗愿系孔圣佑从弟

世代	名	字	号	封爵	袭封年代	备注
47	若蒙	公明		仙源县(曲阜)主簿、衍圣公	宋神宗熙宁元年（公元 1068 年）	废孔若蒙，由其弟若虚袭爵
				奉圣公	宋哲宗元祐元年（公元 1086）	
	若虚	公实		奉圣公	宋哲宗元符元年（公元 1098）	
48	端友	子交		衍圣公	宋徽宗崇宁元年（公元 1102 年）	
49	璠	文老		衍圣公	金太宗天会十二年（公元 1134 年）	伪齐刘豫所封，孔璠为孔端友之侄。此代南宗为孔玠（字锡忠）以承奉郎袭爵
				衍圣公	金熙宗天眷三年（公元 1140 年）	
50	拯	元济		衍圣公	金熙宗皇统二年（公元 1142 年）	孔摠为孔拯之弟。此代南宗为孔搢（字季绅）
	摠	元会		衍圣公	金世宗大定三年（公元 1163 年）	
51	元措	梦得		衍圣公	金章宗明昌二年（公元 1191 年）	金宣宗贞祐二年（公元 1214 年）寇犯阙里孔庙，孔元措赴汴，以孔元用摄祀事，后孔元用权袭衍圣公兼县令。此代南宗为孔文远（字绍先）
				衍圣公	元太宗五年（公元 1233 年）	

世代	名	字	号	封爵	袭封年代	备注
52	浈	昭度		衍圣公	元宪宗元年 （公元 1251 年）	孔浈为孔元措弟元纮之子孔元固的庶子，后被人告称乃驱口（贱民）李姓所生，因而被夺爵。此代南宗为孔万春（字香年）
53	治	世安		承事郎、知密使 衍圣公	元世祖至元十二年（公元 1275 年） 元成宗元贞元年（公元 1295 年）	孔治为孔元用之孙，孙之全之子。此代南宗为孔洙（字景清）。元世祖时，改封孔洙为国子监祭酒，免去其衍圣公称号
54	思诚 思晦	明道		衍圣公 衍圣公	年代不详 元仁宗延祐三年（公元 1316 年）	孔思诚因以支庶袭封，为族人所不服，因而被解除爵位。孔思晦乃孔宗愿第三子孔若愚之后
55	克坚	璟夫		嘉议大夫、衍圣公	元顺帝至元六年（公元 1340 年）	至正十五年（公元 1355 年）十月，同知太常礼仪院；十二月，摄太常卿

世代	名	字	号	封爵	袭封年代	备注
56	希学	士行		衍圣公 衍圣公	元顺帝至正十五年 （公元 1355 年） 明太祖洪武元年 （公元 1368 年）	洪武十三年 （公元 1380 年） 令衍圣公班文 臣首
57	讷	言伯		衍圣公	明太祖洪武十七年 （公元 1384 年）	
58	公鑑	昭文		衍圣公	明惠帝建文二年 （公元 1400 年）	
59	彦缙	朝绅		衍圣公	明成祖永乐八年 （公元 1410 年）	
60	承庆	永祚		衍圣公		早死未袭爵，追封
61	宏绪 宏泰	以敬 以和	南溪	衍圣公 衍圣公	明代宗景泰元年 （公元 1450 年） 明宪宗成化五年 （公元 1469 年）	明宪宗成化五年 （公元 1469 年） 废，其弟孔宏泰 袭爵
62	闻韶	知德	成庵	衍圣公	明孝宗弘治十六年 （公元 1503 年）	
63	贞干	用济	可亭	衍圣公	明世宗嘉靖二十五年（公元 1546 年）	
64	尚贤	象之	希庵	衍圣公	明世宗嘉靖三十五年（公元 1556 年）	

世代	名	字	号	封爵	袭封年代	备注
65	胤植	懋甲	对寰	衍圣公	明熹宗天启元年（公元 1621 年）	天启七年（公元 1627 年）加太子太保，明毅宗崇祯三年（公元 1630 年）晋太子太傅。孔胤植系孔尚贤从侄，后因避清雍正帝讳、改"胤"为"衍"
66	兴燮	起吕	辅垣	衍圣公	清顺治五年（公元 1648 年）	顺治七年（公元 1650 年）晋太子少保；八年（公元 1651 年）兼太子太保
67	毓圻	钟在	兰堂	衍圣公	清康熙六年（公元 1667 年）	
68	传铎	振路	牅民	衍圣公	清雍正元年（公元 1723 年）	
69	继濩	体和	纯斋	衍圣公		未袭爵而卒，追封
70	广棨	京立	石门	衍圣公	清雍正九年（公元 1731 年）	
71	昭焕	显文	尧峰	衍圣公	清乾隆九年（公元 1744 年）	
72	宪培	养元	笃斋	衍圣公	清乾隆四十八年（公元 1783 年）	原名宪允，乾隆帝将其更名为宪培

续 表

世代	名	字	号	封爵	袭封年代	备注
73	庆熔	陶甫	冶山	衍圣公	清乾隆五十九年（公元 1794 年）	孔庆熔系孔宪培弟宪增之子
74	繁灏	文渊	伯海	衍圣公	清道光二十一年（公元 1841 年）	
75	祥珂	观堂		衍圣公	清同治二年（公元 1863 年）	
76	令贻	燕庭		衍圣公 衍圣公	清光绪三年（公元 1877 年） 1915 年	袁世凯为总统后，仍封孔令贻为衍圣公；袁称帝后，予郡王衔
77	德成	达生		衍圣公 大成至圣先师奉祀官	1920 年 1935 年	孔令贻死后，其子孔德成仍袭爵为衍圣公，为特任官待遇，相当于国民政府部长级以上的官位

两宋之际孔裔承袭表

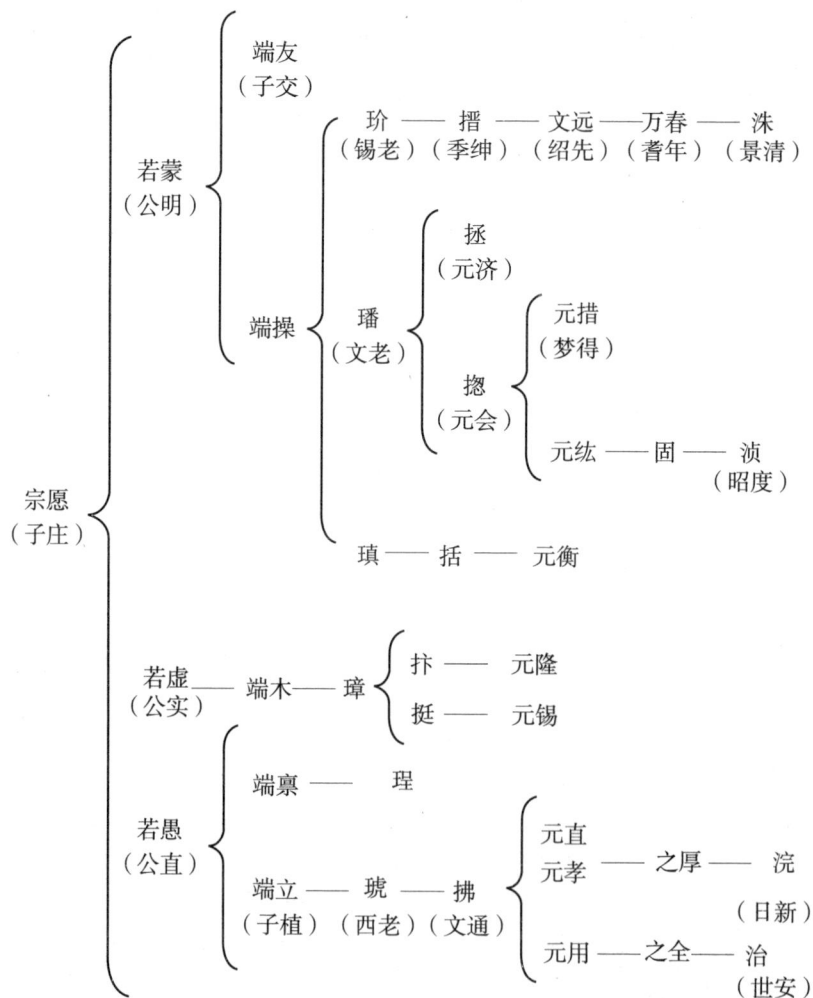

```
宗愿            若蒙          端友
(子庄)          (公明)        (子交)
                             玠 —— 摺 —— 文远 —— 万春 —— 洙
                            (锡老) (季绅) (绍先) (耆年) (景清)

                             端操          璠          拯
                                          (文老)      (元济)
                                                      元措
                                                      (梦得)
                                          摠
                                          (元会)
                                                      元纮 —— 固 —— 浈
                                                                  (昭度)

                             瑱 —— 括 —— 元衡

                若虚 —— 端木 —— 璋          抃 —— 元隆
                (公实)                      挺 —— 元锡

                若愚          端禀 —— 理
                (公直)
                             端立 —— 琥 —— 拂          元直
                            (子植) (西老) (文通)        元孝 —— 之厚 —— 浣
                                                                    (日新)

                                                      元用 —— 之全 —— 治
                                                                    (世安)
```

附录三　　　　　孔子弟子简表

姓名	生年	卒年	国别	官职	封号	封谥年代	备注
颜回 （颜渊）	公元前512年	公元前481年	鲁		先帅	唐贞观二年 （公元628年）	鲁
					太子太师	唐总章元年 （公元668年）	
					太子太师	唐太极元年 （公元712年）	
					亚圣	唐开元八年 （公元720年）	
					亚圣兖国公	唐开元二十七年 （公元739年）	
					兖国公	宋大中祥符二年 （公元1009年）	
					兖国公	南宋咸淳三年 （公元1267年）	
					兖国复圣公	元至顺元年 （公元1330年）	
					复圣	明嘉靖九年 （公元1530年）	
					复圣	清乾隆二十一年 （公元1756年）	

姓名	生年	卒年	国别	官职	封号	封谥年代	备注
闵子骞 （闵损）	公元前536年		鲁	费宰	费侯	唐开元二十七年 （公元739年）	
					琅琊公	宋大中祥符二年 （公元1009年）	
					费公	南宋咸淳三年 （公元1267年）	
					先贤	清乾隆二十一年 （公元1756年）	
冉伯牛 （冉耕）	公元前544年		鲁		郓侯	唐开元二十七年 （公元739年）	
					东平公	宋大中祥符二年 （公元1009年）	
					郓公	南宋咸淳三年 （公元1267年）	
					先贤	清乾隆二十一年 （公元1756年）	
冉雍 （仲弓）	公元前522年		鲁	季氏宰	薛侯	唐开元二十七年 （公元739年）	
					下邳公	宋大中祥符二年 （公元1009年）	
					薛公	南宋咸淳三年 （公元1267年）	
					先贤	清乾隆二十一年 （公元1756年）	

姓名	生年	卒年	国别	官职	封号	封谥年代	备注
冉求 （冉有）	公元前522年		鲁	季氏宰	徐侯	唐开元二十七年 （公元739年）	
					彭城公	宋大中祥符二年 （公元1009年）	
					徐公	南宋咸淳三年 （公元1267年）	
					先贤	清乾隆二十一年 （公元1756年）	
子路 （仲由）	公元前542年	公元前480年	鲁	季氏宰 蒲大夫 卫大夫孔悝之邑宰 蒲令 蒲宰	卫侯	唐开元二十七年 （公元739年）	
					河内公	宋大中祥符二年 （公元1009年）	
					卫公	南宋咸淳三年 （公元1267年）	
					先贤	清乾隆二十一年 （公元1756年）	
宰我 （宰予）			鲁		齐侯	唐开元二十七年 （公元739年）	
					临淄公	宋大中祥符二年 （公元1009年）	
					齐公	南宋咸淳三年 （公元1267年）	
					先贤	清乾隆二十一年 （公元1756年）	

姓名	生年	卒年	国别	官职	封号	封谥年代	备注
子贡（端木赐）	公元520年		卫	信阳令	黎侯	唐开元二十七年（公元739年）	
				信阳宰	黎阳公	宋大中祥符二年（公元1009年）	
					黎公	南宋咸淳三年（公元1267年）	
					先贤	清乾隆二十一年（公元1756年）	
子游（言偃）	公元前506年		吴	武城宰	吴侯	唐开元二十七年（公元739年）	
					丹阳公	宋大中祥符二年（公元1009年）	
					吴公	南宋咸淳三年（公元1267年）	
					先贤	清乾隆二十一年（公元1756年）	
子夏（卜商）	公元前507年		卫	莒父宰	魏侯	唐开元二十七年（公元739年）	一说为晋国人
					河东公	唐开元二十七年（公元739年）	
					魏公	南宋咸淳三年（公元1267年）	
					先贤	清乾隆二十一年（公元1756年）	

姓名	生年	卒年	国别	官职	封号	封谥年代	备注
子张 (颛孙师)	公元前503年		陈		陈伯	唐开元二十七年 （公元739年）	
					宛邱侯	宋大中祥符二年 （公元1009年）	
					陈公	南宋咸淳三年 （公元1267年）	
曾参 (曾子)	公元前505年		鲁		太子少师	唐总章元年 （公元668年）	
					太子太师	唐太极元年 （公元712年）	
					成伯	唐开元二十七年 （公元739年）	
					瑕邱侯	宋大中祥符二年 （公元1009年）	
					成国公	南宋咸淳三年 （公元1267年）	
					郕国宗圣公	元至顺元年 （公元1330年）	
					宗圣	明嘉靖九年 （公元1530年）	
					宗圣	清乾隆二十一年 （公元1756年）	
澹台灭明 (子羽)	公元前522年		鲁		江伯	唐开元二十七年 （公元739年）	
					金乡侯	宋大中祥符二年 （公元1009年）	

姓名	生年	卒年	国别	官职	封号	封谥年代	备注
宓子贱（宓不齐）	公元前501年或公元前502年		鲁		单伯	唐开元二十七年（公元739年）	一说宋国人
					单父侯	宋大中祥符二年（公元1009年）	
原宪（原思、子思）	公元前515年		鲁		原伯	唐开元二十七年（公元739年）	
					任城侯	宋大中祥符二年（公元1009年）	
公冶长（子长）			齐		莒伯	唐开元二十七年（公元739年）	一说鲁国人
					高密侯	宋大中祥符二年（公元1009年）	
南容（南宫适）			鲁		郯伯	唐开元二十七年（公元739年）	
					龚邱侯	宋大中祥符二年（公元1009年）	

姓名	生年	卒年	国别	官职	封号	封谥年代	备注
公晳哀 （季次）			齐		郳伯	唐开元二十七年 （公元739年）	
					北海侯	宋大中祥符二年 （公元1009年）	
曾晳 （曾点）			鲁		宿伯	唐开元二十七年 （公元739年）	
					莱芜侯	宋大中祥符二年 （公元1009年）	
颜路 （颜无由）	公元前545年		鲁		杞伯	唐开元二十七年 （公元739年）	
					曲阜侯	宋大中祥符二年 （公元1009年）	
商瞿	公元前522年		鲁		蒙伯	唐开元二十七年 （公元739年）	
					须昌侯	宋大中祥符二年 （公元1009年）	
高柴 （子羔）	公元前521年		卫	费宰 费郈宰	共伯	唐开元二十七年 （公元739年）	一说齐国人
				鲁孟孙氏之成邑宰 卫之士师 武城宰	共城侯	宋大中祥符二年 （公元1009年）	

姓名	生年	卒年	国别	官职	封号	封谥年代	备注
漆雕开	公元前540年		鲁		滕伯	唐开元二十七年（公元739年）	一说蔡国人
					平舆侯	宋大中祥符二年（公元1009年）	
公伯寮			鲁		任伯	唐开元二十七年（公元739年）	
					寿张侯	宋大中祥符二年（公元1009年）	
司马耕（司马牛）			宋		向伯	唐开元二十七年（公元739年）	
					楚邱侯	宋大中祥符二年（公元1009年）	
樊迟（樊须）	公元前515年或公元前505年		鲁		樊伯	唐开元二十七年（公元739年）	
					益都侯	宋大中祥符二年（公元1009年）	

续 表

姓名	生年	卒年	国别	官职	封号	封谥年代	备注
有子（有若）	公元前508年或公元前518年		鲁		卞伯	唐开元二十七年（公元739年）	
					平阴侯	宋大中祥符二年（公元1009年）	
					先贤	清乾隆二十一年（公元1756年）	
公西华（公西赤）	公元前509年		鲁		邵伯	唐开元二十七年（公元739年）	
					钜野侯	宋大中祥符二年（公元1009年）	
巫马施（巫马期）	公元前521年		鲁		鄫伯	唐开元二十七年（公元739年）	一说陈国人
					东阿侯	宋大中祥符二年（公元1009年）	
梁鳣	公元前522年		齐		鄫伯	唐开元二十七年（公元739年）	
					千乘侯	宋大中祥符二年（公元1009年）	
颜幸（颜柳）	公元前505年		鲁		萧伯	唐开元二十七年（公元739年）	
					阳谷侯	宋大中祥符二年（公元1009年）	

姓名	生年	卒年	国别	官职	封号	封谥年代	备注
冉孺	公元前501年		鲁		纪伯（郜）	唐开元二十七年（公元739年）	
					临沂侯	宋大中祥符二年（公元1009年）	
曹邺	公元前501年		蔡		丰伯	唐开元二十七年（公元739年）	
					上蔡侯	宋大中祥符二年（公元1009年）	
伯虔	公元前501年		鲁		邹伯	唐开元二十七年（公元739年）	
					沭阳侯	宋大中祥符二年（公元1009年）	
公孙龙	公元前498年		楚		黄伯	唐开元二十七年（公元739年）	
					枝江侯	宋大中祥符二年（公元1009年）	
冉季			鲁		东平伯	唐开元二十七年（公元739年）	
					诸城侯	宋大中祥符二年（公元1009年）	
公祖句兹（公祖子之）			鲁		期思伯	唐开元二十七年（公元739年）	
					即墨侯	宋大中祥符二年（公元1009年）	

姓名	生年	卒年	国别	官职	封号	封谥年代	备注
秦祖			秦		少梁伯	唐开元二十七年（公元 739 年）	
					鄄城侯	宋大中祥符二年（公元 1009 年）	
漆雕哆			鲁		武城伯	唐开元二十七年（公元 739 年）	
					濮阳侯	宋大中祥符二年（公元 1009 年）	
颜高			鲁		琅琊伯	唐开元二十七年（公元 739 年）	一说燕国人
					雷泽侯	宋大中祥符二年（公元 1009 年）	
漆雕徒父			鲁		须句伯	唐开元二十七年（公元 739 年）	
					高苑侯	宋大中祥符二年（公元 1009 年）	
壤驷赤			秦		北徵伯	唐开元二十七年（公元 739 年）	
					上邽侯	宋大中祥符二年（公元 1009 年）	
商泽			鲁		睢阳伯	唐开元二十九年（公元 739 年）	
					邹平侯	宋大中祥符二年（公元 1009 年）	

姓名	生年	卒年	国别	官职	封号	封谥年代	备注
石作蜀			秦		郇邑伯	唐开元二十七年（公元 739 年）	
					成纪侯	宋大中祥符二年（公元 1009 年）	
任不齐			楚		任城伯	唐开元二十七年（公元 739 年）	
					当阳侯	宋大中祥符二年（公元 1009 年）	
公良孺			陈		东牟伯	唐开元二十七年（公元 739 年）	
					牟平侯	宋大中祥符二年（公元 1009 年）	
后处			齐		营丘伯	唐开元二十七年（公元 739 年）	
					胶东侯	宋大中祥符二年（公元 1009 年）	
秦冉					彭衙伯	唐开元二十七年（公元 739 年）	
					新息侯	宋大中祥符二年（公元 1009 年）	
公夏首			鲁		亢父伯	唐开元二十七年（公元 739 年）	
					钜平侯	宋大中祥符二年（公元 1009 年）	

姓名	生年	卒年	国别	官职	封号	封谥年代	备注
奚容蒧			卫		下邳伯	唐开元二十七年（公元739年）	
					济阳侯	宋大中祥符二年（公元1009年）	
公肩定			鲁		新田伯	唐开元二十七年（公元739年）	一说晋国人
					梁父侯	宋大中祥符二年（公元1009年）	
颜祖（颜襄）			鲁		临邑伯	唐开元二十七年（公元739年）	一说宋国人
					富阳侯	宋大中祥符二年（公元1009年）	
郳单					铜鞮伯	唐开元二十七年（公元739年）	
					聊城侯	宋大中祥符二年（公元1009年）	
句井疆			卫		淇阳伯	唐开元二十七年（公元739年）	
					滏阳侯	宋大中祥符二年（公元1009年）	
宰父黑					乘丘伯	唐开元二十七年（公元739年）	
					祁乡侯	宋大中祥符二年（公元1009年）	

姓名	生年	卒年	国别	官职	封号	封谥年代	备注
秦商			鲁		上洛伯	唐开元二十七年（公元739年）	一说楚国人
					冯翊侯	宋大中祥符二年（公元1009年）	
申枨			鲁		鲁伯	唐开元二十七年（公元739年）	
					文登侯	宋大中祥符二年（公元1009年）	
颜之仆			鲁		东武伯	唐开元二十七年（公元739年）	
					宛句侯	宋大中祥符二年（公元1009年）	
荣旂			鲁		雩娄伯	唐开元二十七年（公元739年）	一说卫国人
					厌次侯	宋大中祥符二年（公元1009年）	
县成			鲁		钜野伯	唐开元二十七年（公元739年）	
					武城侯	宋大中祥符二年（公元1009年）	
左人郢			鲁		临淄伯	唐开元二十七年（公元739年）	
					南华侯	宋大中祥符二年（公元1009年）	

姓名	生年	卒年	国别	官职	封号	封谥年代	备注
燕伋			鲁		渔阳伯	唐开元二十七年（公元739年）	一说秦国人
					汧源侯	宋大中祥符二年（公元1009年）	
郑邦（郑国）			鲁		荥阳伯	唐开元二十七年（公元739年）	一说宋国人
					朐山侯	宋大中祥符二年（公元1009年）	
秦非			鲁		汧阳伯	唐开元二十七年（公元739年）	
					华亭侯	宋大中祥符二年（公元1009年）	
施之常			鲁		乘氏伯	唐开元二十七年（公元739年）	一说齐国人
					临濮侯	宋大中祥符二年（公元1009年）	
颜哙			鲁		朱虚伯	唐开元二十七年（公元739年）	
					济阴侯	宋大中祥符二年（公元1009年）	
步叔乘			齐		淳于伯	唐开元二十七年（公元739年）	
					博昌侯	宋大中祥符二年（公元1009年）	

姓名	生年	卒年	国别	官职	封号	封谥年代	备注
原亢			鲁		莱芜伯	唐开元二十七年（公元 739 年）	
					乐平侯	宋大中祥符二年（公元 1009 年）	
乐欬（乐颀）			鲁		昌平伯	唐开元二十七年（公元 739 年）	
					建成侯	宋大中祥符二年（公元 1009 年）	
廉絜			卫		莒父伯	唐开元二十七年（公元 739 年）	
					胙城侯	宋大中祥符二年（公元 1009 年）	
叔仲会	公元前479年或公元前501年		晋		瑕丘伯	唐开元二十七年（公元 739 年）	一说鲁国人
					博平侯	宋大中祥符二年（公元 1009 年）	
颜何			鲁		平阳伯	唐开元二十七年（公元 739 年）	
					堂邑侯	宋大中祥符二年（公元 1009 年）	

续　表

姓名	生年	卒年	国别	官职	封号	封谥年代	备注
狄黑			卫		临济伯	唐开元二十七年（公元739年）	
					林虑侯	宋大中祥符二年（公元1009年）	
邦巽			鲁		平陆伯	唐开元二十七年（公元739年）	
					高堂侯	宋大中祥符二年（公元1009年）	
孔忠			鲁		汶阳伯	唐开元二十七年（公元739年）	
					郓城侯	宋大中祥符二年（公元1009年）	
公西舆如			鲁		重丘伯	唐开元二十七年（公元739年）	
					临朐侯	宋大中祥符二年（公元1009年）	
公西蒇			鲁		祝阿伯	唐开元二十七年（公元739年）	
					徐城侯	宋大中祥符二年（公元1009年）	
琴牢（琴张）			卫		南陵伯	唐开元二十七年（公元739年）	
					顿邱侯	宋大中祥符二年（公元1009年）	
					平阳侯	宋政和六年（公元1116年）	

姓名	生年	卒年	国别	官职	封号	封谥年代	备注
陈亢	公元前511年		陈		颖伯	唐开元二十七年（公元739年）	
					南顿侯	宋大中祥符二年（公元1009年）	
县亶							
孟懿子			鲁				
南宫敬叔	公元前531年		鲁				
牧皮			鲁				
常季							
颜浊邹			卫				一说齐国人
鞠语							
孺悲							
序点							
宾牟贾							
公罔之裘							

姓名	生年	卒年	国别	官职	封号	封谥年代	备注
廉瑀							
林放			鲁		长山侯	宋大中祥符二年（公元1009年）	
子服景伯			鲁				
惠淑兰			卫				
孔璇							
左丘明			鲁				

注：①本表系据李启谦先生之《孔门弟子研究》一书编制而成。
　　②有关孔子弟子的情况均遵从历史习惯。

后 记

感谢深具出版事业情怀的济南出版社的同仁，赋予这部旧作以新的生命，让这部书稿再次呈现于新一代读者面前。

当初，怀着对孔老夫子满心的崇敬，用足足三年的时间，在所能见到的有关古代典籍尤其是先秦典籍中搜剔耙梳，一点一滴地累积，完成了关于孔子生平思想的资料搜集整理工作，并把孔子生平思想的研判放到其生活的时代文化场景——制度、礼仪、习俗中加以考量，在借助前人已有研究成果基础上，对孔子的生平思想进行深入分析研究，完成了这部书稿，并以《孔子本传》书名出版。

这次修订出版，在保持原有书稿的架构和内容的基础上，对错讹之处做了修改更正。由于本书所用材料大多具有原典性质，因此，其恒久性是客观存在的，不会因时间的久远而改变其成色，反而因着时光的流逝，愈加显现出其内容的本真性及其史料学价值，因而具有更为长久的生命力。相信读者在阅读后会深刻感受到这一点，这也正是我们决定重新出版这部书稿的根本动因。

本书的撰写，参用了前人及现当代学者的诸多研究成果。在此，表示深深的谢意。

范希春

2023 年 5 月于北京